KB209378

제6판

특허의 이해

윤 선 희

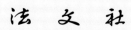

제6판 머리말

4차 산업혁명 시대에 기술은 국가경쟁력과 기업 생존을 좌우하는 중요한 요소가 되고 있다. 특허침해소송, 역공학Reverse Engineering, 특허트롤NPE 등 다양한 위협에 대응하기 위해 첨단기술을 활용한 다양한 솔루션들이 등장하면서 강력한 산업보안과 특허기술은 더욱 고도화되고 있으며, 기업들은 지속적인 변화에 대응하기 위해 인공지능AI, 빅데이터, 사물인터넷IoT 등 첨단기술을 개발하거나 도입하고 있다.

2023년 9월 14일 특허법 일부개정에서는 심판청구의 보정할 사항이 경미하고 명확한 경우에는 심판장이 직권으로 보정할 수 있도록 하고, 심판장은 산업에 미치는 영향 등을 고려하여 사건 심리에 필요하다고 인정되는 경우 공공단체, 그 밖의 참고인에게 심판사건에 관한 의견서를 제출하게 할 수 있도록 하며, 국가기관과 지방자치단체는 공익과 관련된 사항에 관하여 특허심판원에 심판사건에 관한 의견서를 제출할 수 있도록 하는 등 현행 제도의 운용상 나타난 일부 미비점을 개선·보완하였고, 2024년 2월 20일 개정에서는 타인의 특허권 또는 전용실시권을 침해한 행위가 고의적인 것으로 인정되는 경우에 부과하는 징벌적 손해배상액의 한도를 손해액의 3배에서 5배로 상향하였다.

이 외에도, 2024년 2월 6일 개정된 발명진흥법에서는 사용자 등이 종업원 등과 협의하여 계약이나 근무규정에 따라 직무발명에 대한 권리를 승계받기로 미리 정한 경우 직무발명에 대한 권리는 발명을 완성한 때부터 사용자 등에게 승계되도록 규정하며, 직무발명 보상금에 관한 소송에서 당사자의 신청에 의하여 법원이 상대방 당사자에게 보상액의 산정에 필요한 자료의 제출을 명할 수 있도록 하고, 직무발명 보상금에 관한 소송에서의 비밀유지명령 제도를 도입하는 등 현행 제도의 미비점을 모두 반영하였다.

또한 용어, 오탈자 등의 윤문潤文의 과정은 물론 특허법과 관계법령의 조문명칭과 번호 및 내용을 수정하였으며, 본문에 수록되어 있는 기사자료도 최신의 것으로 반영하였다. 이렇듯, 많은 교정을 거쳐서 출간된 본서를 구독할 일반인과 기본 소양을 갖추고자 하는 대학생 등의 독자들이 특허법을 조금이나마 쉽게 이해할 수 있기를 바란다.

끝으로 본서가 출간되기까지 많은 노력을 해주신 법문사 편집부 김제원 이사님, 기획영업부 김성주 과장님, 그리고 본서로 강의하면서 이번 개정 작업에 참여한 강명수 교수님, 조용순 교수님, 장완호 교수님, 이헌희 교수님과 이영훈 박사님을 비롯한 한양대학교 대학원 지적재산권법 전공자들에게 감사의 마음을 전한다.

2025년 元旦

지재&정보연구소에서

윤선희

제5판 머리말

코로나19COVID-19의 세계적인 대확산으로 인하여 지구촌은 한 번도 경험하지 못한 언택트 시대를 맞이하고 있고, 하루라도 빨리 일상으로 돌아가기 위하여 많은 노력을 기울이고 있다. 특히, 감염병 예방이나 치료를 위한 의료관련의 특허출원이 증가하게 됨에 따라 기존의 특허법에서는 산업상 이용가능성의 결여로 인하여 특허로 보호하지 않았던 의료방법 발명에 까지 특허보호의 대상 확대를 검토하고 있다는 점에서도, 코로나19로 인하여 특허법 역시도 많은 변화를 거듭하고 있음을 알 수 있다.

2022년 4월 20일에 시행되는 개정 특허법은 특허출원인과 특허권자의 권리취득과 권리구제의 확대에 중점을 맞추었다. 즉, 제52조의2에 분리출원제도를 도입하여 심판 단계 이후에도 출원인이 권리를 획득할 수 있는 기회를 부여하였으며, 특허출원인과 특허권자의 권리구제를 확대하기 위한 목적으로 특허거절결정 이후 출원인에게 심판 청구기간을 부여하고자 거절결정불복심판의 청구기간을 30일에서 3개월로 연장하였다.

이외에도, 특허권자와 실시권자의 권리보호를 위하여 특허침해죄에 대한 친고죄를 반의사불벌죄로 변경하였으며, 당사자의 고의로 인한 특허심판의 지연을 방지하고자 민사소송법상의 적시제출주의를 준용하는 등 제4판이 발간된 이후에 많은 변화가 있었던 특허법의 개정 내용을 모두 반영하였다.

뿐만 아니라 용어, 오탈자 등의 윤문潤文의 과정은 물론 특허법과 관계법령의 조문명칭과 번호 및 내용을 수정하였으며, 본문에 수록되어 있는 기사자료도 최신 자료를 반영하였다. 이렇듯, 많은 교정을 거쳐서 출간된 본서를 구독할 일반인과 기본 소양을 갖추고자 하는 대학생 등의 독자들이 특허법을 조금이나마 쉽게 이해할 수 있길 바란다.

끝으로 본서가 출간되기까지 많은 노력을 해주신 법문사 편집부 김제원 이사님, 기획영업부 김성주 과장님, 그리고 이번 개정 작업에 참여한 이영훈 박사와 이성민 석사를 비롯한 한양대학교 대학원 지적재산권법 전공자들에게 감사의 마음을 전한다.

2022년 1월

한양대학교 법학전문대학원 연구실에서

제4판 머리말

세계는 기존의 산업에 정보통신기술ITC과 융합으로 이루어 낸 4차산업이 번성하는 4차산업시대를 맞고 있고, 혁명이라고 할 만한 4차산업은 초연결hyperconnectivity과 초지능superintelligence을 특징으로 기존 산업의 기술과 결합해 새로운 산업으로 계속 확대되고 있다.

사람과 사물, 사물과 사물 사이의 연결이 계속 확대되어 인간이 생각할 수 없는 무한한 가능성을 보이고 있는 사물 인터넷IoT, 그리고 여기에 인공지능AI이 접목되면서 오프라인 시대와 달리 우리 생활에서의 변화가 경제 혁신을 가져다주고 있다. 이러한 4차산업은 새로운 기술은 물론 기존의 기술과 기술이 접목되는 것이므로 특허는 이 변화의 중심에 있다.

본서는 기술의 융복합화로 급변하는 기술에 대해 변리사 수험생뿐만 아니라 대학생이라면 기본 교양으로 알아야 하는 특허기술의 발상에서부터 권리로써 보호받기까지와 특허권을 취득한 후 어떻게 활용할 것인지와 권리 활용 시 정당한 권한이 없는 제3자가 자신의 권리를 침해하는 경우에 어떻게 자신의 권리를 보호받을 것인지 등에 대해 이해를 돕고자 하였다. 특히 이번 개정판에서는 제3판 발간 이후의 개정 사항과 용어, 오탈자 등의 오류 수정과 색인을 보완하였다.

끝으로 본서가 출판될 수 있도록 노력해주신 법문사 편집부 김제원 이사님, 기획영업부 장지훈 부장님, 김성주 대리님, 그리고 강의와 개정 작업에 참여한 한양대학교 대학원 지적재산권법 전공자들에게 감사의 마음을 전한다.

2019년 6월 25일

한양대학교 법학전문대학원 연구실에서

제3판 머리말

최근 공정거래위원회는 이동통신 특허와 모바일 칩셋 분야 글로벌 기업인 퀄컴에 대해 세계 처음으로 특허권 남용으로 1조원의 과징금을 부과하였다. 특허를 비롯한 지적재산이 시대의 흐름에 따라 전 세계 대기업들의 관심사로 부상했고 사회적으로도 중요성이 크게 증대하는 추세에 있다. 대부분의 기업들은 지적재산을 전담하는 지적재산팀이나 법무팀을 운영하고 있으며 그렇지 않은 기업들 또한 지적재산 관련 분쟁을 미리 대비하기 위해 전문가들에게 도움을 받고 있다. 기업들에 있어 지적재산은 작게 보면 회사의 이익창출 수단이 되지만 경우에 따라서 회사의 존폐에 영향을 미치기도 한다. 시대적 흐름을 보며 각 기업체들은 지적재산을 창출해내는 기업의 연구원들, 이를 관리하는 부서에까지 관련 지식을 요구할 정도로 그 중요성을 인식하고 있다.

이러한 변화에 따라 특허에 대한 이공계 학생들의 관심이 증가하고 있지만 어려운 법률 서적을 공부하기에는 한계가 있다. 변리사시험 준비를 위한 수험서가 대부분인 상황에서 이공계 학생들에게 효율적인 안내서가 필요할 거라는 확신으로 본서를 출간한다.

본서는 앞으로 발명가가 되어 특허분쟁의 중심에 있게 될 이공계 학생들에게 특허법에 대한 기본적인 이해를 돕고자 하였다. 생소한 법률용어를 보다 읽기 쉽고, 이해하기 쉬운 용어로 바꾸고자 노력하였다. 일반용어로 표현하기 어려운 법률용어에 대한 설명을 추가하였다. 또한 도표를 이용한 학습에 친숙한 이공계 학생들을 위해 복잡한 절차를 도표와 그림을 이용하여 쉽게 표현하였다. 특히 이번 개정판에서는 2015년 2판 발간 이후에 이루어진 법률 개정 사항도 반영하였다. 새로이 도입되는 특허취소신청제도와 최근 대법원 판례에서 이슈가 되었던 특허권 이전청구에 대한 법적 장치 마련 및 출원 절차 중 출원인에 대한 이익제도에서의 개정 사항을 추가하였고, 용어변경, 오탈자 등의 오류를 수정하였다.

끝으로 본서가 출판될 수 있도록 노력해주신 법문사 사장님을 비롯하여 편집부 김진영 선생님, 기획영업부 김성주 선생님, 그리고 강의와 개정작업에 참여한 김후권 변리사, 이상훈 학생 그리고 한양대학교 대학원 지적재산권법 전공자들에게 감사의 마음을 전한다.

2017년 1월 1일
한양대학교 법학전문대학원 연구실에서

제2판 머리말

지식정보화사회에 접어들면서 많은 선진국의 기업에서는 특허와 상표를 관리하는 부서를 운영하고 있으며, 연구기획 단계에서부터 연구원이 소정의 특허지식을 갖추고 특허권을 취득할 수 있는 연구 성과를 도출하는 것이 요구되고 있다. 기업에서는 막대한 비용과 시간·인력을 들여 개발한 기술이 이미 타인에 의해 출원되거나, 작은 실수로 자신이 발명한 기술이 공개되어 특허를 받을 수 없게 되기도 한다. 이러한 상황을 경험하면서 연구 단계에서 선행기술을 파악하는 것은 실무상 당연한 것으로 받아들여지고 있으며, 연구 성과의 공개 역시 전략적인 판단 아래 이루어지고 있다.

이러한 사회적 변화와 함께 특허에 대한 이공계 학생들의 관심도 증가하고 있으며, 이를 충족할 만한 교재가 충분하다고는 생각되지 않는다. 특허법에 관심을 갖는 이공계 학생들이 볼 수 있는 교재는 변리사 시험을 준비하는 학생들을 위한 수험서가 대부분인 상황이다. 이공계 학생에게 있어 온갖 어려운 법률 용어로 가득한 수험서는 그 내용의 이해에 앞서 읽는 것 자체가 커다란 도전이라고도 할 수 있다.

본서는 이러한 어려움을 겪는 이공계 학생의 이해를 돕고자 기획되었다. 또한 본서를 읽은 이공계 학생들이 어떻게 자신이 연구한 기술을 발명으로 할 것인지, 그리고 그 성과를 어떻게 보호할 것인가에 대한 전략을 세우는 데 도움을 주고자 한다. 이를 위해 본서에서는 이공계 학생들이 쉽게 이해할 수 있도록 최대한 쉬운 용어를 사용하려 노력하였다. 초판에서 밝힌 바와 같이 예비 발명가가 될 이공계 학생들을 대상으로 하여, 법학을 공부하지 않은 독자들이 반드시 알아야 할 특허법의 내용을 쉽게 기술하였다. 각 장마다 내용에 관련된 최근 이슈들을 소개하였으며, 특허 절차 등의 내용을 도식화하여 독자의 이해를 돕기 위해 노력하였다. 특히 이번 개정판에서는 2012년 초판 발간 이후에 이루어진 법률 개정 사항을 반영하였으며, 오탈자 등의 오류를 수정하였다.

끝으로 본서가 출판될 수 있도록 노력해주신 법문사 사장님을 비롯하여 편집부 김용석 과장님, 기획영업부 김성주 선생님, 그리고 강의와 교과서 개정작업에 참여한 김남기 변리사, 김린수 변리사 등과 교정 작업을 도와준 정진우 석사과정생 그리고 한양대학교 대학원 지적재산권법 전공자들에게 감사의 마음을 전한다.

2015년 1월 11일
한양대학교 연구실에서

머 리 말

최근 지적재산분야에서 가장 이슈가 된 것이 삼성과 애플의 특허 및 디자인분쟁이 아닌가 싶다. 삼성과 애플 모두가 이 특허분쟁의 승자가 되기 위해 세계 곳곳에서 소송을 제기하는 모습을 보며, 글로벌 시장에서 주도권을 장악하기 위해서는 특허가 얼마나 큰 비중을 차지하는지 다시금 확인할 수 있다.

장차 발명자로서 특허발명의 권리자가 될 이공계 학생들이 특허제도에 대하여 얼마나 알고 있을까 생각해보았다. 특허법은 변리사나 이를 전공하는 일부 사람들만이 연구하는 것이 아니라 실제 발명을 하는 사람들이 특허에 대한 이해를 하고, 이를 바탕으로 발명을 한다면 개인뿐만 아니라 소속된 기업 및 국가의 산업발전에도 많은 기여를 할 것이라 확신한다. 그리하여 이공계 학생들이 쉽게 이해할 수 있는 서적을 쓰려고 10여년 전부터 준비를 하였고 이제야 출판에 이르게 되었다.

본서는 예비 발명가가 될 이공계 학생들을 대상으로 하여, 법학을 공부하지 않은 독자들이 반드시 알아야 할 특허법의 내용들을 쉽게 이해할 수 있도록 설명하였다. 각 장마다 내용에 관련된 최근 이슈들을 소개하여 특허법을 처음 공부하는 학생들도 쉽게 흥미를 느낄 수 있도록 하였고, 특허 절차 등의 복잡한 내용들은 도식화하여 독자들의 이해를 돕기 위해 노력하였다. 본서가 특허법을 처음 공부하는 학생들에게 특허법에 대한 전체적인 틀을 이해하는 데 도움이 되기를 기대해 본다.

끝으로 본서가 출판될 수 있도록 노력해주신 법문사 사장님을 비롯한 편집부 김용석 과장님, 기획영업부 장지훈 과장님, 법무법인 대종 정봉현 변호사, 특허법원 박태일 판사, 박종학 판사, 경상대학교 신재호 교수, 한북대학교 조용순 교수, 제주대학교 강명수 교수, 한양대학교 지적재산&정보법센터 곽충목 변호사, 김린수 변리사 등과 특허정보조사 및 분석활용에 대해 많은 도움을 준 정승배 변리사와 강정민 특허정보분석사, 교정 작업을 도와준 하지현 석사과정생, 그리고 한양대학교 대학원 지적재산권법 전공자들에게도 감사의 마음을 전한다.

2012년 2월 2일
행당동 연구실에서

차 례

Chapter 05 특허등록을 위한 절차   **81**

Ⅰ. 특허출원상의 제 원칙 ···································· 83
   1. 양식주의 83
   2. 전자출원제도 85
   3. 국어주의 85
   4. 도달주의 87
   5. 1특허출원의 원칙(발명의 단일성) 87
   6. 선원주의(＝선출원주의) 89
   7. 수수료납부주의 90

Ⅱ. 특허를 받을 수 있는 자 ···································· 90
   1. 권리능력 91
   2. 행위능력 91
   3. 외국인의 대리권 범위 및 증명 92

Ⅲ. 특허출원의 심사절차 ···································· 93
   1. 의 의 93   2. 심사절차의 내용 94

Chapter 06 특허명세서 작성 방법   **105**

Ⅰ. 특허출원서 ···································· 108
Ⅱ. 명 세 서 ···································· 109
   1. 의의 및 취지 109
   2. 명세서에의 기재할 사항 110

Ⅲ. 도 면 ···································· 121
Ⅳ. 요 약 서 ···································· 124
Ⅴ. 발명의 단일성(1발명 1특허출원의 원칙) ···································· 125
   1. 의의 및 취지 125
   2. 1특허출원의 요건 127
   3. 발명의 단일성을 충족하지 아니한 경우 132

CHAPTER **01**

지적재산이란

I. 지적재산이란

종래에는 재산이라고 하면 대부분의 사람들은 건물이나 가구·보석과 같이 구체적인 형태가 있는 '유체有體재산'을 생각했다. 그러나 최근 경제의 성장과 더불어 기술이나 신용과 같이 형태가 없는 '무체無體재산'이 중요시되고 있다.

일반적으로 인간의 지적 활동의 성과로 얻어진 정신적 산물로서 재산적 가치가 있는 것을[1] '무체재산', '지식재산' 또는 '지적재산'Intellectual Property, Propriété Intellectuelle(여기서는 "지적재산"이라 칭한다)이라고 한다. 이러한 지적재산은 첫째, 인간의 정신적 사상의 창작으로 얻어진 새로운 발명·고안 등과 같이 물질문화의 발전에 기여하는 것과 둘째, 인간의 정신적 사상의 창작으로 얻어지는 예술·문학·음악 등을 중심으로 한 것으로 정신문화의 발전에 기여하는 것으로 나눌 수 있다. 전자를 다시 세분화하여 둘로 나누어 보면 직접적으로 산업[2]에 기여할 수 있는

---

1 여기에는 예저금(預貯金) 또는 점포의 임차권과 전력, 열, 견인력(牽引力) 등의 에너지는 제외된다.
2 여기서의 산업은 공업, 상업, 농수산업, 광업 등 모든 분야를 망라한다.

새로운 발명·고안·디자인 등의 것과 산업의 질서유지를 위한 식별 표지標識에 의한 것, 즉 상표법에 의한 등록상표, 서비스표, 농수산물품질관리법에서의 지리적 표시, 부정경쟁방지법에 의한 미등록상표나 도메인네임 등과 상법에 의한 상호 등으로 나눌 수 있다. 다만, 전력電力, 자력磁力 등의 에너지도 무체물이며 재산적 가치를 가지지만, 인간의 지적활동에 의하여 만들어진 것이 아니므로 지적재산에 포함되지 않는다.

물질문화의 발전에 기여하는 것에 대한 권리를 산업재산권 또는 공업소유권3Industrial Property, Propriété Industrielle, 정신문화의 발전에 기여하는 것에 대한 권리를 저작권Copyright이라고 한다.

이러한 지적재산에 대하여 발명, 고안은 특허법과 실용신안법, 상표나 서비스표는 상표법, 저작물에는 저작권법, 물품의 디자인에 대하여는 디자인보호법을 통하여 권리를 부여하고 이를 보호하고 있다.

그 외에도 부정경쟁방지 및 영업비밀보호에 관한 법률, 산업기술의 유출방지 및 보호에 관한 법률(일명 "산업기술보호법"), 종자산업법, 식물신품종보호법, 반도체집적회로의 배치설계에 관한 법률(일명 "반도체칩법"), 콘텐츠산업진흥법 등을 합하여 지적재산권법이라고 한다.

이 외에도 지적재산권의 남용 등에 관한 독점규제 및 공정거래에 관한 법률(일명 "독점금지법" 또는 "독점규제법", "공정거래법"), 대외무역법4 등이 지적재산권의 이전·도입을 규율하고, 지적재산에 관한 이용과 관리에 관한 인터넷주소자원에 관한 법률, 정보통신망이용촉진 및 정보보호 등에 관한 법률 등을 모두 포함하면 가장 넓은 의미의 지적재산법이다.

---

3 특허법, 실용신안법, 디자인보호법, 상표법을 합하여 산업재산권법 또는 공업소유권법이라 하지만 일부 학자들은 위의 기본 4법은 협의의 산업재산권법 또는 공업소유권법이라고 하고, 기본 4법 이외에 상법의 상호, 부정경쟁방지 및 영업비밀보호에 관한 법률의 주지(周知)상표(미등록도 포함), 상품의 형태, 주지상호, 서비스표, 원산지 표시 등을 합하여 광의의 산업재산권법 또는 공업소유권법이라 한다(小野昌延, 「지적소유권」, 有斐閣, 1989, p.80; 仙元隆一郎, 「改訂特許法講義」, 悠悠社, 1998, p.2).
4 대외무역법에서 지적재산권을 침해한 물품·원산지 표시를 위반한 물품·기타 수출입질서를 저해하는 행위 등에 대하여는 불공정한 행위로서 규제하고 있다.

더벨(The Bell) 　　　　　　　　　　　　　　　　　　　　　　　2021.02.18.

'한국판 아마존' 비밀병기는 '특허'

한국판 아마존을 꿈꾸는 '쿠팡'은 배송 등 물류 관련 기술 특허출원부터 편리한 쇼핑 서비스, 보안 등 다양한 특허 포트폴리오를 구축해나가고 있다.

쿠팡은 2008년부터 본격적으로 다양한 분야에 특허출원을 나서며 시장 경쟁력을 확보해나가고 있다. 특히, 쿠팡은 다른 이커머스 업체와 비교애 물류 관련 기술 특허출원에 강점을 보이며 차별화한 서비스를 제공한다.

쿠팡의 모기업인 쿠팡 INC 증권신고서에 따르면 2020년 말 기준으로 쿠팡은 전세계적으로 385건의 특허를 출원했다.

이 가운데 336건이 한국에서, 나머지 49건이 미국에서 발급됐다. 현재 전 세계적으로 1,000개에 달하는 특허가 계류 중이다. 쿠팡은 이제 단순한 이커머스를 넘어 한국의 아마존을 지향하고 있으며, 이를 위하여 비즈니스 모델은 물론 이를 뒷받침하는 지식재산권(IP) 확보는 필수적이다.

매일경제 　　　　　　　　　　　　　　　　　　　　　　　　2024.10.10.

삼성전자, 글로벌 100대 브랜드 5위 기록

삼성전자는 브랜드 컨설팅 전문업체 인터브랜드(Interbrand)가 발표한 '글로벌 100대 브랜드(Best Global Brands)'에서 브랜드 가치가 전년 대비 10% 성장한 1,008억 달러를 기록했다고 10일 밝혔다. 삼성전자는 5년 연속 글로벌 5위에 오르며, 아시아 기업 중 유일하게 글로벌 5대 브랜드로서의 위상을 지켰다.

브랜드 가치는 기업의 재무성과, 고객의 구매 결정 시 브랜드가 미치는 영향, 그리고 브랜드의 경쟁력 요소인 전략, 차별성, 고객참여, 신뢰 등을 종합적으로 평가해 산출됐다.

(원출처: 인터브랜드 2024. 10. 10. 발표자료 재인용)

아시아경제   2012.10.17.

디자인권 로열티 1500만원 받은 대학생

주인공은 대구카톨릭대 산업디자인학과 4학년생인 이승희(남)씨. 이씨는 특허청의 '2011 D2B(Design-to-Business) 디자인 페어'에서 대상을 받은 (주)신지모루의 스마트폰용 파우치를 디자인해 로열티를 받게 됐다.

스마트폰용 파우치가 10개월 만에 8만여 개가 팔려 약 10억원의 매출을 올렸고 디자이너에겐 1500만원의 로열티가 주어진 것이다.

스마트폰용 파우치는 스마트폰 뒷면에 주머니를 만들어 교통카드, 신용카드, 이어폰 등을 넣을 수 있게 만들어졌다. 뛰어난 신축성과 여러 색상들이 돋보이며 대중교통이용 때 지갑에서 교통카드를 빼고 넣어야 하는 불편을 없앴다.

대학생디자이너가 스마트폰용 파우치디자인으로 1500만원의 로열티수입을 올려 화제다.

Ⅱ. 지적재산의 보호필요성

1. 배   경

우리나라는 천연자원이 부족하고 영토가 좁아 가공무역을 중심으로 경제성장을 이룩하게 되었다. 최근에 이르기까지는 유체물인 상품을 중시하였으므로 지적재산이란 용어가 일반인에게 생소할 수밖에 없었으나 1980년대에 급속한 경제성장으로 우리 상품이 해외로 진출하기 시작하면서 거의 매일 매스컴에 등장하기 시작하였다.

최근에는 주요선진국이 주축이 되어 자국의 산업발전에 이바지하고, 국가경쟁력 강화를 위해 지적재산강화정책을 펴고 있다. 그 대표적인 예로 미국은 자국의 철강 등 종래의 기간산업분야에 있어서 국제경쟁력이 저하되고 특히 1983년 초 경상수지 적자가 확대됨에 따라 무역적자를 해결하기 위한 대책으로 세계 각국에 대해 지적재산권과 관련 문제를 제기하기 시작하였다. 이로 인하여 우리나라도 적지 않은 영향을 받게 되었으며 정부차원에서 대처노력을 하기에 이르렀다.

또한, 일본의 경우 고이즈미(小泉純一郎)총리시대에는 지적재산입국을 천명하며, 자국의 발전을 위해 지적재산을 전략적으로 활용하고 있다.

2. 필 요 성

지적재산을 보호해야 할 필요성으로는 첫째, 기술이 발전하면 할수록 기술이나 디자인 등이 쉽게 모방되어 연구개발자가 많은 시간과 노력을 기울여 연구·투자한 것이 간단히 침해당하게 되면, 연구개발자의 연구개발 의욕을 저해할 우려가 있다는 점을 들 수 있다.

연구개발자는 많은 시간과 돈 그리고 노력으로 새로운 것을 개발했는데 그것이 간단히, 쉽게 모방되어 자신의 성과를 보호받지 못한다면 연구개발의욕을 상실하여 새로운 연구개발을 기피하게 되고 결국은 산업발전을 저해시키는 요인으로 작용하게 된다. 따라서 법적으로 지적재산이 반드시 보호되어야 한다.

둘째, 연구개발자가 장시간 연구 개발한 것을 모방 또는 위조하여 마치 모방자 또는 위조자가 개발한 것처럼 유통시킨다면 건전한 상거래질서를 해하게 될 우려가 있고 그에 따른 소비자(구매자)의 오인·혼동을 유발하게 된다는 것이다.

또한, 장난감, 기계류에서 항공산업에 이르기까지 광범위한 분야·종류에서 이러한 일이 일어날 수 있다고 한다면, 대형사고까지 초래할 위험이 있기 때문에 법적으로 지적재산을 보호해야 할 필요성이 있다.

이러한 지적 창작물 등은 사회적 혁신의 유인책으로서의 역할을 할 뿐만 아니라 당연히 보호되어야 하는 기본적 인권의 한 형태로서 자리매김을 하고 있다. 또한 지적창작의 결과는 독점적으로 지배할 수 없는 무형이라는 특유의 성질을 가지기 때문에 지적재산을 일정한 사회적 제도, 즉 법률로서 보호해야 하는 것이다. 아울러, 자국의 산업을 발전시키기 위하여 선진자본주의 국가들뿐만 아니라 후발 자본주의 국가들 모두 지적재산제도를 도입한 연혁적 사실은 지적재산의 중요성에 대한 방증이 될 하나의 사례라 할 수 있다.

아주경제   2021.12.26.

일본 "첨단기술 보호하자 … 일부 특허 비공개"

일본 정부가 자국의 첨단기술 보호를 위하여 특허 비공개제도 법제화에 나선다. 경제안보를 비롯하여 국가 이익에 큰 영향을 미치는 기술이 국외로 유출되는 것을 피하기 위해서이다. 원래 특허출원은 공개가 원칙이었지만, 국가안보상 필요하다고 판단될 경우 비공개로 하는 제도를 도입할 방침이라고 NHK가 26일 보도했다.

일본에서는 특허가 기업이나 개인으로부터 출원이 있을 경우 공개되는 것을 원칙으로 한다. 그러나 미국과 중국을 비롯하여 전 세계적으로 기술 패권 다툼이 격화되면서 일본도 첨단기술의 국외 유출을 막아야 한다는 목소리가 높아졌었다.

이를 위해 도입한 제도 중 하나가 특허 비공개 제도이다. 이에 따라, 일본 정부는 특허를 공개하면 얻을 수 있었던 특허 수입을 국가가 대신 보상금의 형태로 지급할 예정이다. 이렇게 해야 특허 출원자가 불이익을 받지 않을 수가 있기 때문이다.

법안에 따르면, 정부는 핵무기 개발, 양자기술 등 군사적 활용 가능성이 있는 기술에 대한 특허출원은 비공개로 한다. 정부는 이르면 내년 1월 법안과 관련한 대강의 뼈대를 발표할 예정이며, 2023 회계연도부터 시행할 예정이다.

News1   2022.01.04.

셀트리온, 오미크론 '흡입형 치료제' 하반기 긴급승인 신청

셀트리온이 오미크론 등 코로나19 바이러스 변이 치료제로 개발 중인 '흡입형 칵테일 항체치료제'에 대해 연내 긴급사용승인을 신청한다는 계획이다.

셀트리온은 1분기 내 대규모 글로벌 임상을 시작할 예정이다. 임상에서 좋은 성과를 낸다면 출시 시점은 2023년 상반기로 예상된다. 지난해 초 허가받은 주사형 항체약 '렉키로나'의 개발부터 출시까지 걸린 기간을 고려해서다.

2022년 다른 해외 제약사의 먹는 치료제가 상용화될 예정이라 셀트리온은 안전성이 높은 항체치료제 특성을 내세우면서 높은 투약 편의성과 낮은 약값을 경쟁력으로 삼겠다는 목표이다.

셀트리온은 이미 유럽과 한국 등에서 허가를 받고 시판 중인 '렉키로나(정맥주사형)'를 흡입형으로 바꾼 제제와 알파·베타·감마·델타 등 주요변이에 중화능을 입증한 또 다른 항체 'CT-P63'을 더한 '칵테일 흡입제' 개발을 목표로 하고 있다.

CT-P63은 미국 국립보건원(NIH)를 통해 슈도 바이러스(유사 바이러스) 중화능(억제력) 테스트를 한 결과, 오미크론 변이주에 대한 중화능을 확인했다.

CT-P63은 셀트리온이 변이주 대응을 위해 미리 확보했던 총 38개 중화항체 풀 가운데 32번째 후보다. 현재로선 변이주에

CT-P63이 가장 효과가 뛰어나다는 게 셀트리온의 설명이다.

흡입형 렉키로나도 별도로 호주에서 임상1상을 진행중이며, 셀트리온이 미국 바이오 기업 인할론 바이오파마와 협력 개발 중인 가운데, 현재 약물 투여를 완료한 상태로 임상 결과 분석을 앞두고 있다.

셀트리온은 이 분석을 마치면 CT-P63 과 흡입형 렉키로나를 합친 '칵테일 흡입제'에 대해 올 1분기내 동물실험과 대규모 글로벌 임상1상을 시작할 계획이다. 2분기에 임상1상 중간결과를 확보하고, 좋은 데이터가 나오면 곧바로 후속 임상을 진행한다는 목표이며, 긴급사용신청은 그 뒤 이루어질 예정이다.

Ⅲ. 지적재산의 종류

지적재산의 종류와 그 보호법률은 나라마다 약간의 차이가 있으며, 또 학자에 따라 지적재산의 분류방법에도 차이가 있다. 우리나라의 경우는 [도표 1]과 같이 분류할 수 있다. [도표 1]의 권리를 제3자에게 이전 또는 도입할 때에는 독점규제 및 공정거래에 관한 법률(공정거래위원회)과 관세법(관세청), 대외무역법(산업통상자원부), 외국인투자촉진법(산업통상자원부), 기술의 이전 및 사업화 촉진에 관한 법률(산업통상자원부), 산업교육진흥 및 산학연협력촉진에 관한 법률(교육부) 등의 적용대상이 된다.

이상의 법률은 우리 헌법 제22조 제2항 "저작자·발명가·과학기술자와 예술가의 권리는 법률로써 보호한다"라는 조항에 근거를 두고 있다.[5]

---

5 이 규정은 미국헌법 제1조 제8항의 영향을 받았다. 동항은 "의회는 저작자와 발명가에게 그들의 각각의 저작물과 발명에 대하여 독점권을 제한된 기간 동안 보장함으로써 과학의 발전과 유익한 예술의 발전을 증진하도록 … 권한을 가진다"라고 규정하고 있다.

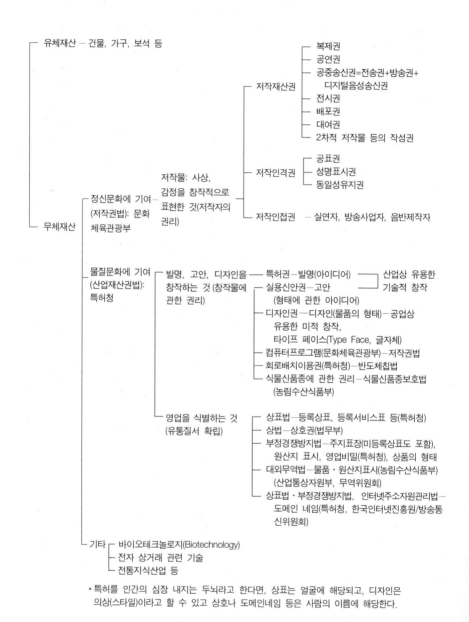

*특허를 인간의 심장 내지는 두뇌라고 한다면, 상표는 얼굴에 해당되고, 디자인은 의상(스타일)이라고 할 수 있고 상호나 도메인네임 등은 사람의 이름에 해당한다.

---

6 윤선희, 「지적재산권법(20정판)」, 세창출판사(2024), 4면.

Ⅳ. 지적재산권관련 국제협약

WTO/TRIPs(Agreement on Trade Related Aspect of Intellectual Property Rights) 협정

UR(Uruguay Round)에서 논의된 TRIPs협정은 UR의 타결과 동시에 출범한 WTO협정의 일부로서 그 부속협정의 하나이다. TRIPs협정은 1994년 4월 15일 마라케시(Marrakesh)에서 작성되어, 우리나라는 1995년 1월 1일 발효된 것으로 동 협정은 저작권, 특허권, 컴퓨터프로그램 등 8개 분야의 지적재산권의 보호기준과 시행절차를 정한 다자간 조약으로서, 지적재산권에 관련된 기존 조약 등의 규정을 최저보호수준으로 '국제협약 플러스 방식'으로 채택되어, 「세계무역기구설립을 위한 마라케시 협정」의 「부속서 1(Appendix 1)」에 규정되었다.

기본원칙은 내국민 대우의 원칙(§3 ①, National Treatment)과 최혜국 대우의 원칙(§4, MFN: Most Favoured Nation Treatment), 최소보호의 원칙, 권리소진의 원칙7 등이 규정되어 있다. 다만 권리소진(權利消盡)의 원칙은 본 협정하의 분쟁 해결절차를 다루기 위해 적용되지 않는다고 규정되어 있을 뿐, 그 외에는 아무런 규정이 없어 각 회원국들이 권리소진 문제를 자유로이 결정할 수 있다(WTO/TRIPs§6).

TRIPs협정은 총 7개 장 73개 조항으로 구성되었으며, 제1장은 일반규정과 기본 원칙을, 제2장은 지적재산권의 효력, 범위 및 이용에 대한 기준으로서 주요 내용으로 컴퓨터프로그램의 보호, 대여권의 설정, 색채상표나 등록여부에 관계없이 널리 알려진 유명상표의 보호, 디자인 및 실용신안의 보호, 지리적 표시의 보호, 물질특허를 포함한 특허의 보호, IC배치설계의 보호, 미공개정보(영업비밀)의 보호, 반경쟁적 행위에 대한 조치 등에 대하여 규정하고 있다. 그리고, 제3장부터 제7장까지는 형식적인 사항들을 규율한다.

공업소유권보호를 위한 파리협약(Paris Convention)

파리협약(Paris Convention for the Protection of Industrial Property)은 1883년 3월 20일 파리에서 체결된 국제협약으로서 우리나라도 가입하고 있는 산업재산권에 관한 기본적인 국제조약이다. 이를 약칭하여 「파리협약」 또는 「파리조약」이라 한다.

---

7 권리소진론이란 특허권자 또는 상표권자에 의해 일단 사용·실시된 제품·상품에 대해서는 특허권자 또는 상표권자의 허락 없이 사용·실시하더라도 특허권·상표권의 침해가 되지 않는다는 것을 말한다. 권리소진론 중에 국내소진론은 인정되는 것이 통설의 입장이며, 국제소진론은 학설이 대립되어 있다. 다만 EU 공동체 내의 국제소진론은 인정받고 있다.

동 협약은 그 체결 이후 1901년 브뤼셀, 1911년 워싱턴, 1925년 헤이그, 1934년 런던, 1958년 리스본 및 1967년 스톡홀름에서 6차례에 걸친 개정이 이루어졌으며, 우리나라는 1980년 5월 4일 가입하였다. 회원국은 2021년 11월 23일 현재[8] 178개국에 이르고 있다.

그 내용은 특허 등의 출원이나 등록 등에 있어 동맹국의 국민을 내국인과 동등하게 대우한다는 내외국인 평등의 원칙, 한 나라에 출원을 한 후 일정기간(특허 · 실용신안은 1년, 디자인 · 상표는 6개월) 내에 타 가맹국에 출원을 하는 경우 출원일자를 최초에 출원한 일자로 소급 적용하는 우선권주장의 원칙, 제3국에서 보호를 받으려면 각국마다 출원을 하여 권리를 얻어야 하고, 여러 나라에서 부여된 권리를 병행하고 다른 나라에서의 권리에 영향을 미치지 아니한다는 특허독립의 원칙 등으로 요약할 수 있다.

특허협력조약(PCT: Patent Cooperation Treaty)

특허협력조약은 특허 또는 실용신안의 해외출원절차를 통일하고 간소하게 하기 위하여 1966년 9월 파리협약 집행위원회에서 미국 측의 제안으로 국제출원절차의 효율화 등을 검토하기 시작하여 1970년 3월 예비기초회의를, 동년 워싱턴 외교회의에서 파리협약 가맹 55개국의 심의를 거쳐 1978년 1월 24일 발효되었다. 제2장의 국제예비심사는 동년 3월 29일에 적용되고, 제1장의 국제출원 및 국제예비심사의 청구는 동년 10월 1일부터 적용되었다.

이 조약은 다수국에 동일발명에 대한 국제출원을 용이하게 하기 위한 조약으로서 우리나라도 1984년 5월 10일 가입하여 동년 8월 1일부터 국제출원업무를 개시하였으며, 우리나라 국민 및 거주자는 우리나라 특허청 또는 WIPO 국제사무국(International Bureau of WIPO)을 수리관청으로 하여 국제출원할 수 있다. 2021년 11월 23일 현재[9] 이 조약 가입국은 153개국이다. 그 요지는 자국특허청에 출원하되 보호를 받고자 하는 나라를 지정하여, 그 나라 국어로 된 번역문을 해당국 특허청에 자료를 송부해 특허를 받으면 지정한 나라마다 특허권을 인정받을 수 있도록 한다는 것이다.

베른협약(Berne Convention)

동 협약의 정식명칭은 문학 및 예술저작물보호에 관한 베른협약(Berne Convention for the Protection of Literary and Artistic Works)으로서 1986년 9월 9일 체결된 이래 7차의 개정을 거쳐 오늘에 이르고 있고, 우리나라는 1996년 5월 21일

---

8 http://www.wipo.int/treaties/en/ShowResults.jsp?lang=en&treaty_id=2 (2021년 11월 23일 방문)

9 http://www.wipo.int/treaties/en/ShowResults.jsp?lang=en&treaty_id=6 (2021년 11월 23일 방문)

가입서를 WIPO에 제출하여 3개월 후(1996년 8월 21일)에 발효되었다. 2021년 11월 23일 현재[10] 가입국 수는 179개국이다.

그 요지는 저작권발생과 성립에 있어 무방식주의[11](베른조약 §5 ② 전단)를 채택하여 저작물의 등록을 하지 않더라도 저작권의 발생·소유 및 권리행사에 지장이 없으며 저작물의 완성과 동시에 저작권이 발생하고(자동보호의 원칙: Principle of automatic protection), 호혜주의 원칙에 따라 각 가맹국은 다른 가맹국 국민에 대하여도 자국민에 대한 것과 동등하게 보호하여야 하고(내국민 대우의 원칙: Principle of national treatment, 베른조약 §5 ①), 저작권의 보호범위 및 구제방법에 대하여는 조약의 규정에 의하는 외에 법정지법에 의하고(저작권 독립의 원칙: Principle of the independence of protection, 베른조약 §5 ② 후), 저작권의 존속기간을 저작자의 생존기간 및 그 사망 후 50년으로 하고 소급효(베른조약 §18 ①)를 인정하는 것 등이다.

세계저작권협약(UCC: Universal Copyright Convention)

세계저작권협약(이하 "UCC"라 한다)은 1947년 UNESCO(United Nations Educational, Scientific, and Cultural Organization, 이하 "UNESCO"라 한다)총회에서 저작권보호제도의 개선필요성이 크게 제기됨에 따라 그 해부터 1952년까지 오랜 토의를 거쳐 체결된 국제협약이다. 동 협약은 1947년부터 1951년까지 UNESCO산하의 4개의 전문가위원회가 협약의 초안 작성을 위해 노력한 결과 1952년 8월 18일부터 9월 6일까지 제네바에서 개최된 '정부간저작권회의'에 새로운 국제협력초안을 제출하였으며, 이 회의에 참가한 50개국이 이를 채택함으로써 세계저작권협약 (UCC)이 체결되게 되었으며, 그 후 1971년에 개발도상국 특혜규정을 추가하기 위하여 일부 개정되었다.

동 협약의 주요내용은 호혜주의원칙에 입각하여 무방식주의와 등록주의의 중간 입장을 따라 모든 복제물에 ⓒ와 저작자의 성명이나 명칭, 저작물의 최초 제작연도가 표시되어 있으면 등록한 것과 같이 보호하도록 하고(UCC §3), 저작권의 존속기간은 모든 저작자의 생존기간과 그 사후 25년보다 길어야 하고(UCC §4), 불소급의 원칙에 따라 새로 가입하는 나라는 각 가맹국에 있어서 기존의 저작권을 보호할 책임이 없도록 규정하고 있다.

---

10 http://www.wipo.int/treaties/en/ShowResults.jsp?lang=en&treaty_id=15 (2021년 11월 23일 방문)

11 방식주의란 저작권의 성립요건으로 저작권 표시, 등록 등의 방식을 필요로 하는 제도이다. 이 제도는 미국을 비롯한 라틴 아메리카가 이 방식을 채택하고 있다. 이에 대해 우리나라를 비롯한 대륙법계에서는 무방식주의를 채택하고 있다. 무방식주의란 저작권의 성립과 권리의 행사에 있어서 어떠한 방식도 필요로 하지 않고, 저작물이 창작됨과 동시에 권리가 발생하는 제도를 말한다.

산업통상자원부 보도자료   2023.02.20.

발효 2년차 맞은 역내포괄적경제동반자협정(RCEP), 제3차 공동위원회 개최

□ 아세안 10개국과 한, 중, 일, 호, 주 등 비(非) 아세안 5개국으로 구성된 15개 회원국 대표단과 아세안 사무국 등 40여 명이 참여하여, 공동의장국인 인도네시아와 호주 측 수석대표의 리드로 RCEP 사무국 설치·운영 방안, 경제기술협력 사업추진방안, 이행체계 구축 등에 관한 이행 현안을 집중 논의하였다.

□ 이번 공동위에서 우리 측은 RCEP 회원국들이 RCEP 협정의 원활한 이행을 위해서는 임시 사무국 설립 및 예산 분담안 확정 등 신속한 이행체계 구축과 공동위 산하 4개 이행위의 신속한 가동을 통한 후속 의제 논의 등이 시급하다는 점에 공감하고 있는바, 당사국 간 또는 개별국 맞춤형 경제협력의 일환으로써 우리 측 관심 분야인 핵심 광물 공급망 확보, 디지털·그린 교역 강화 등 경제·기술 협력 활성화를 위한 구체적인 활동 논의를 위해 산하 이행위가 조속히 개최될 수 있도록 논의를 가속화해 나가길 요청하였다.

□ 또한, 우리 측은 지난 공동위에서 베트남 정부의 RCEP 발효(2022. 2. 1.) 이후 HS코드 2022 미전환으로 인한 특혜관세 적용 지연 등 우리 기업들의 무역 애로가 논의된 결과 2023. 1월부로 베트남의 RCEP 특혜관세 적용(2022. 12. 30. 베트남 정부의 RCEP 시행령(DECREE 129/2022/ND-CP) 공포)이 시행되었음을 평가하고, 글로벌 경제위기 여파로 경제적 어려움이 가중되고 있는 상황에서 세계 최대 규모의 RCEP 협정이 수출과 투자를 회복시키는 든든한 지원군이 될 수 있도록 RCEP 이행·활용 본격화를 위해 RCEP 당사국 간 역량을 모으길 바란다고 강조했다.

□ 산업통상자원부 관계자는 올해 RCEP 발효 2년 차를 맞이하여 협정 당사국 간 신속·원활한 이행 환경을 조성하는 동시에, 앞으로도 공동위 등 RCEP 협의 채널을 통해 우리 기업들의 애로 해소와 RCEP 활용도 제고를 위해 지속적으로 협력해나가겠다고 밝혔다.

시진핑 "CPTTP 가입도 검토" vs
트럼프 "코로나19 경제 회복시켜"

도널드 트럼프 미국 대통령과 시진핑 중국 국가주석이 3년 만에 아시아태평양 경제협력체 (APEC) 정상회의에 참석했다. 우려했던 둘 간 '마지막 충돌'은 나타나지 않았다. 이들은 21~22일 주요20개국(G20) 정상회의에도 참석할 예정이어서 '2차전'이 가능한 상황이다.

시 주석은 미국과 일본이 주도한 다자간 무역협정인 포괄적·점진적 환태평양 경제동반자협정(CPTPP)에도 가입할 수 있다며 자유무역 확대를 강조했다. 트럼프 대통령은 "내가 미국 경제를 살려냈다"며 자화자찬했다.

21일 신화통신에 따르면 시 주석은 전날 개최된 APEC 화상 정상회의에서 "우리는 아시아·태평양 협력의 새로운 단계를 시작하고 개방과 포용, 성장, 상호 연계와 소통, 협력과 공영의 운명공동체를 만들어야 한다"고 말했다. 그는 "역내포괄적 경제동반자협정(RCEP) 체결을 환영한다"면서 "CPTPP에 가입하는 것도 적극적으로 검토하겠다"고 덧붙였다.

이어 시 주석은 "중국은 계속해서 APEC 상호 연계와 소통의 청사진을 실현해 갈 것"이라면서 "한국과 인도네시아, 싱가포르 등 국가와 신속통로(패스트트랙)를 운영하고 있다. 앞으로도 인적 교류를 늘려 가도록 시스템 구축을 추진하겠다"고 말했다. 또 "중국은 각국과 일대일로(육상·해상 실크로드) 건설을 함께 하기를 바란다"면서 "아태 지역의 상호 연계를 위해 더 광활한 플랫폼을 만들겠다"고 강조했다.

자유무역을 옹호하는 내용만 언급했을 뿐 미국이나 트럼프 대통령을 자극하지는 않았다.

이날 정상회의에서는 대선 패배 뒤 백악관에 칩거해 공개 활동을 하지 않던 트럼프 대통령도 얼굴을 내밀었다. AFP통신은 "그가 2시간가량 진행된 APEC 정상회의에서 다른 정상들과 마찬가지로 연설을 했지만 언론에는 바로 공개되지 않았다"고 전했다.

백악관은 "트럼프 대통령은 연설에서 코로나19 상황에서 전례 없는 경제 회복을 이루고 강력한 경제 성장을 통해 인도태평양 역내 평화와 번영을 촉진하겠다는 약속도 재확인했다"고 전했다. 이어 "트럼프 대통령과 APEC 정상들은 앞으로 20년간 '자유롭고 공정한 무역을 APEC 의제의 초점으로 삼자'는 푸트라자야 비전 2040을 지지했다"고 설명했다. 또 "트럼프 대통령은 우리의 안전하고 효과적인 코로나19 백신의 성공적 개발을 포함해 미국의 글로벌 보건 리더십을 강조했다"고 밝혔다. 그 역시 중국을 압박하는 발언은 내놓지 않았다.

트럼프 대통령은 임기 첫 해인 2017년 이후 APEC 정상회의에 나오지 않았다. 하지만 이번 APEC 회의에는 대선 불복 선언을 계기로 '대통령은 나'라는 점을 보여주고자 참석을 결정한 것으로 보인다고 분석했다. 워싱턴포스트는 "이번 G20은 코로나19 공동대응에 초점이 맞춰질 것으로 예상되지만 성과에 대한 기대감은 크지 않은 상황"이라고 보도했다.

CHAPTER **02**

지적재산권법과 특허법

● 학습포인트
  • 지적재산권법의 종류
  • 특허법과 다른 지적재산권법과의 비교

I. 특허법과 지적재산권법과 관계

〈특허 · 실용신안〉
자동차의 기술을 보호

〈상표〉
자동차의 출처표시를 보호

〈디자인〉
자동차의 디자인을 보호

　　지적재산권은 크게 산업재산권과 저작권으로 구분되며, 그중 특허법
은 산업재산권의 기초가 되는 법으로서 기타 산업재산권법과 많은 유사
한 점이 있다. 그러나 상표나 디자인 등 기타 지적재산권은 각 법에 요

건을 구비하여 등록되나, 등록된 특허발명의 실시가 선등록된 디자인권·상표권 등에 침해가 성립할 수도 있어 특허법과 기타 지적재산권법의 공통점과 차이점을 알아야 할 필요가 있다.

본 장에서는 특허제도의 의의와 목적을 간단히 알아보고, 특허법 외의 기타 지적재산권법들을 특허법과 비교하여 간략히 검토한다.

1. 특허제도의 의의

발명자는 정신작용에 의해 생성된 창작물인 발명을 직접 이용할 수 있으며, 비밀로서 유지하는 한 독점할 수도 있다. 그러나 당해 발명이 재산적 가치를 갖고 있는 경우라면 그 발명은 권리로서의 보호 필요성이 요구됨에도 불구하고, 권리로서 보호되지 않고 단순히 비밀로서 유지되는 경우에는 발명의 특성상 그 비밀성이 침해되기 용이하여 독점적 이용이라는 상태가 쉽게 침해받게 된다. 특히 발명자가 발명의 완성을 위해 많은 연구투자를 하여 발명을 완성한 경우, 이를 정당한 권한이 없는 제3자가 그 발명을 무단으로 실시하게 된다면 발명자는 그 투자액·시간만큼 경쟁력을 잃게 되며, 당해 발명으로 오히려 불리한 입장에 처하게 될 것이다. 이에 발명자의 노력·비용·시간의 투자에 의해서 만들어진 창작물인 발명은 일정한 제도로서 보호되어야 할 것이다.

또한, 산업발전에 있어서 발명이 차지하는 역할을 생각한다면, 이러한 발명의 보호는 산업발전을 위한 필수적 요건이라고 할 것이다. 만약 새로운 발명에 대하여 이를 보호하는 법제가 없다면 위에서 본 바와 같이 발명자는 불리한 입장에 처하게 되며, 이는 발명의 의욕을 감퇴시켜 산업발달의 저해라는 결과를 낳게 된다. 또한, 이따금 완성된 발명도 숨겨져서 이른바 가전家傳[1]의 비밀로 되어 사회의 기술수준 향상에는 아무

---

1 가전(家傳)의 경우 공개되지 않기 때문에 특허법에 의한 보호대상이 되지 않는다. 하지만, 공개되지 않은 경우에도 영업비밀의 요건을 갖추는 경우에는 부정경쟁방지 및 영업비밀 보호에 관한 법률에 의해 보호하고 있다.

런 역할을 하지 못하게 된다. 이에 대부분의 국가에서는 발명을 장려하고 보호하려는 법제를 두고 있다.[2]

발명을 장려·보호하려는 제도로서는 국가 등이 발명자에게 포상을 하는 것과 발명자에게 일정 기간 발명의 독점권을 주는 특허제도가 있다. 전자의 제도가 국가 등에 의한 발명의 평가라든지 포상을 위한 재원 마련이라는 문제를 갖고 있는 반면, 특허제도는 일정 요건의 발명에 대하여는 그 보호를 인정하고, 그 상태에서 당해 발명이 갖는 가치는 현실의 경제활동 속에서 자동적으로 평가받게 하는 장점을 갖고 있는 제도로 우리의 특허법이 채택하고 있는 형태이다.

2. 특허법의 목적

특허법은 발명에 대해서 재산권의 일종인 특허권을 부여하는 방식을 취하고 있다. 즉 특허법은 새로운 발명을 공개한 대가로 일정 기간의 독점권을 부여하여 해당 기술에 대해서 다른 사람이 중복해서 연구하지 않도록 하고, 그 공개된 기술을 이용하여 보다 진보된 기술이 나오도록 한다.

그러나 단지 일정한 재산적 가치를 갖는 발명에 대하여 이를 발명자의 천부적인 인권으로 확인하고 보호하는 것만이 특허법이 의도하는 목적은 아니다. 오히려 연혁적으로 고찰해 본다면 특허제도는 산업정책적

---

2 이에 대해서는 설이 다음과 같이 나누어져 있다.
　① 기본적 재산권설: 발명의 권리는 본래 발명을 한 자에게 있다 하여 재산권으로 인정하는 설
　② 정보공개설: 사회에 유용한 기술을 공개하도록 유인하는 것이 필요하기 때문에 특허제도를 두었다고 하는 설
　③ 기본적 수익권설: 유용한 발명에 의해 이익을 받는 사회로부터 공헌에 비례한 보수가 발명자에게 주어진다는 설
　④ 발명장려설: 투자한 연구개발비의 회수를 보장함으로써 발명을 장려하는 설
　⑤ 투자유인설: 발명에 대한 투자를 유인함과 동시에 대체기술개발을 촉구하는 설
　⑥ 경쟁질서설: 발명자에게만 독점권을 부여함으로써 과당경쟁을 방지하고 경쟁질서를 확보하자는 설

인 이유에서 비롯되었으며, 우리 특허법 역시 제1조 목적조항에서 "이 법은 발명을 보호·장려하고 그 이용을 도모함으로써 기술의 발전을 촉진하여 산업발전에 이바지함을 목적으로 한다"라고 규정하고 있다. 즉 발명에 대해 일정의 독점권을 인정하는 특허법의 목적은 발명자의 발명 의욕을 자극함이며, 보호를 위한 조건으로서 당해 발명의 공개를 유도하고, 공개된 발명을 이용해 산업발전에 기여하기 위함에 있다.3

이러한 특허법의 산업정책적인 의도는 여러 곳에서 확인된다. 예컨대 특허법은 그 보호를 받기 위한 절차에 있어 발명을 한 자가 특허출원을 하지 않을 경우에는 특허가 부여되지 않고, 제일 먼저 발명한 자에게 특허권을 부여하는 것이 아니라 제일 먼저 특허청에 출원한 자에게 특허권을 부여하고 있다. 단 공공의 질서 또는 선량한 풍속을 문란하게 하거나 공중의 위생을 해할 염려가 있는 발명은 특허를 받을 수 없다. 또한, 발명의 이용과 관련하여 특허권자는 발명의 내용을 제3자(즉, 그 발명이 속하는 기술분야의 통상적인 지식을 가진 자)가 실시할 정도로 공개할 의무를 지며(특§42③), 이를 위반한 발명은 거절결정되며(특§62 iv), 특허가 인정된 경우에도 무효사유가 된다(특§133①i).

> **❶ 생각해보기**
> 홍길동은 공기저항을 감소시켜 차량 연비를 향상시키는 자동차 디자인에 대해 특허출원하여 등록된 특허권자이다. 홍길동이 그 자동차 디자인을 특허 외에 디자인보호법에 의해 보호받을 수 있을까?

---

3 우리 특허법은 '산업발전'을 목적으로 하지만 전체적으로 보면, 당초에 국내산업의 보호육성을 배경으로 한 '산업정책'적인 색채가 농후한 제도의 성격을 띠었고, 최근에 와서는 공정한 경쟁질서의 유지를 도모하기 위한 '경쟁정책'을 배려한 제도로 바뀌고 있다.

Ⅱ. 실용신안법

구분	실용신안	특허
보호대상	고안(물품의 형상·구조·조합)	발명(물건발명, 방법발명 모두 가능)
고도성	불요	필요
도면첨부	필수	필요한 경우만
존속기간	출원일 후 10년	출원일 후 20년

영미법계의 국가들은 산업재산권법 중에 실용신안법을 별도의 법률로 규정하지 않고 있으나, 대륙법계 국가들은 특허법 외에도 실용신안법을 별도로 두고 있다. 우리나라는 산업구조의 특수성을 고려하여 혁신적인 발명 외에 발명의 고도성의 정도가 낮은 소발명도 보호함으로써 산업발전에 이용하고자 이 제도를 두고 있다.

1. 실용신안법의 정의 및 목적

실용신안법은 '실용적인 고안'을 보호·장려함으로써 기술의 발전을 촉진하여 산업발전에 이바지함을 목적으로 하는 제도이다(실§1). 그러나 특허법은 '발명'을 보호·장려함으로써 기술의 발전을 촉진하여 산업발전에 이바지함을 목적으로 하는 제도이다(특§1).

여기서 양법의 상이한 점은 '고안'과 '발명'의 차이라고 볼 수 있다. '발명'이란 자연법칙을 이용한 기술적 사상의 창작으로서 고도高度한 것을 말한다(특§2i). 그러나 '고안'이란 자연법칙을 이용한 기술적 사상의 창작을 말한다(실§2i).

즉 특허법에서는 기술적 사상의 창작 중 고도한 것을 발명이라 정의하고 있으나, 실용신안법에서 물품의 형상, 구조 또는 조합에 관한 고안은 특허처럼 고도의 것이 아니더라도 실용신안법으로 보호를 받을 수 있다. 단 방법의 고안은 실용신안법으로 보호를 받을 수 없다.

2. 실용신안제도의 존재의의

특허법과 실용신안법은 자연법칙을 이용한 기술적 사상의 창작으로서 발명의 수준(대발명과 소발명)의 차이는 있으나 본질적으로는 같으므로 실용신안제도를 굳이 별도의 법으로 보호할 필요가 있겠는가 하는 의문이 제기된다.

그러나 특허제도 창설 당시의 우리나라의 기술수준은 제 외국에 비해 낮았기 때문에 외국인에게 특허가 독점될 위험이 있었다. 즉 특허제도만으로는 우리나라의 국민의 기술개발의욕이 상실될 우려가 있었으므로 기술수준이 낮은 발명도 보호하여 창작의욕을 유지·증진시킬 필요가 있었기 때문에 처음 도입하게 되었다고 본다.

우리나라에서 실용신안제도가 도입된 지(1909년 시행) 약 100여년 가까이 지났지만 아직도 그 역할을 다하였다고는 할 수 없을 것이다. 그 현황은 특허출원건수와 실용신안출원건수를 살펴보면 잘 알 수 있다. 또 선진국이라고 할 수 있는 독일, 프랑스, 일본 등 많은 국가들의 경우 실용신안제도가 도입시에 목적한 기능을 다하였다고 생각되나 중소기업의 보호육성을 위해서 아직도 이 제도를 폐지하지 못하고 있다. 이는 곧 자국의 산업육성 차원에서 보호의 필요성이 있기 때문이라고 볼 수 있다.

Ⅲ. 상 표 법

구분	상표	특허
보호대상	표장	발명
존속기간	설정등록일 후 10년	출원일 후 20년
존속기간연장	갱신 가능	법정된 경우에 한하여 가능
연장가능횟수	무제한	1회
금지청구의 범위	동일, 유사	동일

1. 상표제도

근대 자본주의경제하에서는 복잡한 유통기구를 통하여 많은 종류의 상품이나 서비스가 대량으로 생산·제공되고 있다. 그러나 상품이나 서비스의 거래마다 생산자나 제공자의 출처를 확인한다거나 그 품질을 조사한다거나 하는 것은 현실적으로 불가능하다. 즉 모든 상품마다 모두 확인한다면 유통이 정체될 뿐만 아니라 수요자의 입장에서도 안심하고 상품이나 서비스를 구입 또는 제공을 받기위한 상품이나 서비스의 생산자나 제공자의 출처를 확인하거나 또는 그 품질을 가늠하기 위한 수단이 필요한 것도 어렵다. 따라서 이러한 경우에 필요한 것標識이 상표 또는 서비스표이다. 상표는 상품을 구입하거나 서비스를 제공받을 경우 그 출처의 확인 또는 품질을 가늠하기 위한 수단으로 이용된다.

이러한 상표나 서비스표는 다른 회사의 상품이나 서비스와 식별識別할 수 있고, 상표나 서비스표에 의해 상품 등의 출처나 품질을 알 수 있으며, 동일한 상표를 동일한 상품에 계속 사용함으로써 일정한 품질의 보증까지 함과 더불어 상품의 유통까지도 원활하게 된다. 그렇기 때문에 상표를 보호할 필요가 있어, 각국은 상표법을 제정하여 운영하고 있다.

2. 상표법의 목적

상표법은 제1조 목적조항에서 상표를 보호함으로써 상표사용자의 업무상 신용유지를 도모하여 산업발전에 이바지함과 아울러 수요자의 이익을 보호함을 목적으로 한다고 규정하고 있다. 즉 상표법은 상품의 식별표지인 상표를 권리로서 보호함으로써 상표권자에게는 상표에 화체된 신용과 이익을 보호·유지하게 하고, 수요자에게는 원하는 상품을 손쉽고 정확하게 선택할 수 있게 하며, 국가적 차원에서는 공정한 경쟁을 통한 건전한 상거래 질서를 유도하여 국가 산업발전에 기여하고자 한다.

3. 상표의 의의

일반 사회에서 말하는 상표란 기업의 상품이나 서비스에 붙이는 마크標 또는 심벌symbol 등을 총칭하는 것으로서 상품이나 서비스의 얼굴이라고 말할 정도로 중요한 것이다. 즉 상표는 어떤 기업이 자사의 상품 또는 업무를 개성화함으로써 자사의 상품과 타사의 상품이 식별되고, 또 소비자들은 상품 또는 업무에 대하여 품질, 성능, 출처 등을 믿고 그 상품을 선택하게 된다. 따라서 상표는 상품거래에서 생산 및 제조자와 소비자를 연결하여 주는 일종의 도구(표지)이다.

이러한 상표는 계속 사용함으로써 신용이 축적되어 재산적 가치를 지니게 된다.[4] 그러나 상표법상의 상표는 사회통념상의 상표[5]와 반드시 동일한 개념은 아니다.

상표법상의 상표란 자기의 상품(지리적 표시가 사용되는 상품의 경우를 제외하고는 서비스 또는 서비스의 제공에 관련된 물건을 포함한다)과 타인의 상품을 식별하기 위하여 사용하는 표장標章[6]을 말한다(상§2①ⅰ). 따라서 자타自他상품을 식별하기 위하여 사용되는 것이 아닌 표장은 상표가 아니다.

한편, 판례는 "상표는 특정한 영업주체의 상품을 표창하는 것으로 그 출처의 동일성을 식별하게 하여 그 상품의 품위 및 성질을 보증하는 작용을 하며, 상표법은 이와 같은 상표의 출처식별 및 품질보증의 기능을 보호함으로써 당해 상표의 사용에 의하여 축적된 상표권자의 기업신뢰

---

4 인터브랜드가 발표한 2021년 세계 100대 브랜드 평가 결과에 따르면, 애플(4,082억 달러), 아마존(2,492억 달러), 마이크로소프트(2,102억 달러), 구글(1,968억 달러) 순이었으며, 국내기업으로서는 유일하게 삼성전자가 구글에 이어 5위로 746억 달러의 브랜드 평가를 얻었다.
5 사회통념상의 상표란 자타상품의 구별표시이며 영업상의 신용을 확보하려는 목적하에 사용대상으로서의 관용상표, 보통명칭의 상표를 포괄하는 개념이다.
6 상표법 제2조 제1항(2021. 10. 19.)
  2. "표장"이란 기호, 문자, 도형, 소리, 냄새, 입체적 형상, 홀로그램·동작 또는 색채 등으로서 그 구성이나 표현방식에 상관없이 상품의 출처(出處)를 나타내기 위하여 사용하는 모든 표시를 말한다.

이익을 보호하고 유통질서를 유지하며 수요자로 하여금 상품출처의 동일성을 식별하게 하여 수요자가 요구하는 일정한 품질의 상품 구입을 가능하게 함으로써 수요자의 이익을 보호하려고 하는 것이다"라고 하였다.[7]

따라서 상표는 ⅰ) 무체재산권, ⅱ) 상표에 관한 권리, ⅲ) 상품에 관한 권리, ⅳ) 상품의 식별기능, ⅴ) 상표를 지정상품에 사용하는 권리, ⅵ) 창설적 권리, ⅶ) 경쟁질서유지의 특징을 가지고 있다.

전자신문	2023.02.07.

명품 플랫폼, '가품과의 전쟁'

명품 플랫폼이 '가품과의 전쟁'에 나선다. 상품 이력은 물론 입점업체, 물류체계 등 관리 강화로 모조품(가품) 발생 가능성을 원천 차단하고 있다. 최근 해외에서 모조품 판매에 대한 플랫폼 사업자의 책임을 인정하는 판결이 나온 만큼 국내 플랫폼도 모조품 문제에 더욱 대비하는 모습이다. 지난해 12월 유럽사법재판소(ECJ)는 세계 최대 e커머스 플랫폼 아마존에서 이뤄진 모조품 판매에 대해 유통사인 아마존의 책임이 있다고 판결했다. 일반 소비자는 개별 판매자가 아닌 플랫폼을 신뢰하고 물건을 구입한다는 이유에서다. 모조품 판매에 대한 플랫폼 사업자의 책임을 인정한 판례가 나온 만큼 앞으로 국내 시장에도 영향을 미칠 수 있을 것으로 보는 움직임이다. ...생략...

업계 관계자는 "그동안 입점 판매자에 대한 검증이나 명확한 기준이 없어 오픈마켓 플랫폼에서 고객 경험이 저하되는 문제가 발생했다"면서 "해외 판례를 기점으로 향후 중개 사업자의 책임이 강화되면 고객 입장에서 더 나은 서비스를 받을 수 있을 것"이라고 말했다.

---

7 대법원 1995. 11. 7. 선고 94도3287 판결.

中서 '사나이' 달고 나온 불닭볶음면 …
식품업계, 中짝퉁과의 전쟁

중국 식품 업체들의 K-푸드 베끼기가 점입가경이다. 삼양식품 불닭볶음면은 캐릭터 '호치'는 물론 한글 상품명인 '불닭볶음면'을 그대로 베꼈다. CJ제일제당의 다시다, 오뚜기 당면 모두 제품 포장 디자인을 그대로 베끼고 한글 상품명을 그대로 사용하는 등 한국 제품인 것처럼 속이고 있어 식품업계가 공동으로 대응에 나섰다.

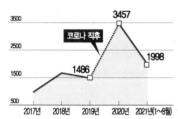

중국 상표 도용 현황 (단위: 건)

3457
코로나 직후
1998
1486
2017년　2018년　2019년　2020년　2021년(1~8월)

[자료-아시아경제]

국내 식품 기업 공동대응

2022년 1월 3일 한국식품산업협회는 삼양식품, CJ제일제당, 대상, 오뚜기과 공동협의체를 구성해 중국 최대 'K-푸드' 모조품 생산·유통기업인 청도태양초식품, 정도식품 등을 상대로 지식재산권(IP) 소송을 제기한다고 밝혔다.

중국 청도태양초식품과 정도식품은 인기 K-푸드 상표와 디자인을 도용한 제품 포장에 '사나이'라는 한글 브랜드를 부착한 유사 한국식품을 생산하고 있다. 이로 인해 피해를 입은 기업들 모두 중국 현지법인을 운영하고 있어, 모조품의 유통으로 발생한 소비자 피해로 자칫 기업의 이미지와 신뢰도에 타격을 입을 수 있는 상황이다.

코로나 이후 상표권 침해 2배

특허청에 따르면 중국에서 국내 기업의 상표를 도용한 사례는 2017년 977건에서 2020년에는 3.5배인 3,457건으로 급증했다. 지난해에는 8월까지 1,998건의 상표권 도용사례가 적발됐다. 최근 코로나 19로 여행이 끊긴데다, 넷플릭스 드라마 '오징어 게임'이 전 세계적으로 흥행을 하는 등 한류 열풍이 거세지며 상표권 침해가 더욱 심해지고 있는 것이다.

이효율 한국식품산업협회 회장은 "이번 소송은 국내외 시장에서 선의의 경쟁을 펼치는 식품업계 주요 기업들이 자발적으로 뭉쳐 공동대응을 추진했다는 점에 그 의미가 크다"며 "IP 침해 대응의 성공사례가 창출될 수 있도록 소송 승소를 위해 최선을 다할 것"이라고 밝혔다.

Ⅳ. 디자인보호법

구분	디자인	특허
보호대상	디자인	발명
존속기간	출원일 후 20년	출원일 후 20년
존속기간연장	불가능	법정된 경우에 한하여 가능
권리범위	동일, 유사	동일
심사방법	심사주의·일부심사주의의 병행	심사주의

1. 디자인이란

상품의 판매는 그 상품의 기능, 품질의 우수함뿐만 아니라, 외관으로 부터의 미적 감각, 즉 디자인의 좋고 나쁜 것에 상당히 좌우된다. 이를 사람에 비유하여 보자. 사람은 누구나 아름다움을 동경한다. 이는 남성 이든 여성이든 마찬가지다. 아름다움을 동경하는 인간의 기호에 부응하 기 위해 가정용품에서 자동차산업, 첨단산업에 이르기까지 아름다운 디 자인이 요구된다. 이는 곧 소비자의 구매의욕을 증진시켜 줄 뿐만 아니 라, 자타自他상품의 식별기능까지 하여 줌으로써 유통시장에서 경업질서 를 유지하는 기능도 갖고 있다. 이러한 기능을 제대로 발휘하는 디자인 이 재산으로서의 가치를 갖고 있음은 물론이다.

2. 디자인보호법의 목적

디자인보호법 제1조는 "이 법은 디자인의 보호 및 이용을 도모함으 로써 디자인의 창작을 장려하여 산업발전에 이바지함을 목적으로 한다" 라고 규정하여 디자인보호법의 목적을 명확히 하고 있다. 이 규정에 의 하면 디자인보호법은 디자인의 보호 및 이용을 통해 디자인 창작을 장 려하여 결과적으로 산업재산권법의 공통적인 목적인 산업발전에 이바지 함을 목적으로 함을 알 수 있다.

디자인보호법은 권리주의, 등록주의, 심사주의와 일부심사주의의 병행, 선출원주의에 기초하여 운영된다. 권리주의하에서 디자인의 창작에 의해 창작자가 원시적으로 디자인에 관한 권리를 원시적으로 취득하며, 등록주의에 따라 디자인등록출원이 설정등록된 경우에 디자인권이 발생한다. 또한 디자인보호법은 심사주의를 원칙으로 하나 디자인의 특성을 고려하여 유행성이 강한 일정 물품에 한하여 실체적 등록요건 일부를 생략하는 일부심사주의를 병행하고 있으며, 동일·유사한 디자인에 대해 2이상의 출원이 경합된 경우 최선의 출원인에게만 디자인등록을 인정하는 선출원주의 원칙으로 한다.

조선일보   2011.09.21.

뽀로로 짝퉁 '마시뽀로' 이미 특허청 디자인 등록됐다

'어린이들의 대통령'이라고 불리는 '뽀로로'와 우리나라의 대표적인 캐릭터로 자리 잡은 '마시마로'를 합친 짝퉁 캐릭터 '마시뽀로'가 이미 특허청에 디자인 등록됐다는 사실이 뒤늦게 밝혀졌다. 더구나 이 캐릭터가 논란의 대상이 됐음에도 불구하고, 특허청은 그동안 별다른 조치를 취하지 않은 것으로 드러났다.

특허청은 "디자인 등록 심사관이 거절의 이유가 없다고 판단해 등록을 해줬다"고 했다. 신규성과 창작성 등을 기준으로 디자인 등록을 해주는데 마시뽀로가 요건에 충족했다고 판단한 것이다. 특허청 관계자는 "디자인 등록을 요청하면, 기존 일반인들에게 해당 캐릭터가 얼마나 공개된 상태에 있었느냐 등을 고려해 심사한다"고 밝혔다.

최근 마시뽀로가 유사 캐릭터 상품으로 사람들 사이에 큰 반향과 논란을 일으켰었지만, 특허청은 별다른 조치를 취하지 않았다. 특허청은 "상품 하나하나에 대해 일일이 대응할 수 없었다"면서 "(마시뽀로에 대해) 특별한 조치를 취하지 않았다"고 했다.

매일경제   2014.11.28.

벌집 아이스크림 모방제품 못판다

최근 인기를 끌고 있는 '벌집 아이스크림'의 모방 제품 판매가 앞으로는 금지될 전망이다. 해당 상품을 처음 개발한 원조 업체가 제품·매장을 유사하게 구성한 후발 업체를 상대로 법적 소송을 진행해 이겼기 때문이다.

벌집 아이스크림 전문점 '소프트리' 운영사 엔유피엘은 유사한 브랜드인 '밀크카우' 가맹 본사 엠코스타를 상대로 지난 4월 부정경쟁행위 금지청구 소를 제기했다. 이에 서울중앙지법 민사13부(부장판사 심우용)는 27일 "엠코스타는 소프트리의 벌집 아이스크림을 비롯한 여러 제품 형상을 모방한 제품을 제조하거나 가맹 계약을 체결하는 방법으로 제3자를 통해 판매해서는 안 된다"고 원고 일부승소 판결을 내렸다. 특히 법원은 외부 간판이나 메뉴판, 심지어 벌집 꿀이나 아이스크림콘을 진열하는 방식조차 따라해서는 안 된다고 판결했다. 다만 식기를 담는 용기인 '브루트' 진열 모양은 모방이 아니라고 판단했다.

소프트리는 지난해 5월 서울 신사동 가로수길에 1호점을 낸 뒤 해당 매장이 대박을 터뜨리자 이후 롯데·현대·신세계 등 백화점에도 매장을 냈으며 현재 33개 점포를 운영 중이다. 현재 밀크카우는 30여 개 가맹점을 운영하고 있는 것으로 알려져 이번 판결로 해당 가맹점주들이 피해를 면하기 어렵게 됐다. 다만 밀크카우 측이 이번 판결 일주일 안에 항소하면 가맹영업이 당장 중단되는 건 아니다.

V. 저작권법

구분	저작권법	특허법
목적	문화 및 관련산업의 발전	산업의 발전
보호대상	독창적인 표현형식 그 자체	기술적 사상
권리의 발생	무방식주의	심사주의
권리	상대적인 독점권	독점·배타권
보호기간	생존기간과 사후 70년	20년

1. 저작의 의미

인간의 내면에 있는 것은 하루아침에 생겨나서 표현되는 것이 아니다. 자기가 속한 사회에서 사회화를 거치는 과정에서 배우고 습득한 것, 즉 머릿속에 머무르는 것을 정신적·육체적 노력을 통해 외부로 표현하게 된다. 존재하지 않던 어떤 것에 새로운 생명을 불어 넣어 그것을 구체화·형상화하여 나타내는 것이다. 구체화·형상화하는 수단으로는 언어, 문자, 그림과 같은 것을 활용한다. 이렇게 표현된 것을 넓은 의미에서 저작이라고 한다.

저작은 시대와 기술의 수준에 따라 표현방법이나 보호의 대상이 변하게 된다. 그리하여 종래의 저작이라고 하면 문학, 학술 또는 예술의 범위에 속하는 저작물을 대상으로 하였으나, 최근 정보통신분야의 발달로 기존의 대상에서 컴퓨터 프로그램 등과 같은 것까지 확대되고 있다.

이러한 저작활동에 의해 생성된 것을 저작물이라 하고, 저작권법은 저작자의 권리와 이에 인접하는 권리를 보호하고 저작물의 공정한 이용을 도모함으로써 문화 및 관련 산업의 향상발전에 이바지함을 목적으로 한다(저§1).

2. 저작권이란

저작권이라 함은 아주 대략적으로 말하면 소설을 쓰거나 작곡을 하여 그것을 출판하거나 방송에 이용하는 것에 대해 그것을 쓴 사람이나 작곡한 사람에게 법률로써 인정되는 권리이다. 소설이나 작곡과 같이 저작권의 보호대상이 되는 것을 저작물이라고 말하며, 이러한 것들을 창작한 사람을 저작자라고 한다.

이 권리는 특정한 사람에게만 주장할 수

있는 권리가 아니고 누구에게라도 주장할 수 있는 배타적인 권리이기 때문에 소유권과 비슷하나, 일반 소유권과 저작권은 보호대상, 권리의 구성, 권리의 기간 등에서 차이가 난다. 이러한 차이점을 살펴보면, i) 소유권은 그 보호의 대상을 유체물(동산, 부동산)로 하고 있다면 저작권은 무체물인 저작물을 보호대상으로 하고 있다. ii) 유체물은 동시에 복수이용이 불가능하지만 무체물은 동시에 복수이용이 가능하다. iii) 이러한 특징은 무체물의 경우 직접지배가 불가능하다는 특징을 가지고 있기 때문에 침해시 발견과 입증이 곤란하여 저작권법에서는 간접침해, 손해액의 추정규정 등을 두고 있다.

권리의 구성을 살펴보면 일반 소유권은 재산권을 중심으로 하고 있는 데 비해, 저작권은 저작재산권과 저작인격권을 중심으로 하고 있다. 이 중 저작인격권은 일신전속적인 특징을 가지기 때문에 저작권 양도 혹은 이전의 경우 저작인격권과 저작재산권의 분리현상이 일어나기도 한다. 그러나, 무체물인 저작권 또한 사권私權이자 준물권準物權이라는 점에서 민법상의 재산권과 유사하여 저작권법에 특별한 규정이 없는 경우에는 민법의 규정이 유추적용된다.

소유권은 당해 유체물에 대한 직접 혹은 간접 점유 등을 통해 지배하고 있는 한 영구적인 권리를 행사할 수 있다. 그렇기 때문에 목적물이 멸실된 때에 권리가 소멸한다. 하지만 저작권은 목적물이 멸실된다고 할지라도 권리가 소멸되지 않는 한편, 일정기간까지만 그 권리를 보호하여 주고 있기 때문에 그 기간이 지나면 목적물의 멸실과는 관계없이 그 권리가 소멸하게 된다.

저작권은 특허권, 디자인권, 상표권 등과 같이 무체재산권(광의의 지적재산권) 중의 하나이다. 특허권, 실용신안권, 디자인권, 상표권 등의 산업재산권은 산업발전에 이바지함을 목적으로 하고, 저작권은 문화발전에 이바지함을 목적으로 한다.[8] 양법의 기본보호대상은 인간의 지적·정신적 활동의 성과를 보호한다는 점에서 동일하고, 권리에 대해서 분쟁이 발생하면, 침해에 대한 분쟁은 양법 모두가 일반법원에서 이루어지나,[9] 권리 자체에 대해 분쟁이 발생한 경우에는 산업재산권은 1차적으로 특허심판원에서 다투고, 심판원의 결정에 불복하는 경우에는 전문법원인 특허법원에서 다툴 수 있다. 그러나 저작물의 경우에는 모두 일반법원에서만 분쟁을 해결할 수 있다. 또 산업재산권은 표현형식과 특정의 기술적 사상이 발명이라는 방법으로 나타난 것을 보호대상으로 하는 데 비해, 저작권법은 사상·감정이 외부로 표현된 것을 그 보호대상으로 한다.

또한, 산업재산권은 권리의 발생을 위해서는 절차를 요하는 심사주의를 취하고 있으며, 저작권법은 심사의 절차를 요하지 않고 그 저작물의 완성과 동시에 권리가 발생하는 무방식주의를 취하고 있다. 산업재산권은 심사를 통해 등록을 하게 되고 이러한 등록을 유지하기 위해서는 존속기간 중에는 계속해서 필요한 비용을 납부하여야 하는 데 비해 무방식주의를 취하는 저작권은 이러한 비용납부를 할 필요가 없다.

그리고 특허권(산업재산권)은 신규성, 진보성, 산업상 이용가능성이 있으면 권리가 발생하게 되나, 저작권은 창작성만 있으면 권리가 발생한다. 권리의 구성에 있어서도 산업재산권은 재산권을 중심으로 구성되어 있으나, 저작권은 재산권과 인격권이 동시에 존재한다.[10] 이러한 권리는 독점성을 가지는데 여기에도 차이가 있다. 산업재산권은 독점배타성이 강하여 하나의 권리만 존재하는 데 비해, 저작권은 복수의 권리가 존재할 수 있어 상대적 독점권이라고 할 수 있다.

이러한 저작권을 규정하고 있는 법률을 '저작권법'이라고 한다. 저작

---

8 최근 산업발전, 문화발전에 이바지한다는 기준은 모호해지고 있다. 그 이유는 문화발전적인 것도 결국 산업으로 연결되어 산업에 이바지하게 되고, 산업적으로 성공하기 위해서는 그 사회 사람들이 가지는 문화적인 가치에 적합해야 하기 때문이다.
9 침해사건의 경우에는 동일하게 일반법원에서 이루어지지만 권리 자체에 관한 다툼의 경우 특허심판원·특허법원과 저작권위원회 등에서 분리하여 분쟁을 해결하고 있다.
10 산업재산권이 재산권적 성격이 강하다고 하여 인격권적인 요소가 없다는 것은 아니다. 산업재산권의 경우에도 그 권리의 귀속, 발명자게재권과 같은 권리를 설명하기 위해서는 이러한 인격권적인 요소가 없으면 안 된다.

권을 보호하는 이유에 대해서는, 저작물 자체에 저작자의 인격적·재산적 가치를 인정하기 때문에 보호한다고 보는 견해와 저작물은 저작자의 지적 활동의 성과이므로, 이를 보호하지 않으면 지적 노력을 들여 저작물을 제작하려고 하는 사람이 없어지므로 이를 권리로서 인정한다고 보는 사람도 있다. 이러한 논의를 별론으로, 저작권제도는 저작자의 인격적·재산적 이익을 보호하고 나아가서는 문화 및 관련 산업의 향상발전에 기여함을 목적으로 하고 있다(저§1).

이러한 저작권법은 저작권에 대해서 규정하고 있을 뿐만 아니라 저작권에 인접한 권리를 보호하기 위한 '저작인접권著作隣接權' 제도를 두어 실연자實演者, 방송사업자, 음반제작자 등을 보호하고 있다.

▎알아두기 재산권[財産權, property right]과 인격권[人格權][11]

○ 재산권은 인격권·신분권·사원권 등의 비재산권과 대립되는 개념이다. 재산권이라 함은 사법상(私法上)·공법상의 경제적 가치가 있는 일체의 권리를 뜻한다. 민법상의 소유권 기타 물권은 물론, 채권도 재산권이다. 특별법상의 여러 권리, 예를 들면 광업권·어업권, 특허권·저작권·실용신안권·상표권·디자인권 등의 무체재산권 및 상사채권과, 재산적 가치가 있는 공법상의 수리권·하천점용권·연금청구권 등도 모두 포함된다. 이들 여러 권리는 민법·상법·광업법·특허법 기타의 관계 법률에 그 내용과 한계가 정해져 있다. 그러나 비록 재산적 가치를 내용으로 하고 있더라도, 부양청구권이나 재산분할청구권 등 신분이나 인격을 기초로 하는 권리는 재산권과는 다른 취급을 받는다.

○ 인격권은 권리의 주체와 분리할 수 없는 인격적 이익을 내용으로 하는 권리. 즉 생명·신체·자유·정조·성명 등을 목적으로 하는 사권(私權)이다. 민법은 타인의 신체·자유·명예를 침해하면 불법행위를 구성한다고 규정(751조)함으로써 소극적으로 그 보호를 규정할 뿐이고 그 이상의 규정은 없으나, 그 밖의 다른 인격적 이익도 이를 침해하면 불법행위가 성립한다. 예컨대 타인의 성명이나 초상의 무단사용, 정조의 침해, 생활방해 등도 불법행위가 되는 것과 같다.

---

11 두산백과사전 두피디아(www.doopedia.co.kr).

중앙일보   2011.10.05. 16면

법정 간 뽀로로 … '저작인격권'이 뭐기에

'뽀로로의 진짜 아빠가 누구냐'를 둘러싼 분쟁이 소송전으로 비화하면서 '저작인격권'이 이슈로 떠오르고 있다.

TV용 애니메이션 '뽀롱뽀롱 뽀로로' 시리즈의 캐릭터와 영상 등을 제작한 ㈜오콘의 김일호 대표는 4일 공동 사업자로 기획·마케팅을 담당한 ㈜아이코닉스엔터테인먼트의 최종일 대표를 상대로 서울중앙지법에 소장을 냈다. 국내에서는 흔치 않은 소송으로 저작물을 창작한 자가 누구이며 저작인격권이 누구에게 있는지를 확인해 달라는 것이다.

이번에 문제가 된 뽀로로 캐릭터의 저작재산권은 오콘과 아이코닉스 외에 애니메이션 방영을 담당한 EBS, 투자자인 SK브로드밴드 등 4개사가 공동으로 소유하고 있다. 오콘의 김 대표도 이를 인정한다. 그러나 이와는 별개로 수년 전부터 저작인격권을 침해당했다는 입장이다. 오콘 측은 소장에서 "피고 아이코닉스는 기획·광고·마케팅의 역할을 했을 뿐"이라며 "저작권법상 뽀로로 캐릭터 및 영상저작물의 창작적인 표현 형식 자체를 직접 맡은 오콘만이 단독 저작자"라고 주장했다.

이에 대해 아이코닉스의 최종일 대표 측은 "오콘이 뽀로로 캐릭터를 디자인하고 영상으로 만든 것은 맞지만 공동 작업을 한 것을 두고 '우리가 진짜 창작자'라고 하는 건 말이 안 된다"고 반박했다.

VI. 부정경쟁방지 및 영업비밀보호에 관한 법률

1. 의 의

우리나라의 경제질서는 사유재산제를 바탕으로 자유경쟁을 존중하는 자본주의적 자유시장경제질서를 근간으로 하고 있다. 따라서 자유경쟁 내지 경쟁행위는 그 필수적 요건이라 할 수 있다. 한편, 경제질서라는 개념 자체에서 알 수 있듯이 경제질서 내의 활동, 즉 경쟁행위는 일정한 당위의 법칙 내지 사회규범이 지켜지는 상태에서의 것이어야 한다. 이에 법은 경쟁행위의 공정성 담보가 우리 경제질서를 유지하기 위한 최소한

BTS 인기로 촉발된 퍼블리티시권 '예송논쟁'

연예인 등 유명인의 허락 없이 그 초상, 성명 등을 영리의 목적으로 사용하는 경우 법적으로 문제가 될 수 있다는 점은 의문이 없다. 그렇다면 구체적으로 '무슨 권리'를 침해하길래 문제가 된다는 것일까?

① 퍼블리티시권의 침해: 유명인은 일반인보다 사생활, 개인정보 등의 공개·노출을 감수한다고 볼 수 있다. 유명인이 유명세를 얻는 원천은 대중에 대한 노출에 있다. 유명인의 성명, 초상 등이 빈번하게 검색되고 화제가 되면 그로써 인지도와 인기가 상승하기 때문에, 유명인의 사생활 보호는 일반인에 비해 다소 완화될 수 밖에 없다. 그러나, 반대급부로 유명인이 성명, 초상 등을 통해 경제적 이익을 얻을 기회는 보장받아야 한다. 유명인은 성명, 초상, 외양, 독특한 행동 등의 요소로써 인지도를 넓히고 나아가 방송출연, 광고 등 영리활동을 해야 한다.

이러한 사정에 착안하여, 성명, 초상 등의 경제적 가치를 이용하는 권리로써 '퍼블리티시권(Right of publicity)'을 인정해야 하고, 성명, 초상 등을 무단으로 사용한 자에게는 퍼블리티시권 침해에 따른 책임을 물어야 한다는 견해가 있다.]

② 인격권의 침해: 퍼블리티시권은 미국의 판례에서 인정될 권리일 뿐 우리나라의 법률 그 어디에도 규정되지 않은 권리이며, 법률 없이는 권리가 발생하지 않는 우리나라에서 법률로 규정하지 않는 이상 퍼블리티시권을 인정할 여지는 없다.

다만, 성명권, 초상권 등은 모두 인격권에 포함되는 권리이므로 성명, 초상 등을 무단으로 사용하는 자에 대해서는 인격권 침해에 따른 책임을 물으면 된다. 단지 필요하다는 이유만으로 법률에 따라 규정되지 않은 그 내용 및 범위가 명확하지 않은 권리를 만들어 내는 것은 법적 안정성을 해친다.

③ 부정경쟁방지법으로의 보호: 특히, BTS 등 한류가 융성해지자 유명인의 성명, 초상을 무단으로 사용하는 행위를 법률로써 보호하자는 견해가 힘을 얻게 되었다.

그 결과, 2021년 12월 7일 개정된 부정경쟁방지법 제2조 제1호 타목은 "국내에 널리 인식되고 경제적 가치를 가지는 타인의 성명, 초상, 음성, 서명 등 그 타인을 식별할 수 있는 표지를 공정한 상거래 관행이나 경쟁질서에 반하는 방법으로 자신의 영업을 위하여 무단으로 사용함으로써 타인의 경제적 이익을 침해"하는 행위를 법률상 금지되는 부정경쟁행위의 하나로 규정하였다.

이는 한류 연예인을 보호하기는 해야 하지만, 퍼블리티시권을 정면으로 인정하는 법률을 제정할 경우 복잡한 혼란이 초래될 수 있으니, 이를 우회하여 성명, 초상 등을 무단 사용하는 행위를 부정경쟁행위로서 금지하여 간접적으로 보호하자는 취지이다.

그러나, 이번 개정 조항을 두고서도 퍼블리티시권의 인정여부에 대한 논쟁은 여전히 계속되고 있다. 언뜻, 이러한 논쟁은 '예송논쟁'과 같기도 하다. 겉으로 보면 결과에 큰 차이가 없는 설전 놀음과 같지만, 그 내면에는 학계의 자존심을 건 논쟁이라고도 할 수 있다.

(정양훈 변호사 칼럼 재인용)

의 전제임을 확인하고, 비록 그 행위가 재산권 보장으로서의 불법행위에 해당하지 않을지라도 자유로운 경쟁질서를 파괴하는 비건설적·비기여적 경쟁행위인 경우에는 이를 규제하고 있으며, 특히 부정경쟁방지 및 영업비밀보호에 관한 법률을 두어 사인私人의 부정경쟁행위에 대한 행위의 금지 및 손해배상청구권 등을 인정하고 있다.

부정경쟁방지 및 영업비밀보호에 관한 법률(이하 "부정경쟁방지법")은 특허법, 실용신안법, 디자인보호법, 상표법, 상법상의 상호 등과 같이 지적재산법의 한 부분이다. 예컨대 부정경쟁방지법에 규정하고 있는 부정경쟁행위 중 혼동야기행위의 규제는 상표법과 함께 영업상의 신용에 화체된 재산을 보호하는 것이며, 영업비밀의 보호는 특허법 등과 함께 사람의 창작활동을 보호하는 것이다. 다만 특허법·상표법 등은 객체에 권리를 부여하여 지적재산의 보호를 하려는 것에 반해 부정경쟁방지법은 부정경쟁행위의 규제를 통하여 지적재산을 보호하려고 하는 점에서 차이가 난다. 또한, 부정경쟁방지법은 지적재산법으로서, 특히 상표법이나 특허법 등의 다른 산업재산권법이 미치지 않는 영역의 지적재산까지를 포함하는 지적재산법의 일반법이라고 할 수 있다.

▌알아두기 일반법·특별법[一般法; 特別法, general law; special law][12]

특별법은 특정의 사람·사물·행위 또는 지역에 국한하여 적용되는 법. 일반법은 그러한 제한이 없이 일반적으로 적용되는 법이다.

원래 특별법은 정의(正義) 또는 형평(衡平)의 관념에 입각하여 일반법 중에서 특수한 사항을 골라내어, 그것을 특별히 취급하려고 하는 취지에서 나온 것이다. 그러므로 특별법은 일반법에 우선하는 것이 원칙이며, 일반법은 특별법에 규정이 없는 경우에만 보충적으로 적용된다. 이 두 개념을 구별하는 실익은 법의 효력 및 적용의 순서를 명확히 하는 데에 있다.

따라서 특허법·상표법은 특별법에 해당하며, 부정경쟁방지법은 일반법에 속한다.

---

2. 구 성

부정경쟁방지법은 먼저 타인의 상호·상표 등을 부정하게 사용하는 등의 부정경쟁행위와 타인의 영업비밀을 침해하는 행위에 대한 법률적 요건을 규정하고, 각각의 법률효과를 규정하는 형태를 취하고 있다.

---

12 두산백과사전 두피디아(www.doopedia.co.kr).

부정경쟁행위의 유형으로(부§2 i)는 ⅰ) 상품주체 혼동야기행위, ⅱ) 영업주체 혼동야기행위, ⅲ) 유명상표의 식별력·명성 손상행위, ⅳ) 원산지 허위표시 행위, ⅴ) 출처지 등 오인야기행위, ⅵ) 상품의 사칭詐稱 및 질량 오인야기행위, ⅶ) 상표권자의 동의 없는 대리인의 상표사용행위, ⅷ) 정당한 권원이 없는 자의 도메인 이름 선점행위, ⅸ) 타인이 제작한 상품의 형태를 모방한 상품의 사용행위, ⅹ) 타인의 아이디어를 부정하게 사용하는 행위, ⅺ) 데이터를 부정하게 사용하는 행위, ⅻ) 유명인의 초상·성명 등을 무단으로 사용하는 행위, ⅹⅲ) 그외에도 보충적 일반조항이 있고, 그에 대한 사법적 구제방법으로는 민사적 구제방법(부§4~§6)과 행정규제(부§7~§9) 및 형사적인 구제방법(형사제재: 부§18 ③ I, §18의2, §18의3, §19), 행정벌로서 과태료(부§20) 등이 인정되고 있다. 특히 민사적 구제방법으로는 금지·예방청구권(부§4), 손해배상청구권(부§5, §14의2), 영업상의 신용회복청구권(부§6) 등이 있다.

영업비밀 침해행위의 유형(부§2 ⅲ)으로는 ⅰ) 부정취득·사용·공개행위, ⅱ) 부정취득자로부터 악의취득, ⅲ) 사후적 관여행위, ⅳ) 신의성실의 위반유형(비밀유지 위반행위), ⅴ) 부정공개자로부터 취득한 행위, ⅵ) 부정공개행위에 관한 사후적 관여행위유형이 있고, 사법적인 구제방법으로는 부정경쟁방지행위와 같이 민사적인 구제방법(부§10~§12)과 형사적인 제재(부§18 ①②, §18의2, §18의3, §19) 등이 있다.

3. 목   적

부정경쟁방지법은 제1조에서 "이 법은 국내에 널리 알려진 타인의 상표·상호商號 등을 부정하게 사용하는 등의 부정경쟁행위와 타인의 영업비밀을 침해하는 행위를 방지하여 건전한 거래질서를 유지함을 목적으로 한다"라고 규정하고 있다. 즉, 우리나라 부정경쟁방지법은 '건전한 거래질서를 유지'하는 데 법규 전체의 의의와 목적을 두고 있음을 제1조에서 명시하고 있다. 이와 같은 부정경쟁방지법의 일반적 목적은 부정경쟁방지법을 제정하는 나라(목적조항을 갖든 갖지 않든)에 있어서나 또는 일반 불법행위법에 의거하여 부정경쟁행위를 규율하는 나라의 경우에 있어서나 차이가 있지 아니하다. 모든 나라에서 부정경쟁방지법은 시장경제 내에서 경쟁의 품질, 즉 경쟁의 공정성에 이바지하는 데 그 목적을 두고 있기 때문이다.[13]

한편 '건전한 거래질서의 유지'라는 공익의 보호와 함께 부정경쟁방지법은 개인의 인격권 내지 기업의 영업권의 침해로부터의 보호라는 역할을 수행하기도 한다. 특히 일체의 법률효과가 부정경쟁행위 내지 영업비밀 침해행위의 객관적 실제보다는 피침해자의 권리주장을 요건으로 한다는 점에서, 비록 공익의 보호라는 역할이 강조되는 것이 현재의 추세이나, 사권의 보호라는 목적 역시 간과될 수 없다 하겠다.

이러한 부정경쟁방지법의 목적을 달성하기 위해서 특허청장은 부정경쟁행위의 방지 및 영업비밀보호를 위하여 연구ㆍ교육 및 홍보, 부정경쟁방지를 위한 정보관리시스템 구축 및 운영, 그 밖에 대통령령으로 정하는 사업을 할 수 있다(부§2의5).

❓ 관련문제

등록된 특허발명의 사용이 타인의 상표권이나 디자인권 등을 침해하는 결과가 될 수 있을까? 만일 이러한 경우가 있다면 어느 권리가 우선하는가?

❏ 관련사례

홍길동은 이탈리아에서 수제 명품 핸드백을 구입한 후 이를 한국으로 가져와 시중가격보다 저렴하게 팔고 있다. 홍길동은 이를 홍보하기 위해 명품 핸드백의 상표명을 간판에 부착하고, 전단지를 제작하여 배포하는 등 광고행위를 하고 있다. 홍길동의 이러한 행위가 적법한 행위인가?

◆ 관련판례(대법원 2002. 9. 24. 선고 99다42322 판결)

병행수입업자가 적극적으로 상표권자의 상표를 사용하여 광고ㆍ선전행위를 한 것이 실질적으로 상표권 침해의 위법성이 있다고 볼 수 없어 상표권 침해가 성립하지 아니한다고 하더라도, 그 사용태양 등에 비추어 영업표지로서의 기능을 갖는 경우에

---

13 정호열, 「부정경쟁방지법론」, 삼지원(1993), 50면.

는 일반 수요자들로 하여금 병행수입업자가 외국 본사의 국내 공인 대리점 등으로 오인하게 할 우려가 있으므로, 이러한 사용행위는 부정경쟁방지및영업비밀보호에관한법률 제2조 제1호 (나)목 소정의 영업주체혼동행위에 해당되어 허용될 수 없다.

연합뉴스   2011.09.14.

"특허 없는 기술이라도 무단사용은 영업비밀 침해"

특허 등록을 하지 않은 기술정보라도 다른 회사로 옮긴 뒤 활용했다면 영업비밀 침해로, 이를 알면서도 제품을 개발한 해당 회사도 배상할 책임이 있다는 판결이 나왔다.

재판부는 판결문에서 "과자류 제조업체에 원재료와 배합비율 기술정보는 가장 중요한 경영요소 가운데 하나이고 주력 상품인 '찰떡초코파이'의 핵심기술이라 영업비밀에 해당한다"며 "제조업계에 널리 알려진 기술이라 영업비밀이 아니라는 피고의 주장을 받아들일 수 없다"고 밝혔다.

재판부는 "원고는 직원들로부터 해당 기술정보를 외부에 유출하지 않겠다는 서약서까지 받았고 이 기술정보를 알고 있던 이모(48)씨가 A식품으로 이직한 뒤 찰떡초코파이 개발에 성공해 영업비밀 침해에 해당한다"고 덧붙였다.

원고 박씨는 식품회사를 운영하며 1999년 '외피가 도포된 떡 및 그 제조방법'을 특허등록하고 2000년 떡의 보존기간을 10주에서 5개월로 연장하는 데 성공한 뒤 이 기술에 대해서는 특허등록하지 않고 '대외비'로 분류, 이씨 등 담당직원에게 외부에 유출하지 않겠다는 서약서를 받았다.

그러나 이씨는 2003년 박씨의 회사를 떠나 A식품에 입사하면서 노트북에 담겨 있던 박씨의 기술정보를 활용해 2005년 10월께 쿠키 안에 떡이 있는 과자를 개발해 판매했다.

박씨는 영업비밀을 침해했다며 이씨를 상대로 형사소송을 내고 A식품에 대해서는 손해배상청구 소송을 제기했다.

한편 이씨는 2008년 8월 의정부지법에서 부정경쟁방지법 위반으로 징역8월, 집행유예 2년에 사회봉사 120시간 판결을 받아 대법원에서 원심 확정됐다.

내일신문   2014.04.23.

"등록 못했어도 알려진 상표 보호해야"

상표등록을 받지 못한 상표라도 소비자 대부분이 인식하는 주지성을 확보했다면 보호받아야 한다는 법원 판단이 나왔다.

서울중앙지법 민사13부(심우용 부장판사)는 대일화학공업이 자사 상표인 '대일'이 포함된 동일하거나 유사한 상표를 사용할 수 없도록 해달라며 후발업체 대일제약을 상대로 제기한 부정경쟁행위금지 등의 소송서 원고 승소 판결했다고 23일 발표했다.

1955년 설립된 대일화학공업은 지난 1971년부터 대일밴드·대일밴드Q 등 1회용 밴드류, 대일파스 등 파스류, 대일반창고 등 반창고류 등을 '대일'이라는 상품표지를 사용해 제조·판매하고 있다.

대일화학공업은 소장에서 "대일제약이 국내에 널리 인식된 '대일'이라는 표장과 동일하거나 유사한 표장을 이용해 1회용 밴드·파스·반창고를 제조·판매함으로써 소비자들이 혼동을 일으키게 하고 있다"며 "제품과, 포장지, 포장용기, 간판 광고물 등에 '대일'이라는 표지를 사용하지 못하게

해 달라"고 밝혔다.

이에 대해 대일제약은 "원고는 '대일'이라는 표장을 상표로 등록하였다가 상표등록갱신신청을 하지 않아 상표권이 소멸하는 등 상표사용을 스스로 포기했으므로 이번 소송은 등록된 상표권자로서의 권리를 남용한 것"이라며 "특히 대일화학공업은 파스나 반창고 등에서는 최근 생산실적이 없거나 미미해 계속적인 사용을 통한 우월적인 지위도 확보하지 못했다"고 주장했다.

그러나 재판부의 판단은 달랐다. 먼저 재판부는 상표등록을 받지 못한 표지라도 주지성을 획득하면 보호를 받을 수 있도록 한 부정방지법의 취지에 따라 대일화학공업의 주장은 권리남용으로 볼 수 없다고 판단했다.

실제로 지난해 8월 한 시장동향 자료제공 전문업체가 소비자 500명을 대상으로 실시한 설문조사에서도 응답자의 83.63%가 1회용 밴드 중 가장 먼저 생각나는 브랜드로 '대일밴드'라고 답하는 등 주지성을 확보했다는 것이다.

재판부는 또 1회용 밴드 제조·판매 회사들이 유사한 의약품인 반창고, 파스 등도 제조·판매하고 있는 국내 시장상황에 주목했다. 즉, '대일'이라는 표장이 파스나 반창고류 제품에서는 국내에 널리 인식되어 있는 브랜드가 아니더라도 소비자들은 동일한 회사에서 나온 것으로 오인, 혼동하게 할 수 있다는 것이다.

재판부는 "피고가 이 사건 표장과 동일 또는 유사한 표장을 표시한 제품을 제조·판매해 원고의 영업상 이익이 침해되었거나 침해될 우려가 있다"며 "피고는 이 사건 표장을 1회용 밴드, 파스, 반창고 제품과 그 포장지, 포장용기, 간판, 광고 선전물에 사용하거나 제품들을 제조, 판매, 수출, 전시해서는 안 된다"고 판시했다.

CHAPTER **03**

03 # 특허가 될 수 있는 발명

● 학습포인트
- 특허법상 발명의 성립요건
- 특허법상 발명의 종류

I. 특허법상의 보호대상

특허법의 보호대상은 발명이다. 특허법 제2조 제1호에서는 '발명'을 "자연법칙을 이용한 기술적 사상의 창작으로서 고도한 것"으로 정의하고 있다.[1]

1. 자연법칙의 이용

발명은 자연법칙[2]을 이용[3]한 것이 아니면 안 된다. 따라서 자연법칙

---

1 독일의 법학자인 요제프 콜러(Joseph Kohler, 1894~1919)는 "발명이란 기술적으로 표시된 인간의 정신적 창작으로 자연을 제어하고, 자연력을 이용해서 일정한 효과를 낳는 것을 말한다"라고 정의하고 있다. 이러한 발명의 규정은 1959년 일본이 특허법을 개정하면서 삽입한 것을 우리는 아무런 연구·검토 없이 받아들인 것이다.

미국 특허법 제101조는 법령에서 새롭고 유용한 방법, 기계, 제품 또는 물질의 조성물 또는 그에 의한 신규의 유용한 개량을 발명하거나 발견한 자는 특허법의 조건과 요건에 따라서 특허를 받을 수 있다고 규정하고 있다.

2 자연법칙이란 자연계에 존재하는 물리적·화학적·생물학적 원리원칙을 말한다. 즉 자연에서 경험으로 찾아낸 법칙인데, 예를 들면 ⅰ) 자연과학상의 학문적 법칙(뉴턴의 운동법칙, 에너지보존의 법칙 등), ⅱ) 경험칙(물은 높은 곳에서 낮은 곳으로 흐른다), ⅲ) 생리학상의 법칙이다. 그러나 ⅰ) 인간의 정신적 활동으로 안출된 법칙(계산법칙, 작도법, 암호작성법), ⅱ) 경제학상의 법칙, ⅲ) 심리법칙(최면방법 등), ⅳ) 인간의 판단(조세방법, 상품의 판매방식, 기억방식, 회계방법, 광고방법, 레크레이션 방법) 등은 자연법칙이 아니다. 즉 자연법칙 자체나 자연법칙에 반하는 것, 자연법칙이 아닌 것은 특허법의 '발명'이 되지 않는다.

그 자체나 자연법칙을 이용하지 않는 단순한 정신활동은 발명이 될 수 없다. 또한, 영구운동기관과 같이 자연법칙에 위배되는 발명4이나 자연법칙에 관한 잘못된 인식을 전제로 하는 발명은 자연법칙을 이용한 발명이라 할 수 없다.

반면, 설령 자연법칙의 원리에 대한 잘못된 인식하에 성립된 발명이라도 일정한 효과가 있으면 발명으로 성립한다. 즉 결과적으로 보아 자연법칙을 이용한 것이라면 그 자연법칙의 원리에 대한 인식을 반드시 필요로 하는 것은 아니다.

2. 기술적 사상의 창작

발명은 자연법칙을 이용한 기술적 사상5이다. 따라서 특허법상의 발명은 일정한 목적을 달성하기 위한 합리적·구체적 수단이고 그 자체로서의 기술일 필요는 없으며, 장차 기술로서 성립할 가능성이 있으면 충분하며 추상적이고 개념적인 사상으로서의 수단이면 족하다. 즉, 실현가능성 내지 반복가능성을 가지고 있지 않으면 안 된다. 이 점에서 그 기술적 사상이나 심미적審美的 창조성(예술성)이 유형의 물품을 통해 표현될 것을 요구하는 실용신안법이나 디자인보호법과 구별된다. 또한, 특허법상의 발명은 기술적 사상의 창작6이라는 점에서 단순한 발견과 다르다.7 다만, 방법의 발명에 있어서는 특허법상의 발명과 발견을 한계짓는

---

3 발명은 자연법칙을 전체로서 이용하여야 한다. 발명을 이루는 구성요소 중 일부라도 자연법칙을 이용하지 않는 부분이 있는 것은 특허법상 자연법칙의 이용이라 할 수 없다(특허법원 2006. 12. 21. 선고 2005허11094 판결; 2007. 6. 27. 선고 2006허8910 판결).

4 吉藤幸朔, 「特許法槪說(第9版)」, 有斐閣, 1991, pp.52~55; 中山信弘 編, 「註解特許法(第2版) 上卷」, 靑林書院, 1989, pp.28~31.

5 여기서 '기술'이란 소정의 목적을 달성하기 위한 구체적 수단이고, '사상'이란 아이디어나 개념이다. '기술적 사상'이란 소정의 목적을 달성하기 위한 아이디어나 개념이 어느 정도의 구체성을 갖는 수단으로 나타낸 것이 아니면 안 된다. 현실적으로 산업에 직접 이용될 수 있는 구체성을 요구하는 것은 아니나, 적어도 장래 기술로서 성립할 가능성이 있으면 된다. 즉 투수의 포크볼의 투구방법이나 그림, 조각, 데이터베이스는 특허법상의 '발명'이 되지 않는다.

6 창작이란 처음으로 생각해 내어서 만든 것이다.

것이 문제될 수 있다.[8]

3. 고 도 성

특허법상의 발명은 고도한 것이어야 한다. 즉 당해 발명이 속하는 기술분야의 통상의 지식을 가진 자에 대하여 자명自明하지 아니한 것으로 창작의 수준이 높아야 한다. 다만, 실용신안법과의 관계에서 고안과 별개의 것으로 판단할 것인가에는 학설이 나누어지고 있다.

발명자는 자신의 발명이 갖는 고도성에 대한 판단에서 실용신안으로 출원하기도 하며, 고도성에 대한 판단에도 불구하고 출원의 용이容易를 이유로 실용신안법상의 보호를 받기도 하는 실정이다. 따라서 고도성을 발명의 본질적 특징으로 보고 실용신안법상의 고안과 구분짓기 위한 것으로 이해하기보다는 실체적으로는 차이가 없이 특허법과 실용신안법의

---

7 미국 특허법 제100조(a)에서 '발명'이란 '발명 또는 발견을 의미한다'라고 정의하고 있다. 미국에서 발명은 적극적인 정의를 내릴 수 없다는 설이 있다. 이 때문에 발명이란 개념은 판례의 집적(集積) 중에서 수렴한 외곽을 이해하는 것이 필요하다. 미국법률용어사전인 BLACK'S LAW DICTIONARY에 의하면, "발명(invention)이란 미지의 기술의 창작으로서 기술자가 당연하게 할 수 있는 수준을 넘은 신규하며 유용한 것"이라고 한다.
발견(discovery)에 대하여 미국헌법 제1장 제8조 제8항은 연방의회의 권한으로서 다음과 같이 규정하고 있다. "저작자 및 발명자에 대하여 일정한 기간을 각각의 저작 및 발견에 대해서 독점적 권리를 보증하고 학술 및 유용한 기술의 진보를 촉진하는 것…." 특허의 주요한 대상이 발명인 것은 모든 학설·판례가 인정하고 있지만 본조는 헌법상의 요청을 받아들여 광의의 발견도 포함하여 특허의 대상으로 하고 있는 것을 확인할 수 있다. 사실 발명은 일반적으로 발견을 배경으로 하여 만들어지는 것이라고 말할 수 있다. 그러나 자연현상, 자연법칙인 것과 같은 인간의 창작력이 부가되지 않은 사실의 발견(naked discovery)은 본조에서 말하는 발견에는 포함되지 않는 것으로 해석된다.
8 발견이란 사물의 성질을 찾아내는 것이지만 그것이 발명으로 연결되는 경우도 있을 수 있다. 용도발명이라 불리는 것이 그 전형적인 예로, 예를 들면 DDT라는 이미 알고 있는 물질에 살충효과가 있음을 발견하면 거기에서 바로 'DDT를 성분으로 하는 살충제' 또는 'DDT를 살포하여 살충하는 방법'이라는 발명이 완성된다. 이 발명은 발견과 지극히 유사한 것으로 발견을 목적으로 이용한 것으로서 기술적 사상의 창작에 해당한다.
또한, 천연물 그 자체는 기술적 사상의 창작이 아니므로 특허를 받을 수 없다. 다만, 천연물에서 분리, 추출된 것은 특허를 받을 수 있다. 예를 들면 항생물질, 인터페론 등의 의약품에서 많이 볼 수 있다. 이것은 항생물질 그 자체는 천연의 곰팡이 등에 존재하는 것이지만 의약품으로서의 항생물질이 천연에 존재하는 것은 아니고 분리, 추출, 정제 등을 거쳐 비로소 이용가능하게 되는 것으로 기술적 사상의 창작이라 할 수 있다(中山信弘 編, 「註解特許法(第2版) 上卷」, 靑林書院, 1989, p.32 인용).

적용범위를 구분하는 의미밖에 없다고 해석해야 할 것이다.

일반적으로 설명하자면, 연필에 지우개를 다는 것을 고안이라 할 수 있고, 로켓과 같은 발명은 고도성이 있는 것으로 특허의 대상이라 할 수 있다.

❗ 생각해보기

제약회사 연구원인 홍길동은 실험중 우연히 A 물질과 B 물질을 결합하여 암치료에 탁월한 효과가 있는 X 물질을 완성하였다. 하지만 그 이후에는 A, B 물질의 결합비율, 결합 온도 등을 정확히 알지 못해 동일한 X 물질을 제조하지 못하고 있다. 이러한 경우 홍길동이 X 물질에 대하여 특허를 받을 수 있을까?

❑ 관련사례

홍길동은 최근 에너지 부족현상에 주목하여 열효율이 100%인 연소기관을 발명했다고 주장하며 이를 특허출원하려 한다. 홍길동이 발명하였다고 주장하는 열효율이 100%인 연소기관이 특허등록의 대상이 되는 발명에 해당하는가?

◆ 관련판례 (대법원 1998. 9. 4. 선고 98후744 판결)

양수조로부터 급수조로 낙하하는 물을 이용하여 수력발전기를 돌려 에너지를 얻고, 급수조에 낙하된 물은 다시 제네바 기어장치, 노즐회전관 및 복수의 공기실을 이용한 연속적인 수격작용(水擊作用)에 의하여 폐수되는 물이 없이 전량을 양수조로 끌어 올려서 재순환시킴으로써 계속적인 에너지 추출이 가능하도록 하는 것을 요지로 하는 출원발명은 외부의 에너지 공급 없이 급수조에서 낙하하는 물 전부를 폐수되는 물이 없이 보다 높은 위치의 양수조로 끌어 올린다는 것이 되어 에너지 보존법칙에 위배되므로, 출원발명은 자연법칙에 어긋나는 발명으로서 특허법 제29조 제1항 본문에서 규정한 발명의 요건을 충족하지 못한다.

Ⅱ. 발명의 종류

발명의 종류는 그 구별기준에 따라 여러 가지로 분류할 수 있으나 크게 나누어서는 이하와 같이 구분하여 볼 수 있다.

1. 물物의 발명과 방법의 발명

특허법상의 발명은 크게 '물건의 발명'과 '방법의 발명'으로 나눌 수 있다(특 §2ⅲ). 물건의 발명이라 함은 발명이 유체물[9]에 나타나는 경우로서 화학물질이나 기계·기구·장치·시설과 같은 유형물에 관한 발명이며,[10] 방법[11]의 발명은 물건을 생산하는 방법의 발명과 분석방법·측정방법(온도검사법)과 같이 직접적으로 물건의 생산이 수반되지 않는 협의의 방법발명을 포함한다.[12]

2. 기본발명과 개량발명

발명은 그 기술적 성질에 의하여 기본발명과 개량발명으로 나눌 수 있다. 기본발명에는 그 발명이 속하는 분야에서 기술문제를 최초로 해결한 발명인 반면, 개량발명은 기본발명에 기술적으로 더욱 보완한 발명을 말한다. 특히 개량발명은 기본발명에 대해 새로 부가한 개량적 작용효과가 나타나는 구성에 대해서만 발명이 성립하며, 개량발명에 특허를 얻었다 할지라도 기본발명에 대한 선출원先出願특허권자의 동의를 얻지 못하면 당해 발명을 업으로서 실시할 수 없다(특§98).

---

9 物 ┬ 물질 ┬ 순수물(물질발명)
　　 └ 물건 └ 혼합물(조성물발명)

10 물건의 발명에는 다시 ⅰ) 제법적(製法的)인 것(예: 기계, 기구, 장치 등)과 ⅱ) 재료적인 것(예: 화학물질, 조성물 등), 그리고 ⅲ) 특정용도에 사용하는 물건의 발명(용도발명)으로 나눌 수 있다.

11 '방법'이란 유용한 결과를 낳는 일련의 행위·공정이다. 따라서 방법이 그 기계가 갖는 기능을 나타내면 특허를 받을 수 있다. 통신공학에서 많이 사용하는 '방식'은 주로 장치와 결합되는 수가 많아 이 때에는 물건발명이 된다.

12 방법의 발명 ┬ 협의의 방법발명 ┬ ⅰ) 제조(생산)방법의 발명
　　　　　　　 │ 　　　　　　　　├ ⅱ) 기타―방법의 발명
　　　　　　　 │ 　　　　　　　　│ 　예: 통신방법, 분석방법, 측정방법(검사방법)
　　　　　　　 │ 　　　　　　　　└ ⅲ) 물질을 특정용도에 사용하는 방법발명(용도발명)
　　　　　　　 └ 물건을 생산하는 방법의 발명은 출발물질, 처리방법, 목적물질의 3요소에 의해 성립되는 것으로 기구제조방법, 나일론 제조방법 등을 들 수 있다.

3. 종업원의 발명(직무발명, 업무발명 및 자유발명)

발명은 원래 자연인의 창의創意에 의하여 생기는 것이지만 현재와 같이 기술이 급속히 발전하는 시대에 있어서는 개인의 재능과 자력만으로 발명을 한다는 것은 오히려 드문 실정이고, 보통은 다른 곳(기업, 단체, 국가 등)으로부터 지적·금전적 원조를 받든가, 설비를 이용한다든가, 타인과 공동으로 연구를 하여 발명을 완성하는 경우가 많다. 이에 특허법은 직무발명 규정을 두어(구특§39, §40) 종업원[13]과 사용자[14] 간의 관계를 밝히고 그 안에서 종업원 개개인의 발명의욕 자극을 도모하고 있었다. 그러나 사용자가 종업원에게 직무발명의 대가를 정당하게 보상하여 주지 않는다는 판결[15]로 인하여 2006년 3월 3일 특허법과 발명진흥법에 각각 규정하고 있던 직무발명 규정을 발명진흥법(법률 제7869호)으로 단일화하여 관련 규정들을 체계적으로 규율하게 되었다.

종업원의 발명에는 '자유발명'[16]과 '업무발명'[17] 및 '직무발명' 등이 있다.[18] 이러한 세 가지 발명은 발명에 대한 권리가 누구에게 귀속되는지에 대하여 차이가 있다.

구체적으로, '직무발명'의 경우 미리 정한 승계계약이나 근무규정 등이 있는 경우에 직무발명에 대한 권리는 사용자에게 귀속된다. 단 사용자는 직무발명에 대한 권리를 원시취득할 수는 없고 종업원으로부터 승

---

13 '종업원'은 통상의 의미에서 기업의 종업원뿐만 아니라 회사의 이사, 공무원 등 고용관계에 있는 모든 자를 포함하는 개념이다. 또한, 상근인지 비상근인지는 문제되지 않으며 일용이나 시간제고용 종업원도 포함된다.

14 '사용자'란 민법이나 노동법적 관점에서의 고용관계를 전제로 한 사용자가 아니라 종업원이 한 발명에 대하여 형평의 관점에서 일정한 이익을 정당하게 가질 수 있는 자이다. 이러한 사용자는 자연인뿐만이 아니라 법인격을 갖는 자를 포함하는 개념으로 타인을 고용한 자연인·법인·국가 또는 지방공공단체가 여기에 해당한다. 그러나 영리·비영리를 불문하고 법인격이 없는 사단은 설령 그 대표자 또는 관리인이 정해진 경우에도 사용자에는 포함되지 않는다.

15 日亞化學工業事件-연구자(中村 보상금출원시1만엔+등록시1만엔=2만엔)
  (발광다이오드사건) 平成13年提訴-동경지판平成16.1.30

16 자유발명이란 사용자의 업무범위에 속하지 않는 발명을 말한다.

17 업무발명이란 사용자의 업무범위에 속하는 발명으로 직무발명을 제외한 것을 말한다.

계취득만이 가능하다. 그러나 '자유발명'이나 '업무발명'에 대한 권리는 발명자에게 귀속된다. 만약 사용자에게 승계될 것을 정한 승계계약이 있거나 또는 사용자 등을 위하여 정한 전용실시권을 설정하는 계약 등을 포함하는 근로규정이 있다면 이는 무효이다(발진§10③).

▌알아두기 　원시취득[原始取得], 승계취득[承繼取得][19]

○ 원시취득은 어떤 권리를 타인으로부터 승계하지 않고 독자적으로 취득하는 일을 말한다. 예컨대, 무주물선점(민법 252조)·유실물습득(253조)·취득시효(245·246조) 등에 의한 취득과 같다. 전주(前主)의 권리를 승계하는 것이 아니라 독립하여 권리를 취득하는 것이므로, 원시취득으로 인하여 전주의 권리는 당연히 소멸한다. 비록 전주의 권리에 제한이나 부담 또는 하자가 있었더라도, 원시취득자는 그러한 흠이 없는 순수하고 완전한 권리를 취득한다는 특색이 있다.

○ 승계취득은 타인의 권리에 기한 권리의 취득을 말한다. 권리의 상대적 발생이라고도 하며, 타인의 권리에 기하지 않은 권리의 취득인 원시취득 또는 절대적 발생에 대립한다. 원시취득은 타인 곧 전주(前主)의 권리에 기하지 않은 취득이므로 전주가 없거나 무권리자이더라도 권리의 취득이 인정되는 반면에, 승계취득은 전주의 권리의 범위 내에 이루어지는 권리의 취득이므로 전주가 무권리자인 때에는 권리의 취득이 인정되지 않는다.

승계취득은 이전적 승계와 설정적 승계, 포괄승계와 특정승계로 나누어진다. 이전적 승계는 전주가 권리를 잃으면서 그의 권리가 취득자에게 그대로 취득되는 것이며, 매매에 의한 소유권의 취득, 양도에 의한 전세권의 취득 등이 그 예이다. 설정적 승계는 전주가 권리를 잃지 않으면서 그의 권리의 일부를 제한하여 취득자가 이용하고, 그 관계가 종료되면 전주는 원래의 권리를 회복하게 되는 취득이다.

직무발명이란 종업원·법인의 임원 또는 공무원이 그 직무에 관하여 발명한 것이 성질상 사용자·법인 또는 국가나 지방자치단체의 업무범

---

[18]

종류	발명자의 책무	발명분야	사전승계	근거규정
직무발명	주로 연구개발을 업무로 함	현재 또는 과거의 직무	가능	근무규정 사전계약
업무발명	연구개발을 업무로 하지 않음	직무분야는 아니나 회사의 업무범위에 속함	불가능	자유의사
자유발명	연구개발을 업무로 하지 않음	직무 및 회사의 업무 이외의 분야	불가능	자유의사

[19] 두산백과사전 두피디아(www.doopedia.co.kr).

위에 속하고, 그 발명을 하게 된 행위가 종업원 등의 현재 또는 과거의 직무에 속하는 발명을 말한다(발진§2ⅱ). 직무발명으로서 성립하기 위하여는 ⅰ) 발명이 종업원에 의한 것으로서, ⅱ) 발명의 성질상 사용자의 업무범위에 속하며, ⅲ) 발명을 하게 된 행위가 직무에 속하고, ⅳ) 종업원의 현재 또는 과거의 직무에 속하는 발명일 것을 요건[20]으로 한다.

직무발명으로서 인정되면 종업원과 사용자는 직무발명에 대하여 일정한 권리[21]와 의무를 갖게 된다. 종업원은 직무발명에 대하여 ⅰ) 정당한 보상[22]을 받을 권리[23](발진§15)와 ⅱ) 발명자로서의 일반적인 권리인

---

20 윤선희, 「지적재산권법(19정판)」, 세창출판사(2022), 63~65면.

21 직무발명에 대한 권리의 귀속에 대해 학설이 대립한다. 권리가 사용자에게 귀속되어야 한다는 사용자 기여설, 종업원에게 그 권리를 귀속시켜야 한다는 발명자설, 공평설로 나누어 볼 수 있다. 원래 특허를 받을 수 있는 자는 발명자인 종업원이지만, 직무발명은 발명을 하는 것 그 자체가 특별한 조건하에서 완성된 발명이므로 일반원칙을 그대로 적용시키는 것은 타당하지 않다. 따라서 사용자와 종업원들의 역할을 중시하여(공평설), 그 역할에 따라 권리관계를 정할 필요가 있다고 본다. 즉 사용자 등은 특허출원권을 종업원으로부터 승계하지 않으면 특허출원을 할 수 없다. 윤선희, 「지적재산권법(17정판)」, 세창출판사(2018), 63~64면.

22 보상의 종류는 특허를 받을 수 있다고 생각되는 것을 발명하였을 때 지급하는 '발명보상', 출원시에 지급되는 '출원보상', 특허로 등록된 때 지급되는 '등록보상' 그리고 이런 특허발명이 실시되어 이익이 생긴 경우에 지급되는 '실시 또는 실적 보상' 등이 있으나, 일반적으로 금전적 보상이다. 2006년 특허법 개정에서 특허법에서 해당 규정을 삭제하고, 발명진흥법(법률 제7869호)으로 이관하여 동법 제15조에서 이를 규정하고 있다.

23 발명진흥법 제15조 (직무발명에 대한 보상) ① 종업원등은 직무발명에 대하여 특허등을 받을 수 있는 권리나 특허권등을 계약이나 근무규정에 따라 사용자등에게 승계하게 하거나 전용실시권을 설정한 경우에는 정당한 보상을 받을 권리를 가진다.
② 사용자등은 제1항에 따른 보상에 대하여 보상형태와 보상액을 결정하기 위한 기준, 지급방법 등이 명시된 보상규정을 작성하고 종업원등에게 문서로 알려야 한다.
③ 사용자등은 제2항에 따른 보상규정의 작성 또는 변경에 관하여 종업원등과 협의하여야 한다. 다만, 보상규정을 종업원등에게 불리하게 변경하는 경우에는 해당 계약 또는 규정의 적용을 받는 종업원등의 과반수의 동의를 받아야 한다.
④ 사용자등은 제1항에 따른 보상을 받을 종업원등에게 제2항에 따른 보상규정에 따라 결정된 보상액 등 보상의 구체적 사항을 문서로 알려야 한다.
⑤ 사용자등이 제3항에 따라 협의하여야 하거나 동의를 받아야 하는 종업원등의 범위, 절차 등 필요한 사항은 대통령령으로 정한다.
⑥ 사용자등이 제2항부터 제4항까지의 규정에 따라 종업원등에게 보상한 경우에는 정당한 보상을 한 것으로 본다. 다만, 그 보상액이 직무발명에 의하여 사용자등이 얻을 이익과 그 발명의 완성에 사용자등과 종업원등이 공헌한 정도를 고려하지 아니한 경우에는 그러하지 아니하다.
⑦ 공무원의 직무발명에 대하여 제10조제2항에 따라 국가나 지방자치단체가 그 권리를

발명자게재권과 특허를 받을 수 있는 권리(특§33)가 발생하며, iii) 직무발명의 완성사실을 사용자에게 통지할 의무(발진§12)와 iv) 직무발명에 대하여 예약승계된 경우에 특허출원시까지 비밀을 유지할 의무(발진§19본)가 부여된다. 이에 대하여 사용자는 직무발명에 대하여 i) 무상의 법정통상실시권(발진§10①)과 ii) 발명의 완성 전 예약승계에 의한 특허권 또는 전용실시권의 권리를 갖게 된다. 또한, 사용자는 iii) 예약승계 규정이 없는 경우는 종업원에게 직무발명의 승계사실을 통지할 의무(발진§13②)가 부여되며 iv) 종업원에게 정당한 보상(발진§15①)을 할 의무를 가지게 된다.

구체적으로 종업원이 완성한 발명을 사전계약24이나 근무규정에 의해 사용자가 출원할 수 있고, 이러한 사전계약이나 근무규정이 없는 경우나 사용자 등이 직무발명에 관한 권리의 승계를 포기하는 경우에는 발명자 자신이 출원절차를 밟아야 한다. 직무발명 규정이나 계약 등이 없는 경우에는 승계 여부 통지를 사용자가 일정기간 통지를 하지 아니하는 경우에는 사용자 등은 그 발명에 대한 권리를 포기한 것으로 보고, 당해 직무발명을 자유발명으로 보고 있으며, 사용자는 당해 발명을 한 종업원 등의 동의를 받지 아니하고는 통상실시권을 가질 수 없다(발진§13③단). 또한 종업원 등이 직무발명을 완성한 경우에는 그 권리는 발명을 완성한 때부터 사용자등에게 승계되며, 다만, 사용자등이 대통령령으로 정하는 기간에 그 발명에 대한 권리를 승계하지 아니하기로 종업원등에게 통지하는 경우에는 그러하지 아니하다(발진§13①). 2인 이상의 종업원 등이 공동으로 직무발명을 완성한 경우에는 공동으로 통지하여야 한다(발진§12). 계약 또는 근무규정이 모두 없는 사용자등(국가나 지방자치단체는

승계한 경우에는 정당한 보상을 하여야 한다. 이 경우 보상금의 지급에 필요한 사항은 대통령령이나 조례로 정한다.

24 종업원의 직무발명 이외의 발명, 즉 자유발명과 업무발명에 있어서는 미리 사용자로 하여금 특허를 받을 수 있는 권리나 특허권 등을 승계시키거나 전용실시권을 설정할 것으로 하는 내용의 약정은 금지되며 이러한 약정조항은 무효로 한다(발진§10 ③).

제외한다)이 제12조(직무발명 완성사실의 통지)에 따라 통지를 받은 경우에는 대통령령으로 정하는 기간에 그 발명에 대한 권리의 승계 여부를 종업원등에게 서면으로 알려야 한다(발진§13②). 계약 또는 근무규정이 모두 없는 사용자등(국가나 지방자치단체는 제외한다)이 제12조에 따라 직무발명 완성사실의 통지를 받은 경우에는 대통령령으로 정하는 기간에 승계 여부를 알리지 아니한 경우에는 사용자등은 그 발명에 대한 권리의 승계를 포기한 것으로 본다(발진§13③). 반면 통지를 받은 사용자 등(국가 또는 지방자치단체를 제외한다)은 대통령령이 정하는 기간 이내에 그 발명에 대한 권리를 승계할 것인지 여부를 종업원 등에게 문서로 통지하여야 한다. 만약 사용자 등이 위 기간에 승계여부를 알리지 아니한 경우에는 사용자 등은 그 발명에 대한 권리의 승계를 포기한 것으로 본다. 이때는 직무발명에 해당하더라도 그 발명을 한 종업원 등의 동의를 받지 아니하고는 통상실시권을 가질 수 없다(발진§13③). 다만, 미리 사용자 등에게 특허 등을 받을 수 있는 권리 또는 특허권 등을 승계시키거나 사용자 등을 위하여 전용실시권을 설정하도록 하는 계약이나 근무규정이 없는 경우에는 사용자 등이 종업원 등의 의사에 반하여 그 발명에 대한 권리의 승계를 주장할 수 없다(발진§13②단). 또, 종업원 등은 사용자 등이 직무발명을 출원할 때까지 그 발명의 내용에 관한 비밀을 유지하여야 하며, 사용자 등이 승계하지 않기로 확정된 때에는 그러하지 아니한다(발진§19).

종업원이 직무발명한 것을 특허출원하는 것보다 기술적 노하우로 관리하는 것이 사용자 측에서 보아 유리할 경우도 있을 수 있다. 이 경우 발명은 사용자가 실시하고 사용자가 종업원에게 정당한 보상을 하는 경우에는 큰 문제가 되지 않는다(발진§16).

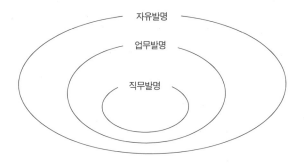

자유발명
업무발명
직무발명

□ 관련사례

홍길동은 A전자회사의 연구원에 재직하던 중에 자신의 직무에 관한 발명 X를 완성하였다. 그러나 홍길동은 발명의 완성사실을 알리지 않고 퇴사한 후 B전자회사에 입사하여 발명 X를 B회사에 양도하였다. 발명 X에 대하여 A회사는 어떠한 권리를 갖는가?

◆ 관련판례(대법원 1997. 6. 27. 선고 97도516 판결)

직무발명에 관한 통상실시권을 취득하게 되는 사용자는 그 피용자나 종업원이 직무발명을 완성할 당시의 사용자이고, 그에 따른 특허권의 등록이 그 이후에 이루어졌다고 하여 등록 당시의 사용자가 그 통상실시권을 취득하는 것은 아니다.

4. 완성발명과 미완성발명

완성발명이란 일반적으로 발명으로 성립한 것을 말하며, 절차상에서는 요건을 갖춘 발명을 의미한다.

미완성발명이라 함은 발명의 성립이라고 볼 수 있는 외관을 갖추었으나 실질적으로 완성되지 않은 발명과 형식상의 하자가 있는 발명을 말한다. 이러한 미완성발명에는 ⅰ) 발명의 목적을 달성하기 위한 수단은 제시되어 있으나, 자연법칙상으로 보아 발명의 목적달성이 현저하게 의심스러운 경우, ⅱ) 발명의 목적을 달성하기 위한 수단의 일부 또는 그 전부가 결여되어 발명의 목적달성이 실제로 실시불능인 경우, ⅲ) 미생물관련 발명을 특허출원 전에 미생물을 기탁하도록 한 미생물기탁요건을 갖추지 않은 발명[25]이나 ⅳ) 외국어로 된 출원으로서 번역문에 원문의 기재내용 이외의 발명이 기재된 경우 등이 있을 수 있다.

> **❓ 관련문제**
>
> 특허법상 발명으로 인정될 수 없는 발명이 착오로 등록된 경우에 이 발명에 대하여 특허권을 인정할 수 있을까?

---

25 미생물은 기탁하는 것이 원칙이지만, 이미 존재가 확인되고 통상의 지식을 가진 자가 용이하게 입수할 수 있는 신규한 미생물은 기탁할 필요가 없다(대법원 1987. 10. 13. 선고 87후45 판결).

CHAPTER 04

특허등록을 위한 요건

Ⅰ. 법률상 특허를 받을 수 있는 발명

발명이라고 하여 모두 특허를 받을 수 있는 것은 아니며, 특허를 받기 위해서는 특허법 제29조의 특허요건을 갖추어야 한다.[1] 즉 발명은 ⅰ) 산업상 이용가능하고, ⅱ) 새로운 것으로 新規性, ⅲ) 그 발명이 속하는 기술분야에서 통상의 지식을 가진 자가 용이하게 발명할 수 있는 것이 아닌 것 進步性이어야 한다.

1. 산업상 이용가능한 것

발명이 특허를 받기 위해서는 그 발명이 산업상 이용가능한 것이어야 한다.[2] 이는 특허법의 목적이 산업발전에 이바지하고 있음에 비추어

---

[1] 특허법상 거절이유는 제62조에 열거되어 있으며, 특허등록을 위하여는 제62조에 열거된 거절이유에 해당하지 않아야 한다.

[2] 실제 명백히 실시할 수 없는 것(예를 들면, 지구와 달을 연결하는 다리)이나 개인적으로만 이용되고 시판 등의 가능성이 없는 것(예를 들면, 혀를 내밀면서 차를 마시는 법)은 산(사)업으로서 실시할 수 없는 것에 해당된다.
방법발명에서 수술 및 치료방법, 유전자치료법, 진단방법 등은 의료행위에 해당하므로 산업상 이용가능성이 없는 것으로 본다. 즉 사람에 해당하는 것은 특허대상이 되지 않지만 동물에 대해서는 특허대상이 된다. 그러나 인체에서 분리된 것(혈액·모발 등)은 인체가

당연한 요건이라 할 수 있다.

여기서 '산업'은 광의의 개념으로 공업 외에도 광업·농수산업·목축업 등을 포함하며, 비록 생산이 뒤따르지 않으나 운송업이나 교통업과 같은 보조산업도 포함한다는 것이 통설이다. 그러나 보험업·금융업 등과 같이 단순한 서비스업은 포함되지 않으며 인체人體의 구성을 필수요건으로 하는 의료업에 대하여도 의료업 자체가 사물을 대상으로 하는 산업의 범위에 포함될 수 없기 때문에 인체를 발명 구성의 요건으로 하는 순의료적 발명[3]은 산업에서 제외하고 있다.[4]

산업상의 이용은 출원당시의 산업적 실시를 의미하는 것이 아니라 장래 실시할 가능성이 있으면 족하다. 한편, 산업상의 이용가능성이 경제성을 의미하지는 않는다. 즉 산업상의 이용가능성의 판단은 기술적 가치평가의 문제로 비록 경제적 불이익을 초래하는 발명이라 할지라도 곧 발명의 특허성이 부정되지는 않는다.

비록 특허발명이라 할지라도 그것을 이용한 제품을 실시하기 위해서는 일정 행정기관의 인·허가를 받아야 할 경우가 있다. 이는 특허권의 인정과 당해 특허발명제품의 실시에 관련한 행정기관 행위의 목적이 상이相異하기 때문이다. 따라서 산업상 이용가능성과 타기관의 인·허가문제는 별개의 문제이다.

❏ **관련사례**

홍길동은 어릴적 공상과학영화에서 본 것을 토대로 하늘을 날 수 있는 자동차를 연구중이다. 이것이 실행되기 위해서는 고성능의 엔진을 필요로 하는데, 이론상은 가능하나 현재 기술로는 이 엔진이 장착된 자동차를 완성하는 것이 불가능한 상태이다. 홍길동이 이 비행이 가능한 자동차를 출원한 경우 등록될 수 있을까?

아닌 것으로 보아 공공질서 및 미풍양속에 반하지 않는 한 특허대상이 될 수 있다. 질병의 순수한 치료·진단 및 예방방법과는 구별되는 의료행위를 위한 기구·장치 등에 관한 발명은 당연히 산업상 이용할 수 있는 발명이다.

3 의료·위생분야 심사기준(2008.6).

4 대법원 1991. 3. 12. 선고 90후250 판결.

> 💬 **생각해보기**
>
> 홍길동은 줄기세포를 이용하여 암을 치료하는 방법과 치료제를 개발하였다. 이 치료방법과 치료제를 특허출원할 경우 특허등록될 수 있을까?

2. 신 규 성

특허를 받을 수 있는 '발명'은 지금까지 세상에 없는 '새로운 것'이 아니면 안 된다. 이미 누구나 알고 있는 발명에 특허권이란 독점권을 부여하는 것은 특허법의 목적에 반할 뿐만 아니라 사회에 유해하기 때문이다. 이러한 특허제도는 새로운 기술을 발명한 자에게 그 공개에 대한 보상으로 일정한 기간 동안 독점권을 부여하는 제도이므로 이미 사회일반에 공개되어 공유되고 있는 기술에 대하여 독점적 권리를 부여하는 것은 불필요하며 사회의 기술진보를 저해하는 일이기도 하다. 따라서 발명이 특허를 받기 위해서는 발명의 기술적 창작의 내용이 출원 전 종래의 기술적 지식·선행기술에 비추어 알려져 있지 않은 새로운 것이어야 한다.

이에 특허법은 ⅰ) 특허출원 전에 국내 또는 국외에서 공지된 것(公知5 : 특§29 ① ⅰ 전), ⅱ) 특허출원 전에 국내 또는 국외에서 공연히 실시6

---

5 공지란 다수는 아니라도 불특정 다수인이 알 수 있는 상태에 있는 것을 말한다(대법원 1963. 2. 28. 선고 62후14 판결). 불특정다수인이라 함은 비밀을 지켜야 할 의무가 없는 사람을 말한다. 예를 들어 TV에서 방영되는 것이 공지이다.

6 '공연히 실시'라고 하기 위해서는 제3자가 그 기술의 내용을 알 수 있는 상태에 있지 않으면 안 된다[통설, 中山信弘, 「工業所有權法(上)」(第二版 增補版), 弘文堂, 2000, p.122]. 그러나 실시되고 있다고 하더라도 그것이 비밀로서 관리되어, 제3자가 그 기술의 내용을 알 수 있는 가능성이 없는 경우가 있다. 이러한 경우에는 통설에 의하면 제3자가 그 기술의 내용을 알 수 없는 이상, 실시되고 있는 방법이 특허출원되더라도 그 출원은 신규성을 상

된 것(특§29①ⅰ후), ⅲ) 특허출원 전에 국내 또는 국외에 반포된 간행물에 게재된 것7(특§29①ⅱ전), ⅳ) 특허출원 전에 전기통신회선을 통하여 공중의 이용할 수 있는 발명(특§29①ⅱ후)일 때에는 신규성이 없다고 규정하고 있다.

구체적으로 ⅰ) "공지公知"(특§29①ⅰ전)란 특허출원 전에 이미 비밀상태에서 벗어나 널리 불특정 다수인에게 알려진 발명을 말한다. 나아가 '공지'는 비밀유지의무자 이외의 자에게 발명의 내용이 현실적으로 인식된 것뿐만 아니라 객관적으로 알 수 있는 상태에 놓여 있는 경우까지를 포함한다는 것이 판례8의 입장이다. ⅱ) "공용公用"(특§29①ⅰ후)은 특허출원 전에 국내 또는 국외에서 공연히 실시實施된 발명9을 말한다.10 공연히 실시라 함은 관련업자가 그 발명의 내용을 용이하게 알 수 있는 것과 같은 상태에서 실시되는 것을 의미하며, 이 때 '실시實施'는 특허법 제2조 제1항 제3호에서 규정한 행위를 의미한다. 따라서 방법의 발명에 대해서는 용이하게 그 방법을 알 수 있는 경우가 아닌 한 단순히 판매 또는 양도되었다는 사실로 공연한 실시가 인정되지는 않는다. ⅲ) "반포된 간행물기재"(특§29①ⅱ전)란 특허출원 전에 국내 또는 국외에서 반포11된 간행물12에 게재된 발명을 말한다. 간행물이란 인쇄 기타의 기계적·

실한 것이 되지 않는다.
　이는 이미 실시되고 있는 기술이 제3자에게 상세하게 알려져 있지 않았다고 하더라도 그것을 특허로 부여할 필요가 없지 않은가 하는 의문을 가지게 한다(相澤英孝, "ビジネスの方法と特許," ジュリスト No.1189, p.29). 이미 실시되고 있는 기술에까지 기술개발에 대해 인센티브를 부여할 필요성은 크지 않기 때문이다.
7 잡지에 게재된 발명이다. 예를 들어 연구논문으로 발표한 것을 들 수 있다.
8 대법원 1996. 6. 14. 선고 95후19 판결; 대법원 2002. 9. 6. 선고 2000후1689 판결.
9 공연히 실시된 발명이란 통상의 지식을 가진 자가 그 발명의 내용을 용이하게 알 수 있는 상태로 실시된 발명이다. 예를 들면, 자동차 엔진발명의 경우 시험주행차가 도로를 달리는 것 자체를 公用으로 보지는 않는다(대법원 1996. 1. 23. 선고 94후1688 판결).
10 특허출원 전에 이미 특허된 것과 동일 또는 유사한 것이 국내에 공지되거나 공연히 실시되었다면 발명의 신규성이 없다(대법원 1968. 3. 19. 선고 67후32 판결).
11 반포라 함은 당해 간행물이 불특정 다수의 일반 대중에 의하여 열람이 가능한 상태로 배포되는 것을 말한다. 예를 들면 도서관에 문헌이 입수되어 공중의 열람이 가능해지면 신규성을 상실했다고 할 수 있다.

화학적 방법에 의하여 복제된 공개적인 문서나 도면 등의 정보전달매체를 말하며, 반포란 당해 간행물이 일반 대중에 의하여 열람 가능한 상태에 놓이는 것을 의미한다. ⅳ) "전기통신회선을 통하여 공중이 이용할 수 있는 발명"(특§29①ⅱ후)이란 인터넷을 포함한 전기통신회선을 통한 공중 게시판, 이메일 등을 통하여 불특정인에게 이용가능하게 된 발명을 의미한다.13

신규성판단은 당해 발명의 특허출원시를 기준으로 한다. 특히 이는 출원시간을 기준으로 하는 것으로, 선先출원관계(특§36)나 이용저촉관계(특§98)의 판단이 일日을 기준으로 하는 것과 비교된다. 신규성판단의 지역적 기준과 관련하여 2006년의 개정 특허법 이전법에는 공지公知·공용公用에 관하여는 국내에서 생긴 것을 대상으로 하고 있었으며, 간행물 기재에 있어서는 외국에서 반포된 것을 포함하고 있었다. 그러나 2006년 개정 특허법은 신규성 판단의 지역적 기준을 국내에서 국외까지 그 범위를 확대하게 되었다.14

특허법은 신규성의 유무를 출원시를 기준으로 하나, 이 원칙을 너무

---

12 반포된 간행물이라 함은 불특정 다수의 일반 공중이 그 기재내용을 인식할 수 있도록 세상에 널리 퍼뜨린 간행물을 말한다(대법원 1985. 4. 26. 선고 82후84 판결).
   박사학위논문은 논문심사위원회에서 심사를 받기 위하여 일정한 부수를 인쇄 내지 복사하여 대학원 당국에 제출하는 것이 관례화되어 있는데, 이는 논문심사를 위한 한정된 범위의 사람들에게 배포하기 위한 것에 불과하므로, 그 내용이 논문심사 전후에 공개된 장소에서 발표되는 등의 특별한 사정이 없는 한 인쇄시나 대학원 당국에의 제출시 또는 논문심사위원회에서의 인준시에 곧바로 반포된 상태에 놓이거나 논문내용이 공지된다고 보기는 어렵고, 일반적으로는 논문이 논문심사에 통과된 이후에 인쇄 등의 방법으로 복제된 다음 공공도서관 또는 대학도서관 등에 입고되거나 주위의 불특정 다수인에게 배포되었을 때 공지된 것으로 본다(대법원 1996. 6. 14. 선고 95후19 판결).
13 종래에는 "대통령령으로 정하는 전기통신회선"으로 한정되었으나, 2013. 3. 22. 시행된 현행법(법률 제11654호, 2013. 3. 22. 개정)은 "대통령령으로 정하는" 규정이 삭제되어 모든 전기통신회선을 포함하는 것으로 변경되었다.
14 이는 교통수단 및 정보통신 등의 발달로 국외에서 공지·공용된 기술을 쉽게 접할 수 있음에도 불구하고 이를 선행기술로 인정하지 아니하고 있어, 국외에서 이미 알려진 기술에 대하여도 특허가 부여될 우려가 있을 수 있었다. 따라서 특허출원 전에 국외에서 공지되었거나 공연히 실시된 발명에 대하여는 특허를 받을 수 없도록 하여 국내뿐만 아니라 국외에서 알려진 기술에 대하여도 특허가 부여되지 않도록 함으로써 국제적인 기술공개의 현실을 충분히 반영하기 위함이다.

엄격히 적용하면 오히려 특허법의 목적인 기술발전을 저해할 수 있어 일정한 경우에는 비록 어떤 발명이 공지의 상태로 된 경우에도 해당 발명의 출원에 대하여 신규성이 상실되지 아니한 것으로 취급하는 예외 규정을 두고 있다(특§30). 특허법 제30조는 특허를 받을 수 있는 권리를 가진 자의 발명이 다음 각 호의 어느 하나에 해당하는 경우에는 그날부터 12월이내에 특허출원을 하면 그 특허출원된 발명에 대하여 신규성(특§29①) 또는 진보성(특§29②)의 규정을 적용함에 있어서는 그 발명은 신규성 상실에 해당하지 아니한 것으로 본다.[15] 다만, 조약 또는 법률에 따라 국내 또는 국외에서 출원공개되거나 등록공고된 경우를 제외된다(특§30①i). 또한 발명자가 특허출원 전에는 발명의 내용을 비밀유지하려 하였으나 타인으로부터의 협박·사기강박·산업스파이 행위·절취 등으로 인하여 본인의 의사에 반하여 이루어진 경우에는 신규성 상실의 예외를 인정한다.[16] 그러나 출원 전에 공지되어도 특허를 받을 수 있는 것으로 잘못 알고 공지한 경우나 대리인에 의해 이미 출원된 것으로 믿고 공표

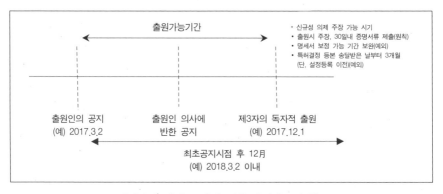

[신규성 의제 주장에 의한 출원가능기간]

15 2011년 개정특허법에서는 「대한민국과 미합중국 간의 자유무역협정」의 합의사항을 반영하여, 공지예외 적용시기를 6개월 이내에서 12개월 이내로 연장하였다.
16 자기의 의사에 반하여 출원인의 발명내용이 사용인 또는 대리인의 고의 또는 과실로 누설되거나 타인이 이를 도용함으로써 일반에게 공표된 경우, 신규성을 주장하는 자는 위와 같은 자기의 의사에 반하여 누설 또는 도용된 사실을 입증할 책임이 있다(대법원 1985. 12. 24. 선고 85후14 판결).

하였는데 아직 출원 절차를 밟지 않은 경우 등이라면 자기 의사에 반한 것이라고 할 수 없다.

한편, 신규성 의제 주장이 적법하기 위해서는 출원시 신규성 의제 주장이 필수적 요건인데 이는 자신의 발명이 신규성을 상실하였는지 알지 못한 상황에서 출원할 경우 출원인이 부득이하게 구제받지 못하는 불이익이 있었다. 이에 2015년 7월 29일 개정법에서는 출원인의 권리보호 강화를 위해 '출원시' 신규성 의제 주장을 하지 않은 경우 명세서 등 보정기간 및 특허결정등본을 송달받은 날부터 3개월까지(단, 설정등록 이전) 신규성 의제 주장의 보완이 가능하도록 개정하였다(특§30③).

신규성 의제 주장이 적법한 경우에는 신규성 의제사유에 해당하는 일이 발생한 날에 발명이 공지되지 않은 것으로 의제된다. 그러나 신규성을 의제받은 특허출원은 그 출원일 자체가 소급되는 것은 아니다. 따라서 신규성을 의제받은 특허출원의 출원일보다 먼저 타인이 동일한 발명에 대하여 출원한 경우에는 비록 신규성의 소급일자가 타인의 출원일보다 앞서게 되는 경우라도 의제받은 특허출원은 선출원주의에 의하여 특허를 받을 수 없다.

❏ 관련사례

공과대학 박사과정인 홍길동은 박사과정 중에 자신의 연구중에 완성한 자신의 발명을 주제로 하여 박사학위 논문을 작성하여 이를 심사중이다. 그러던 중에 자신의 발명을 특허로서 보호받고자 논문에 작성된 발명에 대하여 특허출원하였다. 홍길동의 특허출원이 등록될 수 있을까?

◆ 관련판례(대법원 1996. 6. 14. 선고 95후19 판결)

박사학위논문은 논문심사 위원회에서 심사를 받기 위하여 일정한 부수를 인쇄 내지 복제하여 대학원 당국에 제출하는 것이 관례로 되어 있다고 하더라도 이는 논문심사를 위한 필요에서 심사에 관련된 한정된 범위의 사람들에게 배포하기 위한 것에 불과하므로, 그 내용이 논문심사 전후에 공개된 장소에서 발표되었다는 등의 특별한 사정이 없는 한, 인쇄시나 대학원 당국에의 제출시 또는 논문심사 위원회에서의 인준시에 곧바로 반포된 상태에 놓이거나 논문내용이 공지된다고 보기는 어렵고, 일반적으로는 논문이 일단 논문심사에 통과된 이후에 인쇄 등의 방법으로 복제된 다음 공공도서관 또는 대학도서관 등에 입고되거나 주위의 불특정 다수인에게 배포됨으로써 비로소 일반 공중이 그 기재내용을 인식할 수 있는 반포된 상태에 놓이게 되거나 그 내용이 공지되는 것이라고 봄이 경험칙에 비추어 상당하다.

▌公知의 의제(확대된 범위의 선출원:§29 ③)

특허출원한 발명이 당해 특허출원을 한 날 전에 타(他)특허출원(또는 실용신안등록출원)이 공개되어 있는 경우는 그 출원서에 최초로 첨부한 명세서 또는 도면에 기재되어 있는 발명 또는 고안과 동일한 출원은 거절된다. 다만, 당해 특허출원의 발명자와 타특허출원의 발명자나 실용신안등록출원의 고안자가 동일한 경우 또는 당해 특허출원의 특허출원시의 특허출원인과 타특허출원이나 실용신안등록출원의 출원인이 동일한 경우에는 그러하지 아니하다(특§29 ③). 후출원이 선출원공개 후에 출원된 것이라면 간행물 기재에 의해 후출원이 거절되지만, 후출원이 선출원의 공개 전에 출원된 것이라면 선출원의 명세서는 특허청 내부에서 비밀로 보관하는 상태에 있기 때문에 공지라고 할 수 없으므로 공지의 의제가 된다. 이러한 것을 '확대된 범위의 선출원' 또는 '공지의 의제'라고 부른다.

❗ 생각해보기

홍길동은 자전거에 대한 발명을 완성하고 이를 사업화를 준비하면서 판매 전에 TV와 인터넷을 통해 이를 광고하고 카탈로그를 제작해 놓은 상태이다. 이후 특허등록의 필요성을 인식하고 특허출원했다면 등록될 수 있을까? 이러한 경우 홍길동이 이용할 수 있는 특허법상 제도에는 어떤 것이 있을까?

3. 진 보 성

공지의 기술로부터 용이하게 생각해낼 수 있는 발명에 특허를 부여한다면 이는 제3자의 기술실시의 자유를 부당하게 억압하여 산업발달에 기여하고자 하는 특허제도의 목적에 반하는 결과가 발생할 염려가 있다. 즉, 과학기술의 진보에 공헌하지 않는 자명自明한 발명에는 특허권을 부여할 가치가 없고, 또 간단한 발명에 대하여 특허권을 인정한다면 일상적으로 행해지는 기술적인 개량에 대해서 모두 출원하지 않으면, 다른 사람에게 특허를 빼앗기기 때문에 출원인에게 부담이 될 수 있다. 이에 특허법 제29조 제2항은 신규의 발명일지라도 출원시점에서 그 분야의 당업자當業者가 용이하게 창작가능한 발명은 특허를 허락하지 않는다고 규정하고 있다.

진보성의 판단과 관련하여 특허법은 "특허출원 전에 그 발명이 속하는 기술분야에서 통상의 지식을 가진 자가 제1항 각호(발명의 성립성, 산업상 이용가능성, 신규성)에 규정된 발명에 의하여 용이하게 발명할 수 있는 것일 때에는 그 발명은 제1항의 규정에 불구하고 특허를 받을 수 없다"라고 규정하고 있다(특§29②). 따라서 진보성의 판단은 당해 발명의 산업상 이용가능성과 신규성을 전제로 한 것이다. 그러나 용이하게 진보성 추정을 판단할 수 있는 경우에까지 당해 발명의 산업상 이용가능성 내지 신규성 판단을 전제로 하는 것은 아니다.

진보성 판단의 시간적 기준은 신규성 판단의 경우와 같이 특허출원시를 기준으로 한다. 그리고 '그 발명이 속한 기술분야'의 판단은 출원인이 명세서에 기재한 '발명의 명칭'으로서 직접 표시된 기술분야에 구애되지 아니하며, 그 발명의 목적·구성·효과 등의 측면을 고려하여 이루어진다. 한편 '통상의 지식을 가진 자'는 당해 발명이 속한 기술분야에서 평균수준의 기술적 지식을 가진 평균적 전문가로서 통상의 창작능력을 발휘할 수 있는 자이다.[17] 일반적으로 특허청 심사관이 판단하지만 그 판단이 곤란한 것은 전문가의 판단을 요하기도 한다. 이와 함께 ⅰ) 발명품의 판매가 기존의 물품을 누르고 상업적 성공을 거둔 경우[18]이거나, ⅱ) 이론상으로 보면 기술적 효과가 큼에도 불구하고 오랫동안 이를 실시한 자가 없었거나 그동안 해결되지 않았던 과제 등이 있었던 발명을 실시하게 된 경우에는 진보성을 부정할 이유가 없는 한 진보성 판단에 참고해야 한다는 견해도 있다.

---

17 대법원 1999. 7. 23. 선고 97후2477 판결.
18 대법원 1996. 10. 11. 선고 96후559 판결; 대법원 1995. 11. 28. 선고 94후1817 판결.

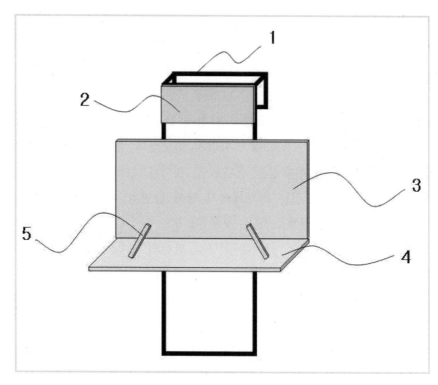

[진보성 없는 특허출원의 예 - 높이조절 독서대]

◇ 책상의 바닥이 아닌 앞면에 걸도록 하는 걸이(1)를 통해 독서대를 책상 앞면에 걸 수 있도록 하여 이를 통해 높이조절이 가능한 독서대는 당업자 수준에서 인용발명 기술의 구체적 적용에 따른 설계 변경에 불과하여 구성의 곤란함이나 효과의 현저함을 인정하기 어렵다는 이유로 진보성 흠결로 거절결정을 받았다.

Ⅱ. 법률상 특허를 받을 수 없는 발명

발명이 발명의 성립성을 갖추고, 특허등록요건을 갖추었다고 하더라도 국가의 산업정책에 따라 특허권을 부여하지 않는 경우가 있다. 이는 연혁적으로 산업재산권법에 대하여는 속지주의屬地主義가 지배하여 왔다. 즉 어떤 산업재산권을 보호할 것인가의 판단은 각국의 경제적·사회적·시대적 상황을 전제로 한 정책적 판단에 영향을 받아 왔다. 이러한 산업재산권법으로서의 속성은 특허법에도 적용되고 있어, 비록 어떤 발명이 특허요건(산업상의 이용가능성, 신규성, 진보성)을 갖추어도 국가의 산업정책적 또는 공익적인 견지에서 특허를 부여하지 않는 경우가 있을 수 있다. 특히 이는 우리나라의 산업발전에 이바지함을 목적으로 한다는 특허법 제1조의 목적조항과의 관계에서도 당연한 규정이다.

어떠한 발명이 불특허사유에 해당하는 것인가는 국가[19]와 시대[20]에 따라 다르다. 즉 이것은 각국의 경제적·사회적·시대적 배경에 따라 다르게 정하여지고 있다. 우리의 특허법은 불특허사유[21]로서 특허법 제32조 "공공의 질서 또는 선량한 풍속에 어긋나거나 공중의 위생을 해칠 우려가 있는 발명에 대해서는 제29조 제1항에도 불구하고 특허를 받을 수 없다."로 규정하고 있다.

WTO/TRIPs협정 제27조 제2항에서는 불특허대상으로서 공서양속public order or morality 혹은 인간, 동물, 식물의 생명, 건강의 보호 또는 환경에의 심각한 피해를 예방하기 위해 필요한 경우에는 당해 발명을 특허대상에서 제외할 수 있다고 규정하고 있으며, 이러한 경우를 제외하고 그 발명의 이용이 국내법에 금지되어 있다는 이유만으로 특허대상에서 제외해서는 안 된다고 명시하고 있다. 이러한 TRIPs협정의 조항을 반영하

---

19 북한 특허법(「조선민주주의인민공화국 발명 및 창의 고안에 관한 규정」을 약칭) 제13조: "다음과 같은 발명에는 특허권이 해당되지 않는다.
   1. 화학적 방법으로 얻어진 물질
   2. 의약품과 식료품
   3. 원자핵 반응으로 생긴 물질과 원자력을 이용한 설비
   4. 동식물의 새 품종과 육종방법"
   김의박, "북한특허법." 「발명특허」 vol.223, 22면 참고.
20 불특허사유와 관련하여 우리나라는 1987년 특허법 개정시 의약 또는 2이상의 의약을 혼합하여 하나의 의약을 조제하는 방법발명, 화학물질발명 및 그 용도발명을, 1990년 개정시에는 음식물 또는 기호물의 발명을, 1995년 특허법 개정에서는 UR/TRIPs 제27조 제1항을 반영하여 원자핵 변환방법에 의하여 제조될 수 있는 물질의 발명을 불특허사유에서 삭제하여 특허대상의 범위가 확대되었다.
21 특허법 제32조 외에도 우리 특허법은 특허출원한 발명이 국방상 필요한 것일 때에는 외국에 특허출원을 금지하고 있다(특§41 ①). 또한, 전시·사변 또는 이에 준하는 비상시에 있어서 국방상 필요한 경우에는 특허를 받을 수 있는 권리를 정부에서 수용할 수 있다고 규정(특§41 ②: §106)함으로써 공용징수에 해당되는 것도 광의의 불특허사유(넓은 의미로는 특허를 받을 수 없는 발명)라고 할 수 있다. 이러한 경우에는 정부가 정당한 보상금을 지급하여야 한다(특§41 ③④). 다만 "국방상 필요한 경우에는 특허하지 아니하거나 특허를 받을 수 있는 권리를 수용할 수 있다"라고 규정한 구법과는 달리, 현행법은 TRIPs협정 제73조를 반영하여 '전시·사변 또는 이에 준하는 비상시에 있어서 국방상 필요한 경우'에 한정하여 수용할 수 있도록 그 범위를 한정하고 있다.

여 우리의 특허법은 "공공의 질서 또는 선량한 풍속을 문란하게 하거나 공중의 위생을 해할 염려가 있는 발명은 특허를 받을 수 없다"라고 규정하고 있다.

이 때 공서양속의 개념은 각 이해당사국에 따라 다르며, 동일 국가 내에서도 시대적 배경을 이유로 달리 판단될 수 있겠다. 이에 TRIPs협상 과정에서는 그 내용을 구체화하기 위하여 많은 논의가 이루어지기도 했다. 예컨대 미국이나 스위스, EU 등의 국가는 개도국이 동 개념을 확대해석하여 광범위한 불특허대상의 근거규정으로 활용할 우려가 있다면서 '국제적으로 인정된 공서양속internationally accepted public order or morality'으로 규정하여야 한다고 주장하기도 했다.

이러한 공서양속에 반하여 불특허대상이 되는 것으로는 화폐변조기, 아편(마약) 흡입도구, 도둑질하는 데 필요한 만능열쇠, 인체에 유해한 완구·피임기구 등과 사람의 신체(사체를 포함)를 사용하는 발명 등도 특허법 제32조 규정[22]에 해당되는 것으로 해석하여 불특허대상으로 하고 있다. 또한, 근거 단속법규로는 약사법, 마약단속법 등이 있다.

위 불특허사유에 해당하는 발명은 거절이유(특§62ⅰ)가 될 뿐만 아니라 특허결정 이후에는 특허의 무효사유(특§133①ⅰ)가 된다.

> ❗ **생각해보기**
> 인간의 불치병의 치료를 위해 치료용으로 줄기세포를 이용하는 발명을 완성하였다면 이를 출원할 경우 등록될 수 있을까?

Ⅲ. 특허를 받을 수 있는 권리자

발명을 한 자 또는 그 승계인은 특허법에서 정하는 바에 의하여 특허

---

22 의료·위생분야 심사기준(2008. 6).

를 받을 수 있는 권리를 가진다(특§33①본).

1. 특허를 받을 수 있는 권리(특허출원권)

발명을 한 자는 그 발명의 완성에 의해 특허를 받을 수 있는 권리를 갖는다. 즉 발명을 한 자는 국가에 대하여 특허를 청구함으로써 그 보호를 받을 수 있으나, 현행법상 출원에서 등록에 이를 때까지의 소정의 절차를 밟지 않으면 독점배타적 효력을 가지는 특허권이 발생하지 아니하므로 발명의 완성시부터 설정등록될 때까지 발명자를 보호할 수단이 필요하게 된다. 특허법은 이러한 상태를 양도성을 가지는 재산권으로 보아 그 이전 및 공용수용 등에 관한 규정 및 정당한 권리자에 관한 보호규정 등을 두고 있다.

발명을 한 자는 자신의 발명에 대하여 특허를 받을 수 있는 권리, 즉 특허출원권을 갖는다. 이는 기본적으로 재산권이나 인격권적인 요소를 포함하고 있는 것으로 그 내용이 간단하지만은 않다. ⅰ) 특허출원권은 재산권인 동시에 인격권적 요소를 포함하고 있다. 따라서 양도성이 당연히 인정되는 것은 아니다. 예컨대 미국의 법제는 특허출원권의 양도를 인정하지 않는다. 그러나 세계적인 추세는 그 권리의 양도성을 인정하는 것이며, 우리 특허법 역시 특허를 받을 수 있는 권리의 양도성을 인정하고 있다(특§37①). 특허출원 전의 권리의 양도에는 아무런 양식도 필요로 하지 않고 합의에 의해서 양도의 효과가 발생한다. 다만, 양수인이 출원하지 않는 한 제3자에게 대항할 수 없다(특§38①). 특허출원 후에 있어서 특허를 받을 수 있는 권리의 승계는 상속 기타 일반승계의 경우를 제외하고는 특허출원인변경신고를 하지 아니하면 그 효력이 발생하지 않는다(특§38④). 그리고 특허를 받을 수 있는 권리의 상속 기타 일반승계가 있는 경우에는 승계인은 지체 없이 그 취지를 특허청장에게 신고하여야 한다(특§38⑤). ⅱ) 비록 특허를 받을 수 있는 권리의 양도성은 인정되나, 특허법은 질권의 설정을 인정하지 않고 있다(특§37②).

  발명은 발명자의 사상으로 이에는 발명자의 인격과 명예가 포함되어
있다. 이러한 발명자인격권 또는 명예권은 발명과 동시에 발명자에게 원
시적으로 귀속되는 권리로 양도할 수 없다.24 이는 발명자게재권(파리조
약§4의3), 출원인의 발명자표시의무(특§42 ① iv) 등과 같은 방법으로 구
현된다. 비록, 이는 특허법 절차를 통하여 이루어지며 따라서 특허출원
전에 있어서는 구체적인 모습을 지니는 것은 아니나 발명자인격권(명예
권) 자체는 출원 전부터 존재한다고 볼 수 있다.

  발명자 또는 그 승계인(정당한 권리자)은 타인의 권리 또는 법에 저촉
하지 않는 한 스스로의 발명을 자유로이 실시할 수 있으며 국가에 대하
여 특허를 출원할 수 있다. 그러면 특허권을 부여받기 이전에 발명자가
갖는 이러한 권리가 제3자와의 관계에서는 어느 정도로 보호될 것인가
를 살펴보지 않을 수 없다. 다만, 특허부여 전이라도 출원공개(특§64) 이
후에 관하여는 특허법이 일정 규정을 두고 있는바 여기에서는 특허출원
전과 출원에서 출원공개까지의 권리를 살펴보겠다. 발명에 관한 독점권
은 특허등록에 의해 생기는 것이므로 출원 전의 발명자에게 배타권을
인정하게 되면 특허제도의 존재이유가 없어져버린다 하겠다. 따라서 특
허를 받을 수 있는 권리에 기한 금지청구권이란 인정되지 않으며, 영업
비밀의 효력과 유사한 제3자적 효력에 지나지 않는다. 물론 발명자의 실

---

23 두산백과사전 두피디아(www.doopedia.co.kr).
24 이러한 발명자인격권을 어떤 학자는 이를 '발명자 명예권'이라고도 한다(한일지재권연구
   회 역, 中山信弘 著, 「특허법」, 법문사(2001), 171~172면).

시를 물리적으로 방해하거나 허위사실을 유포하여 방해하는 행위 등이 부정경쟁방지 및 영업비밀보호에 관한 법률상의 금지대상행위가 될 수 있음을 부정하는 것은 아니다. 또한, 그 침해가 불법행위가 될 수 있음에도 이론이 없다. 이 경우에도 제3자의 모든 실시행위에 대하여 정당한 권리자가 손해배상청구를 할 수 있는 것은 아니다.[25] 타인이 정당한 권리자의 특허를 받을 수 있는 권리를 침해하는 불법적 행위로서는 모인출원, 무단공표, 무단실시행위 등이 있다.

정당한 권리자는 자신의 발명에 대하여 출원을 할 것인가 또는 영업비밀로서 유지할 것인가의 결정권을 갖는다. 그러나 모인자冒認者의 출원에 의하여 그 선택의 여지를 잃어버리게 되며, 진정한 권리가 회복되지 않는 경우에는 발명자의 인격권(명예권)도 침해받게 된다. 따라서 모인출원 행위는 원칙적으로 정당한 권리자에 대한 불법행위가 된다. 특허를 받을 수 있는 권리의 승계인이 아닌 자 또는 특허를 받을 수 있는 권리를 모인한 자無權利者가 한 특허출원으로 인하여 특허를 받지 못하게 된 경우에는 그 무권리자가 특허출원한 후에 한 정당한 권리자의 특허출원은 무권리자가 특허출원한 때에 특허출원한 것으로 본다. 다만, 무권리자가 특허를 받지 못하게 된 날로부터 30일을 경과한 후에 정당한 권리자가 특허출원을 한 경우에는 그러하지 아니하다(특§34). 그리고 무권리자에 대하여 특허된 것을 이유로 그 특허를 무효로 한다는 무효심결(특§133①ⅱ)이 확정된 경우에는 그 특허출원 후에 한 정당한 권리자의 특허출원은 무효로 된 그 특허의 출원시에 특허출원한 것으로 본다. 다만, 심결이 확정된 날로부터 30일을 경과한 후에 특허출원을 한 경우에는 그러하지 아니하다(특§35). 또한 발명자 또는 고안자가 아닌 자로서 특허를 받을 수 있는 권리 또는 실용신안등록을 받을 수 있는 권리의 승계인이 아닌 자가 한 특허출원 또는 실용신안등록출원은 처음부터 없

---

25 이러한 효력은 특허의 등록에 의해 비로소 발생한다.

었던 것으로 본다(특§36 ⑤).

한편 2017년 3월 1일 개정법은 정당한 권리자의 효율적 구제수단 마련을 위해 정당한 권리자가 해당 특허권의 이전을 법원에 청구하는 특허권 이전청구제도를 도입하였다. 무효심판의 심결로 인하여 특허를 받을 수 있는 권리를 가진 자는 법원에 해당 특허권의 이전(특허를 받을 수 있는 권리가 공유인 경우에는 그 지분의 이전을 말한다)을 청구할 수 있다 (2017년 3월 1일 개정 특허법§99의2①).

무단실시란 정당한 권리자(출원권자)로부터 허락을 받지 아니하고 발

(출처: 특허청 2016)

[정당한 권리자의 구제절차]

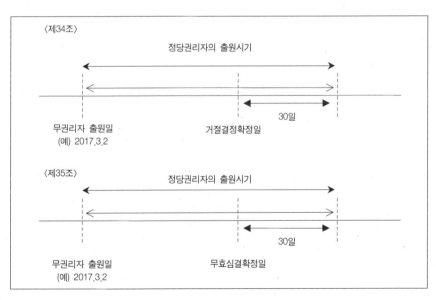

[정당권리자의 출원시기]

명가의 발명을 실시하는 것을 말한다. 단 무단실시자가 진정한 발명자와 무관하게 발명을 완성하여 실시하고 있는 경우에는 불법행위가 되지 않는다. 또한, 무단실시자가 단순히 정당한 권리자로부터 발명의 내용을 지득知得하였다는 것만으로 불법행위의 성립을 인정할 수는 없다. 즉 지득의 수단이나 방법이 두드러지게 부당한 경우에 한하여 그 지득행위와 더불어 실시행위도 불법행위가 된다고 할 것이다. 또한 무단공표행위도 모인출원과 같이 정당한 권리자에 대한 불법행위가 되며, 정당한 권리자는 일정한 조건하에 구제를 받을 수 있다(특§30①ii).

특허를 받을 수 있는 권리는 ⅰ) 행정처분(거절결정), ⅱ) 신규성 상실, ⅲ) 상속인 부존재, ⅳ) 권리포기 등의 원인에 의하여 소멸된다.

🅘 생각해보기

홍길동은 핸드폰 액정화면에 관한 발명을 완성하였으나, 경제적 이유로 이를 제품화할 수 없자 장동건에게 이 발명을 양도하였다. 이러한 경우 장동건이 그 핸드폰 액정화면에 관한 발명에 대하여 특허출원하여 등록받을 수 있을까?

❏ 관련사례

홍길동은 자신의 발명을 완성한 후 친구인 변학도에게 자랑하였다. 홍길동의 자랑에 화가 난 변학도는 홍길동의 발명을 허락없이 특허출원하였다. 이후 홍길동은 자신의 발명에 대하여 특허출원하려고 준비하던 중에 자신의 발명을 변학도가 먼저 특허출원한 사실을 알게 되었다. 이때 홍길동이 변학도의 특허출원에 대하여 출원인명의변경을 요구할 수 있을까?

◆ 관련판례(대법원 2005. 11. 10. 선고 2004후3546 판결)

양도인이 특허 또는 실용신안(이하 "특허 등"이라 한다)을 등록출원한 후 출원중인 특허 등을 받을 수 있는 권리를 양수인에게 양도하고, 그에 따라 양수인 명의로 출원인명의변경이 이루어져 양수인이 특허권 또는 실용신안권(이하 "특허권 등"이라 한다)의 설정등록을 받은 경우에 있어서 그 양도계약이 무효나 취소 등의 사유로 효력을 상실하게 되는 때에 그 특허 등을 받을 수 있는 권리와 설정등록이 이루어진 특허권 등이 동일한 발명 또는 고안에 관한 것이라면 그 양도계약에 의하여 양도인은 재산적 이익인 특허 등을 받을 수 있는 권리를 잃게 됨에 대하여 양수인은 법률상 원인 없이 특허권 등을 얻게 되는 이익을 얻었다고 할 수 있으므로, 양도인은 양수인에 대하여 특허권 등에 관하여 이전등록을 청구할 수 있다.

2. 특허를 받을 수 있는 권리자

특허를 받을 수 있는 권리는 발명의 완성과 함께 실제로 그 발명을 완성한 자에게 인정된다. 발명은 사실행위인바 대리인이나 법인 자체에 의한 발명이란 있을 수 없다. 또한, 발명은 법률행위가 아닌 사실행위인바 특허법상의 행위능력을 필요로 하지 않는다. 따라서 법정대리인 또는 특허관리인에 의하지 아니하면 특허법에 정한 출원·심사청구 기타의 절차를 밟을 수 없는 미성년자 내지 재외자在外者(국내에 주소나 영업소를 가지지 아니하는 자)도 발명자가 되는 데에는 문제가 없다. 다만, 특허법은 제33조 제1항 단서에서 "특허청 직원 및 특허심판원 직원은 상속 또는 유증의 경우를 제외하고는 재직 중 특허를 받을 수 없다"라고 제한규정을 두고 있다. 이 규정은 재직 중의 출원에 의하여 심사의 공정을 해할 염려를 방지하기 위하는 데 그 취지가 있으며, 2001년 7월 1일 개정법 이전에는 "특허청직원 및 특허심판원직원은 상속 또는 유증의 경우를 제외하고는 재직 중 특허를 받을 수 있는 권리를 가질 수 없다"라는 내용이었으나, 이는 특허청 직원의 발명가로서의 권리를 부정하는 것으로서 위헌적인 요소를 담고 있다는 지적에 따라 완화된 것이다. 이러한 특허를 받을 수 있는 권리가 인정되는가의 여부는 실제로 그에게 특허권을 부여하는가의 문제와는 별개의 것이다. 즉 동일한 발명이 각기 독립된 여러 사람數人에 의해 이루어진 경우 모든 자가 당해 발명에 대하여 특허를 받을 수 있는 권리를 갖는다. 하지만, 우리나라의 특허법은 실제 발명 완성시기의 선후에 관계없이 이러한 정당한 권리자 중 제일 먼저 특허출원을 한 자에게 특허를 부여하는 선출원주의를 취하고 있다(특§36).

2인 이상이 공동으로 발명한 때에는 특허를 받을 수 있는 권리는 공유共有로 한다(특§33 ②). 또한, 발명자가 특허를 받을 수 있는 권리의 일부를 양도한 경우에도 공유관계가 발생한다. 이때 공동발명은 2인 이상의 자 사이에 실질적인 상호협력에 의해 이루어진다는 공통의 인식하에

| 사실행위 [事實行爲, Realakt], 법률행위 [法律行爲][26]

○ 사실행위란 사람의 정신작용이 표현될 필요 없이 법률효과를 발생시키는 행위를 말한다. 일정한 사실상의 결과가 발생하기만 하면 되고, 법률효과가 발생하기를 바라는 의사가 표현될 필요가 없는 법률사실이므로 무능력자(無能力者)라도 이를 할 수 있다.
○ 법률행위란 사람의 행위 중 일정한 법률효과를 의욕하고서 이루어지는 행위를 말한다. 그러므로 법률행위는 일정한 법률효과를 원하는 의사표시를 불가결의 요소로 한다. 법률행위에는 하나 이상의 의사표시가 반드시 포함되어 있으며, 따라서 의사표시의 결함은 그대로 법률행위에 영향을 미친다. 그러나 법률행위는 의사표시만으로 이루어지는 것은 아니며 의사표시 이외의 다른 법률사실을 요소로 하기도 한다. 물건(物件)의 인도(引渡), 증서(證書)의 작성 등이 그 예이다.

기술문제 해결을 위한 연구가 이루어진 경우에 인정된다. 따라서 비록 다수의 자가 관계하여 발명이 이루어진 경우라 할지라도 발명과정에 대한 일반적인 조언이나 지도만을 하는 단순관리자, 연구관의 지시에 따라 단지 주제를 정리하거나 실험만을 한다거나, 발명자에게 자금을 제공하거나 설비이용의 편의를 제공함으로써 발명의 완성을 지원하거나 위탁한 자 등은 공동발명자라 할 수 없다. 반면, 물리적으로 함께 또는 동시에 연구하지 않았거나, 관계자 사이에 동종 또는 대등한 기여가 없었다는 등의 이유로 공동발명이 인정되지 않는 것은 아니다. 특허법은 공동발명의 특허를 받을 수 있는 권리에 대하여 그 공동소유의 형태가 공유라고 규정하고 있다. 그러나 특허를 받을 수 있는 권리의 지분 양도에 있어 다른 공유자의 동의를 요건으로 하거나(특§37③), 특허를 받을 수 있는 권리 자체의 분할이 불가능하다는 점에서 그 실질적인 공동소유형태는 합유라 할 수 있다. 특허를 받을 수 있는 권리가 공유인 경우 공유자 전원이 공동으로 출원하여야 하며(특§44), 공유자의 일부에 의한 출원은 거절되며(특§62), 특허권 존속기간 연장등록출원을 하는 경우에도 공유자 전원이 연장등록출원 하여야 하며(특§90③), 심판의 당사자가 되는 경우에도 전원이 하여야 한다(특§139③).

---

26 두산백과사전 두피디아(www.doopedia.co.kr).

특허를 받을 수 있는 자는 발명자이나 발명자로부터 그 발명을 승계 받으면 발명자를 대신하여 특허출원을 할 수 있다. 즉 발명자의 특허를 받을 수 있는 권리는 계약 또는 상속 등을 통하여 그 전부 또는 일부를 이전할 수 있다. 이러한 특허를 받을 수 있는 권리의 이전은 특허출원의 전후를 불문한다. 다만, 특허출원 전의 권리이전은 그 승계인이 특허출원을 하지 않으면 제3자에게 대항할 수 없으며(특§38 ①), 특허출원 후의 권리이전은 상속 기타 일반승계의 경우를 제외하고는 특허청에 특허출원인변경신고를 하여야만 효력이 발생한다(특§38 ④, ⑤).

❗ 생각해보기

홍길동은 장동건과 함께 자동차 타이어에 관한 발명을 하였다. 장동건은 연구비를 투자하고 홍길동의 연구를 보조하는 역할만을 하였으나, 홍길동은 장동건에게 연구비를 투자받으면서 연구 개발된 발명에 대하여 공동출원하기로 약속하였다. 홍길동이 장동건과의 약속을 무시하고 단독으로 출원한 경우 등록받을 수 있을까?

❓ 관련문제

특허출원된 발명이 등록요건을 흠결한 경우에는 출원인은 특허청으로부터 거절이유통지를 받을 경우 출원인은 어떤 조치를 취할 수 있을까? 만일 특허등록된 후에 출원인 스스로 거절이유 있음을 발견한 경우는 어떠한가?

CHAPTER **05**

특허등록을 위한 절차

산업상 이용할 수 있는 발명을 한 자는 원칙적으로 당해 발명에 대하여 특허를 받을 수 있으나(특§29 ①) 발명을 한 것만으로는 특허가 되지 않는다. 즉 특허를 받기 위해서는 특허를 받을 수 있는 권리를 가진 자, 즉 발명자 또는 그 승계인이 발명의 공개를 조건으로 특허권 또는 선출원인의 지위를 얻고자 하는 의사를 객관적으로 표시하는 행위로서 특허출원을 하여야 한다. 이에 특허법은 제42조 이하에서부터 제68조까지의 특허출원과 관련한 규정을 두고 있다.

I. 특허출원상의 제 원칙

1. 양식주의

모든 출원인이 동등한 지위에서 특허 허부許否를 심사받도록 하기 위하여 특허출원은 일정한 양식에 따라 제출하도록 하고 있다. 즉 출원서, 명세서 등의 특허출원서류는 소정의 양식으로 작성하지 않으면 안 되며, 구두에 의한 설명이나 발명품 등의 제출에 의하여 대신하는 것은 인정되지 않는다. 단, 온라인 출원은 가능하다. 이와 관련하여 특허법 시행규칙 제2조는 서면

주의를 규정하고 있고, 특허법 제42조는 특허출원서 및 명세서의 기재사항
과 기재방법을 법정하고 있으며, 동시행령 제5조에서는 청구범위의 기재방

특허출원서

(앞쪽)

【출원 구분】 □특허출원　　　□분할출원　　　□변경출원
　　　　　　□무권리자의 출원 후에 한 정당한 권리자의 출원
(【참조번호】)
【출원인】
　【성명(명칭)】
　【특허고객번호】
【대리인】
　【성명(명칭)】
　【대리인코드】
(【포괄위임등록번호】)
【발명의 국문명칭】
【발명의 영문명칭】
【발명자】
　【성명】
　【특허고객번호】
【출원언어】□ 국어　　　□ 영어
(【원출원(무권리자 출원)의 출원번호】)
(【우선권주장】
　【출원국명】
　【출원번호】
　【출원일자】
　【증명서류】
　【접근코드】)
(【기타사항】□ 심사청구　　□ 심사유예신청 □ 조기공개신청　□ 공지예외적용
　　　　　□ 미생물기탁　□ 서열목록　　　□ 기술이전희망　□ 국가연구개발사업
　　　　　□ 국방관련 비밀출원　　　　□ 임시 명세서(청구범위제출유예))
(【유예희망시점】심사청구일 후 24개월이 지난 때부터 (　)개월)
(【심사청구료 납부유예】□ 필요 □ 불필요)
위와 같이 특허청장에게 제출합니다.
　　　　　　　　　　　　　　　　　　출원인(대리인)　　　　　　　(서명 또는 인)

【수수료】(기재요령 제11호 참조합니다)
　【출원료】　　　　　　　면　　　　　　원
(【수수료 자동납부번호】)
　【첨부서류】1. 명세서·요약서 및 도면 각 1통
　　　　　　2. 정당한 권리자임을 증명하는 서류 1통(정당한 권리자의 출원만 해당
　　　　　　　합니다)
　　　　　　3. 대리인에 의하여 절차를 밟는 경우에는 그 대리권을 증명하는 서류 1통
　　　　　　4. 그 밖의 법령에 따른 증명서류 1통

[특허출원서의 양식]

법을 명시하고 있다. 다만, 전자문서에 의한 특허에 관한 절차를 수행하는
경우나 미생물 관련 발명의 경우는 일정한 예외를 인정하고 있다.

2. 전자출원제도

전자출원제도란 특허출원인 등이 특허청을 직접 방문하여 출원서류
를 접수하거나 중간서류 또는 등록서류 등을 제출하지 않고, 출원인 등
이 플로피디스크 또는 광디스크 등 전자적 기록매체에 수록하여 제출하
거나 정보통신망을 이용하여 특허 및 실용신안에 관한 서류를 제출할
수 있도록 한 것을 말한다(특§28의3, §28의5).

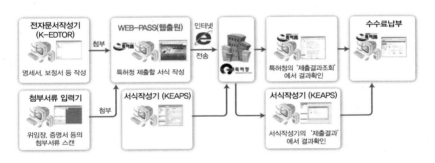

(출처: 특허청 홈페이지)

3. 국어주의

특허청에 제출하는 서류는 특별히 정한 경우를 제외하고 국어로 기
재하여야 하며(특규칙§4 ①), 위임장·국적증명서 등 외국어로 기재한 서
류(우선권 주장에 관한 서류 제외)에는 그 서류의 제출시에 국어로 번역한
번역문을 첨부하여야 한다(특규칙§4 ②).

그러나, 2015. 1. 1.에 시행되는 개정법은 명세서 및 도면(도면 중 설명
부분에 한정)을 산업통상자원부령이 정하는 언어(영어)로 적을 수 있도록
개정되었다.[1] 이는 미국이나 유럽 및 일본에서 자국어 외의 외국어로도

---

1 제42조의3 (외국어특허출원 등) ① 특허출원인이 명세서 및 도면(도면 중 설명부분에 한

출원이 가능한 상황을 고려하여 출원일을 신속하게 확보할 수 있도록 하기 위함이다.

다만, 국제출원을 하고자 하는 자는 산업통상자원부령이 정하는 언어2로 작성한 출원서와 명세서·청구의 범위·필요한 도면 및 요약서를 특허청장에게 제출하여야 한다(특§193 ①). 국제출원에 관하여 특허청장에게 제출하는 서류는 국제출원의 명세서 및 청구의 범위를 적은 언어로 작성하여야 한다. 다만, 국적증명서, 법인증명서, 그 밖에 특허청장이 지정하는 서류는 그러하지 아니하다(특규칙§75).

정한다. 이하 제2항 및 제5항에서 같다)을 국어가 아닌 산업통상자원부령으로 정하는 언어로 적겠다는 취지를 특허출원을 할 때 특허출원서에 적은 경우에는 그 언어로 적을 수 있다.
② 특허출원인이 특허출원서에 최초로 첨부한 명세서 및 도면을 제1항에 따른 언어로 적은 특허출원(이하 "외국어특허출원"이라 한다)을 한 경우에는 제64조제1항 각 호의 구분에 따른 날부터 1년 2개월이 되는 날까지 그 명세서 및 도면의 국어번역문을 산업통상자원부령으로 정하는 방법에 따라 제출하여야 한다. 다만, 본문에 따른 기한 이전에 제60조제3항에 따른 출원심사 청구의 취지를 통지받은 경우에는 그 통지를 받은 날부터 3개월이 되는 날 또는 제64조제1항 각 호의 구분에 따른 날부터 1년 2개월이 되는 날 중 빠른 날까지 제출하여야 한다.
③ 제2항에 따라 국어번역문을 제출한 특허출원인은 제2항에 따른 기한 이전에 그 국어번역문을 갈음하여 새로운 국어번역문을 제출할 수 있다. 다만, 다음 각 호의 어느 하나에 해당하는 경우에는 그러하지 아니하다.
1. 명세서 또는 도면을 보정(제5항에 따라 보정한 것으로 보는 경우는 제외한다)한 경우
2. 특허출원인이 출원심사의 청구를 한 경우
④ 특허출원인이 제2항에 따른 명세서의 국어번역문을 제출하지 아니한 경우에는 제2항에 따른 기한이 되는 날의 다음 날에 해당 특허출원을 취하한 것으로 본다.
⑤ 특허출원인이 제2항에 따른 국어번역문 또는 제3항 본문에 따른 새로운 국어번역문을 제출한 경우에는 외국어특허출원의 특허출원서에 최초로 첨부한 명세서 및 도면을 그 국어번역문에 따라 보정한 것으로 본다. 다만, 제3항 본문에 따라 새로운 국어번역문을 제출한 경우에는 마지막 국어번역문(이하 이 조 및 제47조제2항 후단에서 "최종 국어번역문"이라 한다) 전에 제출한 국어번역문에 따라 보정한 것으로 보는 모든 보정은 처음부터 없었던 것으로 본다.
⑥ 특허출원인은 제47조제1항에 따라 보정을 할 수 있는 기간에 최종 국어번역문의 잘못된 번역을 산업통상자원부령으로 정하는 방법에 따라 정정할 수 있다. 이 경우 정정된 국어번역문에 관하여는 제5항을 적용하지 아니한다.
⑦ 제6항 전단에 따라 제47조 제1항 제1호 또는 제2호에 따른 기간에 정정을 하는 경우에는 마지막 정정 전에 한 모든 정정은 처음부터 없었던 것으로 본다.
2 산업통상자원부령이 정하는 언어라 함은 출원서를 작성하는 경우에는 국어, 영어 또는 일어를 말한다(특규칙§91).

4. 도달주의

특허법 또는 이 법에 의한 명령에 의하여 특허청에 제출하는 출원서, 청구서 기타의 서류는 특허청에 도달된 날로부터 그 효력이 발생한다(특 §28①). 즉 특허청에 제출하는 서류[3]에 대한 효력발생시기는 도달주의를 원칙으로 한다. 다만, 특허청과 당사자간의 지리적 거리의 원근에 따른 불공평한 결과를 방지하고자 출원서, 청구서 기타의 서류를 우편으로 특허청에 제출하는 경우에 우편물의 통신일부인通信日附印에서 표시된 날이 분명한 경우에는 그 표시된 날, 그 표시된 날이 불분명한 경우에는 우체국에 제출한 날을 우편물의 수령증에 의하여 증명한 날에 특허청에 도달한 것으로 본다(특§28②). 반면, 특허권 및 특허에 관한 권리의 등록 신청 서류와 PCT 제2조 (vii)항의 규정에 의한 국제출원에 관한 서류를 우편으로 제출하는 경우에는 그러하지 아니하다(특§28②). 또한 정보통신망을 이용한 통지에 있어서는 정보통신망을 통한 통지 등은 당해 통지 등을 받은 자가 사용하는 전산전보처리조직의 파일에 기록된 때에 특허청 또는 특허심판원에서 사용하는 발송용 전산정보처리조직의 파일에 기록된 내용으로 도달한 것으로 본다(특§28의5③).

5. 1 특허출원의 원칙(발명의 단일성)

우리 특허법 제45조 제1항은 "특허출원은 하나의 발명마다 하나의 특허출원으로 한다. 다만, 하나의 총괄적 발명의 개념을 형성하는 1군 (群)의 발명에 대하여 하나의 특허출원으로 할 수 있다"라고 규정하고 있다. 여기서 1특허출원의 원칙이라 함은 단일한 발명[4]으로서 하나의 특

---

3 물건을 포함한다.
4 단일한 발명이란 물리적 개념의 1발명은 물론 그 발명의 목적·구성 및 효과 등이 상호유기적인 관계에 있어 비록 복수의 발명이라도 단일한 발명개념을 형성하는 1군의 발명(일 군(1群)의 발명이란 여러 개의 발명이라 할지라도 단일의 발명개념을 형성할 수 있을 정도로 발명의 목적, 구성 또는 효과 등의 측면에서 상호 유기적 관계가 존재한다면 하나의 특허출원을 위하여 1발명으로 간주하겠다는 것이다)까지를 포함하는 개념이다.

허출원을 할 수 있다는 원칙을 말한다.

이에 1군의 발명에 대한 하나의 특허출원의 요건으로는 ① 청구된 발명간에 기술적 상호관련성이 있을 것, ② 청구된 발명들이 동일하거나 상응하는 기술적 특징을 가지고 있을 것, 이 경우 기술적 특징은 발명 전체로 보아 선행기술에 비하여 개선된 것이어야 한다(특령§6).

이러한 1특허출원 원칙의 제도적 취지는 심사절차상의 경제성과 효율적인 특허문헌 및 정보제공에서 찾을 수 있다. 즉 출원내용이 과다한 분야에 직접적인 관련이 없는 내용까지를 포함한 경우에는 특허출원에 대한 심사 등에 있어 자료조사 등에 많은 시간이 낭비되고 비경제적인 결과를 초래하게 된다. 따라서 발명의 단일성 요구는 그 범위 내에서 보다 완벽한 자료심사를 할 수 있다는 장점을 갖는다. 또한, 발명의 단일성에 대한 판단기준에 따라 출원인이 제공한 전반적인 정보를 구체화함으로써 굳이 제3자가 다시 자신이 목적하는 기술정보를 분류할 필요가 없게 한다. 이와 함께 1특허출원 원칙의 제도적 취지로서 특허청의 재정자립효과 또는 출원인의 경비절감의 효과 등을 들기도 한다.

한편 특허법은 발명의 단일성이 인정되는 범주 내에서 복수개의 청구항 기재를 허용하는 다항제多項制를 취하고 있다. 이는 1특허출원의 권리 및 범위 등을 보다 명확하게 기술하여 주는 수단으로 ⅰ) 자신의 발명을 여러 각도로 표현함으로써 보호대상에 만전을 기할 수 있고, ⅱ) 심사과정에서 청구범위를 항마다 심사함으로써 전체 거절을 막고 권리 등록가능성을 높일 수 있으며, ⅲ) 심판에 있어서도 항마다 무효시킴으로써 전체 무효를 막을 수 있을 뿐만 아니라, ⅳ) 침해소송에 있어서도 다각적인 대처를 할 수 있는 명확한 근거를 제시할 수 있다는 장점을 갖는다.

발명의 단일성 범위에 위반된 출원은 특허법상 계속되는 절차에 적정하게 대응하기 어려우므로 거절이유가 된다(특§62ⅳ). 그러나 발명의 단일성 개념은 행정편의적인 목적에서 발생한 개념으로 출원인이 자진하여 분할출원을 하면 구제될 수 있으며, 무효사유에는 해당하지 않는다.

6. 선원주의(=선출원주의)

특허제도는 동일 내용의 발명에 대하여는 하나의 특허만을 허여하여야 하는 1발명 1특허의 원칙 또는 이중특허배제의 원칙이 적용된다. 이와 관련하여 동일 발명에 대한 출원이 다수 존재할 때 누구에게 특허권을 허여할 것인가의 문제가 발생하는데, 이의 기준으로서는 최초에 발명을 완성한 자에게 특허를 부여한다는 선발명주의와 제일 먼저 특허출원을 한 자에게 특허를 부여하는 선출원주의가 있다.

우리 특허법은 동일한 내용의 발명을 한 자가 여러 사람인 경우 발명완성시기의 선후를 불문하고 제일 먼저 특허출원을 한 자에게 특허를 부여하는 선출원주의를 취하고 있다(특§36 ①). 이러한 선출원주의 아래에서는 선발명주의에서와 같은 발명완성시기의 확인이 불필요하기 때문에 절차가 간단한 점 외에 권리의 안정화가 도모된다는 장점을 갖는다. 그러나 스스로 실시하고 있었던 자도 타인이 동일한 내용의 발명을 하여 특허를 받은 경우에는 그 실시를 계속할 수 없게 되는 불합리가 있다. 또한, 신속한 출원을 위해 권리화의 필요성이 적은 것 또는 기술적 가치가 적은 것도 출원을 하게 되며, 불완전한 서류가 그대로 제출되어 출원 후 보정하는 경향을 생기게 하며, 그로 인하여 조속히 권리화를 필요로 하는 출원의 심사를 지연시키는 요인이 되기도 한다.

선후원관계의 판단은 '동일한 발명'을 전제로 한다. 즉 둘 이상의 출원이 경합된 경우 어느 것에 특허를 부여할 것이냐의 구체적인 판단은 발명의 동일성 여부에 관한 판단(발명의 동일성판단)을 한 후에 이루어진다. 따라서 선출원주의 적용의 전제요건으로 발명의 동일성을 판단한다. 발명의 동일성은 원칙적으로 청구범위에 기재된 발명에 한정된다. 발명의 상세한 설명이나 도면에 기재된 부분을 그 대상으로 하지 않는다.[5]

---

5 다만, 선출원된 기술내용의 보호를 위해 특허법은 공개 또는 공고된 기술에 대해서는 선출원범위를 청구범위에서 발명의 상세한 설명 또는 도면에까지 확대시켜 다른 후출원을 거절시키거나 무효시킬 수 있도록 규정하고 있다(특§29 ③).

선출원판단의 시간적 기준은 시時를 기준으로 하는 시각주의時刻主義 (독일, 프랑스 등)와 일日을 기준으로 하는 역일주의曆日主義가 있다. 우리 나라는 후자의 역일주의를 취하고 있어 동일한 발명에 대하여 2인 이상 의 특허출원이 있을 때에는 최선출원인의 출원만이 특허를 받을 수 있 다. 반면 동일한 발명에 2인 이상의 특허출원이 동일한 날에 이루어진 경우에는 비록 그 출원시각이 다르다 할지라도 특허출원인의 협의에 의 하여 정하여진 하나의 특허출원만이 그 발명에 대하여 특허를 받을 수 있도록 하고 있으며, 협의가 성립하지 아니하거나 협의를 할 수 없는 때 에는 어느 특허출원인도 그 발명에 대하여 특허를 받을 수 없다고 규정 하고 있다(특§36 ②).

7. 수수료납부주의

특허에 관한 절차를 밟는 자는 수수료를 납부하여야 한다(특§82 ①). 출원시 수수료를 납부하지 않은 경우는 보정명령의 대상이 되며(특§46 iii) 이에 불응한 경우 절차무효의 대상이 된다(특§16 ①[6]).

Ⅱ. 특허를 받을 수 있는 자

특허출원을 할 수 있는 자는 출원적격을 갖춘 자이어야 한다. 이에 특허법상의 출원적격자는 ⅰ) 권리능력이 있는 자로, ⅱ) 특허를 받을 수 있는 권리자이며, ⅲ) 출원절차를 밟을 수 있는 행위능력이 있거나 대리권이 있어야 한다.

---

6 제16조 (절차의 무효) ① 특허청장 또는 특허심판원장은 제46조의 규정에 의한 보정명령 을 받은 자가 지정된 기간 이내에 그 보정을 하지 아니한 경우에는 특허에 관한 절차를 무효로 할 수 있다. 다만, 제82조제2항의 규정에 의한 심사청구료를 납부하지 아니하여 보 정명령을 받은 자가 지정된 기간 이내에 그 심사청구료를 납부하지 아니한 경우에는 특허 출원서에 첨부한 명세서에 관한 보정을 무효로 할 수 있다.

이러한 출원적격을 갖추지 못한 자의 출원은 출원시 불수리처리, 보정명령(특§46) 및 거절결정의 대상(특§62)이 되며, 착오로 등록공고가 된 경우에는 특허무효의 대상(특§133)이 된다. 특허를 받을 수 있는 권리자는 발명자 또는 그 승계인으로 이미 설명한 바 있으므로 여기에서는 권리능력과 행위능력에 대하여 설명한다.

1. 권리능력

권리능력은 특허를 받을 수 있는 권리 또는 특허권을 가질 수 있는 자격을 말하며, 민법의 일반원리에 따라 원칙적으로 자연인(민§3) 및 법인(민§34)에게 인정된다. 다만, 외국인은 특허법에서 규정하는 일정한 경우를 제외하고는 특허권 또는 특허에 관한 권리를 향유할 수 없다(특§25). 즉 외국인은 일정한 경우(상호주의나 조약)에 한하여 권리능력이 인정된다

2. 행위능력

행위능력이란 독립하여 유효한 법률행위를 할 수 있는 법률상의 자격을 말한다. 특허법상 행위능력이란 자연인·법인이 독자적으로 특허를 비롯한 산업재산권에 관한 출원심사절차를 직접 행할 수 있는 것을 말한다.

이러한 행위능력을 가진 자는 자연인과 법인이다. 그러나 자연인이라고 모두 행위능력을 가지는 것이 아니라 미성년자·피한정후견인·피성년후견인(특§3①본)은 특정의 경우를 제외(특§3①단)하고는 행위능력이 없다. 한편, 법인은 법인격이 있는 사단 및 재단법인은 행위능력을 가지나 법인이 아닌 사단 및 재단법인은 대표자나 관리인이 정해져 있지 않은 경우에는 권리능력이 없으므로 권리의 주체가 될 수 없고 행위능력도 없다. 그러나 대표자나 관리인이 정해져 있는 경우에는 그 사단 또는

재단의 이름으로 특허출원심사절차를 직접 행할 수 있다(특§4). 또한, 국내에 주소 또는 영업소를 가지지 아니하는 자(이하 "재외자"라 한다)는 재외자(법인의 경우에는 그 대표자)가 국내에 체재하는 경우를 제외하고는 그 재외자의 특허에 관한 대리인으로서 국내에 주소 또는 영업소를 가지는 자(이하 "특허관리인"이라 한다)에 의하지 아니하면 특허에 관한 절차를 밟거나 이 법 또는 이 법에 의한 명령에 의하여 행정청이 한 처분에 대하여 소를 제기할 수 없다(특§5①).

3. 외국인의 대리권 범위 및 증명

외국인의 대리권의 범위는 국내에 주소 또는 영업소를 가진 자로부터 특허에 관한 절차를 밟을 것을 위임받은 대리인은 특별한 수권을 얻지 아니하면 특허출원의 변경·포기·취하, 특허권의 존속기간의 연장등록출원의 취하, 특허권의 포기, 신청의 취하, 청구의 취하, 특허법 제55조 제1항의 규정에 의한 우선권주장이나 그 취하, 특허법 제132조의17의 규정에 의한 심판청구 또는 복대리인의 선임을 할 수 없다(특§6). 그리고 대리권의 증명은 특허에 관한 절차를 밟는 자의 대리인(특허관리인을 포함한다. 이하 같다)의 대리권은 이를 서면으로써 증명하여야 한다(특§7).

┃ 출원의 효과

출원이 수리되면 출원은 출원번호가 부여되며 출원번호통지서가 출원인에게 통지된다. 특허청에 계속되는 동안 그 출원일을 기준으로 하여 출원인은 선출원의 지위가 생기고 이에 후출원배제의 효과가 생긴다. 또한, 특허출원시는 신규성 등의 특허요건 판단의 기준시점이 되고 출원심사청구기간(3년: 특§59②)이나 특허권의 존속기간(20년: 특§88①), 조약에 의한 우선권주장 기간(1년: 특§54②) 등의 기산점이 된다.

특허출원에 대하여 거절결정 또는 심결이 확정되거나 특허권이 설정등록되면 출원계속의 효과는 소멸한다. 또한, 출원의 취하나 포기가 있는 출원의 출원계속의 효과도 소멸한다.

출원에 대한 포기의 경우에는 출원계속의 효과는 장래에 대하여 소멸하므로 선출원의 지위는 인정되고 따라서 동일한 후출원은 거절된다. 반면 출원의 취하는 출원계속의 효과를 소급적으로 소멸시키므로 선원의 지위는 남지 않고 따라서 당해 발명이 공개되지 않았을 경우에는 재출원이 가능하다.

III. 특허출원의 심사절차

1. 의   의

특허출원의 심사에 있어서 출원된 발명에 대하여 특허를 받는 데 필요한 모든 법정요건의 유무를 행정관청인 특허청이 심리한 후 특허성이 있는지 없는지를 심사하는 것을 심사주의라고 하고, 특허를 받는 데 필요한 형식적 요건만 완비되면 실체적 요건에 대하여는 심리하지 아니하고 특허허여 후 그 요건의 유무에 대하여 분쟁이 발생하였을 경우 심판이나 재판에서 특허성의 유무를 심리하는 것을 무심사주의(일부심사제도)라고 한다. 우리나라는 디자인보호법상 일부 디자인을 제외하고 원칙적으로 심사주의를 채택하고 있다(특§57 ①). 즉 심사의 주체는 심사관이고, 심사의 객체는 특허출원이다.[7]

즉 대통령령에서 정한 자격을 갖춘 심사관이 주체가 되어 특허출원을 심사한다. 이와 함께 우리의 특허법은 특허심사주의가 갖는 심사지연의 문제점과 그에 따른 권리화의 지연 등과 같은 폐단을 시정하고자 출원공개제도와 조기공개제도 및 심사청구제도 등을 인정하고 출원공고제도[8]와 이의신청제도를 폐지하였다. 이외에도 출원의 심사 공정성을 확보하기 위하여 특허법 제63조의2를 2006년 개정법에서 신설하여, 특허출원에 대한 정보제공에 관한 규정을 신설하였다.

---

[7]

	형식심사	실질심사
심사주의	○	○
일부심사	○	×

[8] 출원공고제도란 심사관이 특허출원 내용을 심사한 결과, 거절할 만한 이유가 없을 때에는 그 내용을 특허공보에 게재하여 일반공중에게 알려 중복연구 · 중복투자 등을 하지 않도록 함과 동시에 심사의 공정성과 안정성을 확보하기 위한 제도이다. 이 제도는 구법(1997년 개정 이전법)에서 존재하였으나, 심사기간이 지연된다는 이유로 등록공고제도로 바뀌었다.

2. 심사절차의 내용

(1) 출원공개제도 및 조기공개제도

출원공개제도[9]란 특허출원이 된 후, 일정한 기간이 경과한 때에는 출원인의 의사와 심사절차의 진행현황과 관계없이 일반 공중에게 그 특허출원의 내용을 알리는 제도이다. 이는 동일 기술에 대한 중복연구와 중복투자를 방지하기 위해 특허출원이 된 후 일정한 기간이 경과한 때에는 출원인의 의사와 심사절차의 진행현황과 관계없이 일반공중에게 그 특허출원의 내용을 알리는 취지이다. 조기공개제도[10]란 출원공개기간(1년 6개월) 내라도 출원인의 신청에 의하여 일반 공중에게 그 특허출원을 알리는 제도이다. 이는 출원공개기간(1년 6개월) 이전이라 할지라도 출원인이 원하는 경우에는 신청에 의하여 일반 공중에게 그 특허출원을 조기에 공개할 수 있도록 하여 보상금청구권을 통해 특허출원을 조기에 보호할 수 있도록 하고 있는 것이다.[11]

출원공개는 특허청장이 특허출원일로부터 1년 6개월이 경과하면(또는 출원인의 신청이 있는 때) 특허공보에 발명의 명칭(분류기호), 출원연월일, 출원번호, 공개연월일, 출원인의 주소 및 성명, 발명자의 주소 및 성명, 특허출원서에 첨부된 명세서, 도면 및 요약서 등을 게재하여야 한다(특§64 ①, §64 ④ → 특령§19 ③). 다만, 특허법 제64조 제1항에도 불구하고 청구범위가 기재되지 아니한 명세서를 첨부한 특허출원(특§64② ⅰ), 제42조의3 제2항의 규정에 따른 국어번역문을 제출하지 아니하거나(특§64② ⅱ), 제87조 제3항의 규정에 따라 등록공고를 한 특허의 경우에는 출원공개의 대상이 되지 아니한다. 또한, 공개되기 전에 그 출원이 취하나 포기 또는 무효가 된 경우에도 공개가 되지 않는다.

출원공개에 의한 적극적 효과로서 출원인에게는 보상금청구권이 인

---

9 1980년 개정시 도입한 제도이다. 국제출원공개의 특례로서 ⅰ) 공개시기(특§207①), ⅱ) 공개효과(특§207 ②)와 효과발생시기(PCT§29)를 국내법에 위임하고 있다.

10 1995년 개정시 새로 도입한 제도이다.

11 이 제도는 특허법에는 존재하나 상표법에는 존재하지 않는다.

정된다. 보상금청구권이란 특허출원인이 출원공개 후에 침해자에게 경고를 한 경우에 경고 후 특허권 설정등록시까지 그 발명을 업으로서 실시한 자 또는 경고를 하지 않은 경우에도 출원공개가 된 특허출원 중에 있는 것을 알고 특허권 설정등록 전에 업으로서 그 발명을 실시한 자에 대하여 통상 받을 수 있는 보상금의 지급을 청구하는 권리를 말한다. 단, 선사용권과 직무발명에 대한 사용자 등 법정실시권자에 대해서는 보상금청구권의 행사는 할 수 없는 것으로 본다. 이러한 보상금청구권은 출원인이 무단으로 발명을 업으로서 실시하고 있는 자에게 먼저 서면으로 경고하여야 하고, 또 경고를 받거나 출원공개된 발명임을 알고 그 특허출원된 발명을 업業으로 실시한 자에게 특허출원인은 그 경고를 받거나 출원공개된 발명임을 안 때부터 특허권의 설정등록시까지의 기간 동안 그 특허발명의 실시에 대하여 통상 받을 수 있는 금액에 상당하는 보상금의 지급을 청구할 수 있는 제도이다(특§65②). 이러한 보상금청구권은 특허권실시료에 상당한 금액으로 특허권 설정등록 후 3년 이내(민§766① 손해배상청구권의 소멸시효)[12]에 청구하여 받을 수 있는 제도이다(특§65③⑤). 이러한 침해가 있는 경우에는 출원인은 다른 출원에 우선하여 심사해 달라는 청구를 할 수 있다(특§61). 그러나 출원공개 후 특허출원이 포기·무효 또는 취하된 때, 특허출원의 특허거절결정이 확정된 때, 특허취소 결정이 확정된 때(특§132의13①) 및 특허를 무효로 한다는 심결[13]이 확정된 때에는 보상금청구권은 처음부터 발생하지 아니한 것으로 본다(특§65⑥).

---

12 민법 제766조 제1항: 불법행위로 인한 손해배상의 청구권은 피해자나 그 법정대리인이 그 손해 및 가해자를 안 날로부터 3년간 이를 행사하지 않으면 시효로 인하여 소멸한다.
13 특허된 후 그 특허권자가 특허권을 향유할 수 없는 자로 되거나 그 특허가 조약에 위반되는 사유가 발생한 경우를 제외한다(특§133①iv).

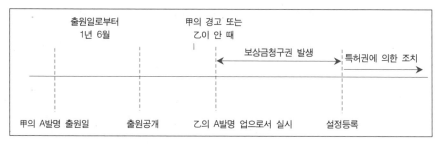

[출원공개와 보상금청구권]

그 외에도 출원공개에 대한 소극적 효과로서 제3자에게는 특허공보가 기술정보로서의 가치를 가지고 있는 것이기 때문에 출원공개된 발명의 기술내용을 알게 되면 같은 기술을 중복 연구할 필요가 없으며, 공개된 발명을 기초로 하여 연구하여 그 기술(발명)을 개량할 수도 있고, 별도의 방법이나 수단에 의해 새로운 발명을 할 수도 있다.

다만 ⅰ) 공서양속 또는 공중의 위생을 해할 염려가 있는 사항(특령 §19③단), ⅱ) 비밀취급을 요하는 출원(특§64③, §87④), ⅲ) 명세서에 청구범위를 적지 않은 경우와 외국어로 특허출원하고 국어번역문을 제출하지 않은 경우, 그리고 등록공고된 출원(특§64②각호), ⅳ) 특허청에 계속 중이 아닌 출원에 대해서는 출원공개의 예외를 인정한다.

(2) 출원심사청구제도

특허청은 출원된 것을 모두 일률적으로 심사하지 않고, 출원과 별도로 일정한 기간 내에 심사청구절차를 밟은 것만을 심사하고, 그러하지 아니한 출원은 특허출원을 취하한 것으로 보는 출원심사청구제도[14]를 두고 있다(특§59①).

심사청구를 할 수 있는 기간[15]은 누구든지 특허출원일로부터 3년 이

---

14 1980년 개정시에 도입된 제도로서 도입취지는 ⅰ) 방어적 출원, ⅱ) 라이프 사이클이 짧아 상품이 상업적 가치가 없어진 발명, ⅲ) 심사 지연 등을 방지하기 위함이다.
15 심사청구기간은 나라마다 상이하다. 유럽특허조약은 원칙적으로 출원일로부터 2년이며, 독일(특§26)과 일본(특§48의3①) 등은 7년이다.

내에 특허청장에게 그 특허출원에 관하여 출원심사의 청구를 할 수 있다(특§59②). 다만, 특허출원인은 명세서에 청구범위를 적지 않은 경우나 외국어로 특허출원하고 국어번역문을 제출하지 않은 경우에 출원심사의 청구를 할 수 없다(특§59②각호). 심사청구기간이 경과한 후에 분할출원, 분리출원 또는 변경출원이 있는 경우에는 그 분할·분리·변경출원을 한 날로부터 30일 이내에 심사청구를 할 수 있도록 예외를 인정하고 있다(특§59③). 한편, 국제특허출원의 출원심사와 관련하여서는 출원인은 국제출원일에 제출한 명세서·청구의 범위·도면 및 요약서의 국어번역문을 제출하고 수수료를 납부한 후가 아니면 출원심사를 청구할 수 없으며, 출원인이 아닌 자는 국내서면제출기간이 경과한 후가 아니면 그 국제특허출원에 관하여 출원심사의 청구를 할 수 없다(특§210).

우리 특허법상 심사청구를 할 수 있는 사람은 출원인뿐만 아니라 그 외의 '누구든지' 가능하다(특§59②). 여기서 '누구든지'라는 것은 출원인과 이해관계인에 한하지 않고 제3자도 포함된다고 본다. 즉 심사청구기간이 상당히 길기 때문에, 그 사이에 출원공개로 발생한 보상금청구권이 미확정 상태로 놓여지게 되어, 동일 또는 유사기술을 이미 실시하고 있는 자나 앞으로 실시하려는 자는 불안한 지위에서 가급적이면 빨리 출원발명의 특허여부를 알 필요가 있기 때문에 제3자도 포함되는 것으로 해석된다.

심사청구를 하고자 하는 자는 ⅰ) 청구인의 성명 및 주소(법인인 경우에는 그 명칭·영업소의 소재지), ⅱ) 출원심사의 청구대상이 되는 특허출원의 표시를 기재한 출원심사청구서를 특허청장에게 제출하고(특§60①), 청구인이 국가와 생활보호대상자, 장애인, 대학생 등인 경우를 제외하고는 소정의 심사청구료를 납부하여야 한다(특§83). 한편 심사착수 전 출원이 취하 포기 또는 취하간주시 심사착수관련 행정비용이 없으므로 심사청구료는 전액반환된다(특§84①ⅴ).

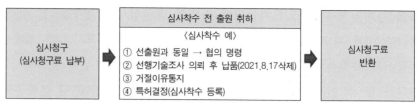

(출처: 특허청 자료 2016)

[심사청구료의 반환]

특허청장은 출원공개 전에 출원의 심사청구가 있는 때에는 ⅰ) 출원공개시에, 출원공개 후에 심사청구가 있는 때에는 지체 없이 그 취지를 특허공보에 게재하여 한다(특§60②). 또한, 특허출원인이 아닌 자로부터 출원의 심사청구가 있는 때에는 그 취지를 특허출원인에게 통지하여야 한다(특§60③). ⅱ) 또한 심사관에 의하여 그 실체적 요건이 심사되며, 이 출원심사는 우선심사(특§61)의 경우를 제외하고는 청구된 순서에 따라 심사를 받게 된다(특규칙§38). ⅲ) 심사청구는 일단 청구한 후에는 취하할 수 없으며(특§59④), ⅳ) 심사청구기간 내에 출원의 심사청구가 없을 때에는 그 특허출원은 취하한 것으로 본다(특§59⑤).

(3) 우선심사제도

특허출원의 심사는 특허심사청구 순서에 따라 하는 것이 원칙이나, 특허청장은 출원공개 후 특허출원인이 아닌 자가 업으로서 특허출원된 발명을 실시하고 있다고 인정되는 경우(특§61ⅰ) 또는 대통령령이 정하는 특허출원으로서 긴급하게 처리할 필요가 있다고 인정되는 경우(특§61ⅱ), 재난의 예방·대응·복구 등에 필요하다고 인정되는 경우(특§61ⅲ)에 관해서는, 심사관으로 하여금 다른 특허출원에 우선하여 심사하게 할 수 있다. 이를 우선심사제도라 한다. 출원인은 출원공개 후에 보상금청구권을 취득하지만, 그 권리행사는 특허권 설정등록 후가 아니면 행사할 수 없기 때문에 그 사이에 제3자의 실시로 인해 특허권자가 예상 외의 손

도표 1 특허출원에서 권리소멸까지의 절차도[16]

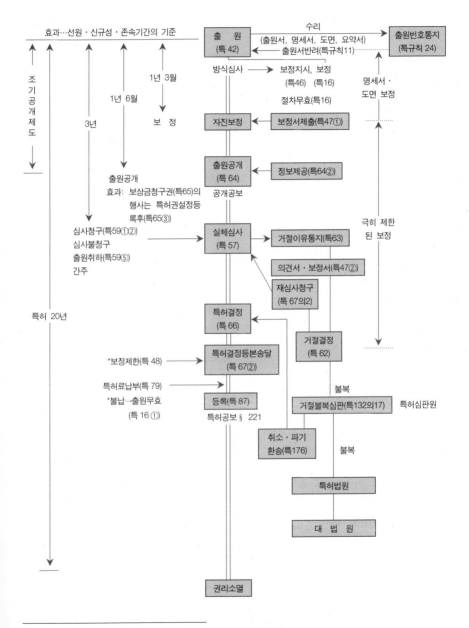

16 윤선희, 「지적재산권법(20정판)」, 세창출판사(2023), 96면.

해를 입을 수 있고, 또 실시하고 있는 제3자가 출원인으로부터 경고를 받았으나 그 특허출원이 특허요건을 갖추지 못한 경우에는 빨리 그 특허출원을 거절결정하여 제3자를 보호할 필요가 있다는 점을 고려한 제도이다. 즉 이 제도는 특허출원인과 그 실시를 한 제3자와의 이익조정을 도모하기 위한 제도라고 볼 수 있다.

우선심사의 요건으로는 ⅰ) 출원공개 후 제3자가 업으로서 무단 실시하고 있는 출원일 것[17]과 ⅱ) 대통령령이 정하는 특허출원일 것[18]을 요한다. ⅱ)의 경우에는 출원공개를 전제할 필요가 없다. 각 경우 우선심사의 필요성이 있다고 특허청장으로부터 인정받아야 하며, 그 요건을 갖추었는가 아닌가는 특허출원인 또는 그 발명을 업으로서 실시를 하고 있는 제3자로 하여금 자기 자신이 받고 있는 영향을 설명하는 '우선심사 신청서'를 제출하게 하고(특규칙 §39 서식 22호), 그것에 근거하여 우선심사의 필요성을 판단한다.

(4) 정보제공제도

특허법상 정보제공제도는 특허를 받을 수 없는 발명이 특허권을 취득하는 것을 방지하기 위하여 일반공중들로부터 그 발명에 대한 정보를 제공받아 심사관들이 심사에서 활용할 수 있도록 하기 위한 제도이다. 즉 특허출원이 있는 때에는 누구든지 그 특허출원이 거절이유에 해당되어 특허될 수 없다는 취지의 정보를 증거와 함께 특허청장에게 제공할 수 있다. 다만, 특허법 청구범위의 기재방법에 관하여 필요한 사항(특§42 ③ⅱ)이나 1특허출원의 범위(특§45)에 규정된 요건을 갖추지 아니한 경우에는 그러하지 아니하다(특§63의2).

---

17 특허뿐만 아니라 실용신안과 디자인도 우선심사대상이다.
   출원공개되고 등록공고가 되지 않은 특허출원으로, 출원에 관한 발명에 대하여 제3자가 업으로서 실시하고 있을 것을 요건으로 하며, 단순히 실시준비를 하고 있는 것만으로는 충분하지 않다.
18 특허법 제61조, 특허법시행령 제9조, 제10조, 특허·실용신안 우선심사의 신청에 관한 고시(특허청고시 제2021-14호 2021.6.23. 일부개정).

(5) 거절결정제도

우리나라는 심사주의를 채택하고 있어, 모든 출원은 심사관에 의해 심사를 받게 된다. 만약 거절이유를 발견할 수 없을 때에는 특허결정을 하여야 한다(특§66). 거절결정의 이유는 특허법 제62조의 법정된 내용[19]에 한한다.

심사관이 특허출원에 대하여 실체심사를 한 결과, 거절이유가 발견되었을 때는 특허출원인에게 거절이유를 통지하고 일정한 기간 내에 의견서를 제출할 수 있는 기회를 주는 '거절이유의 통지'를 하게 된다(특§62, §63). 그러나 특허법 제51조 제1항에 따라 각하결정을 하고자 하는 경우에는 그러하지 아니하다(특§63①단). 그리고 심사관은 청구범위에 2이상의 청구항이 있는 특허출원에 대하여 거절이유를 통지할 때에는 그 통지서에 거절되는 청구항을 명시하고 그 청구항에 관한 거절이유를 구체적으로 적어야 한다(특§63②).

심사관이 특허출원을 심사한 결과 출원에 대해 거절이유를 발견했을 때에는 그 이유를 출원인에게 거절이유통지서로 통지하여야 하고, 상당기간을 정하여 의견서를 제출할 기회를 주어야 하며, 통지를 받은 출원인은 보정서(의견서) 등을 작성·제출함으로써(특§47, §63) 심사관은 제출

---

19 ① 외국인의 권리능력(특§25)에 위반된 경우
  ② 특허요건(특§29) 등이 없을 때와 선출원범위의 확대에 저촉된 경우
  ③ 특허를 받을 수 없는 발명(특§32)에 해당된 경우
  ④ 특허를 받을 수 있는 권리를 가지지 아니하거나(특§33 ① 본), 제33조 제1항 단서의 규정에 의하여 특허를 받을 수 없는 경우
  ⑤ 선출원주의(특§36)에 위반된 경우
  ⑥ 공동출원(특§44)에 위반된 경우
  ⑦ 조약의 규정에 위반된 경우
  ⑧ 특허출원(특§42③, ④, ⑧)의 기재요건을 위반한 경우
  ⑨ 1발명 1출원(특§45)의 요건을 위반한 경우
  ⑩ 보정이 가능한 범위(특§47②)를 벗어난 보정인 경우
  ⑪ 출원서에 최초로 첨부된 명세서 또는 도면에 기재된 사항의 범위(특§52①)를 벗어난 분할출원 또는 분리출원인 경우
  ⑫ 실용신안등록출원의 출원서에 최초로 첨부된 명세서 또는 도면에 기재된 사항의 범위(특§53①)를 벗어난 변경출원인 경우

된 보정(의견)서에 관하여 또다시 심사하여야 한다.

심사관은 거절이유가 해소되지 않았을 경우에는 거절결정을 하여야 하며, 거절결정을 받은 자가 거절결정 등본을 송달받은 날로부터 30일 이내에 거절결정불복심판(특§132의17)을 청구하거나 재심사(특§67의2)를 청구하지 않으면 거절결정이 확정된다. 또 거절결정불복의 심판을 청구 하였더라도 그 후에 청구를 취하하거나 그 청구의 기각 심결이 확정될 경우에도 거절결정이 확정된다.

(6) 특허결정제도

심사관은 특허출원에 대하여 거절이유를 발견할 수 없는 때에는 특 허결정을 하여야 하는 제도이다(특§66).

특허결정 및 특허거절결정(이하 "특허여부결정"이라 한다)은 서면으로 하여야 하며, 그 이유를 붙여야 하고, 특허청장은 특허여부결정이 있는 경우에는 그 결정의 등본을 특허출원인에게 송달하여야 한다(특§67).

(7) 특허권 설정등록공고제도

심사관이 특허출원의 내용을 심사한 결과, 거절할 만한 이유가 없을 때에는 특허결정을 하여야 한다(특§66). 심사관이 특허결정을 하였을 때 는 특허청장은 출원인이 소정의 특허료를 납부한 때에 특허권설정등록 을 하고(특§87②) 그 내용을 특허공보에 게재하여(특§87③) 일반공중에 게 알려서 중복연구·중복투자 등을 하지 않도록 함과 동시에 특허분쟁 을 미연에 방지하기 위하여 등록을 공고하는 제도이다. 그러나 비밀취급 을 요하는 특허발명에 대하여서는 비밀취급의 해제시까지 등록공고를 보류하여야 하며, 그 비밀취급이 해제된 때에는 지체 없이 등록공고를 하여야 한다(특§87④).

특허청장은 특허결정이 되면, 특허결정등본을 특허출원인에게 송달하 고 특허공보에 게재하여야 한다(특§67②, §87③). 이 특허공보에는 ⅰ)

특허권자의 성명 및 주소(법인인 경우에는 그 명칭 및 영업소의 소재지), ii) 출원번호·분류기호 및 출원연월일, iii) 발명자의 성명 및 주소, iv) 등록공고연월일, 특허번호 및 설정등록연월일, v) 우선권 주장 및 변경출원·분할출원에 관한 사항, vi) 출원공개번호 및 공개연월일, vii) 정정심판에서 정정된 내용, viii) 특허출원서에 첨부된 명세서·도면 및 요약서, 기타의 사항을 게재하여야 한다(특령§19 ②).

(8) 재심사청구제도

특허출원인은 그 특허출원에 관하여 거절결정등본을 송달받은 날부터 3개월[20] 이내에 그 특허출원의 특허출원서에 첨부된 명세서 또는 도면을 보정하여 해당 특허출원에 관하여 재심사를 청구할 수 있다. 다만, 재심사에 따른 특허거절결정이 있거나 특허거절결정 등에 대하여 불복하는 심판청구가 있는 경우 또는 그 특허출원이 분리출원인 경우에는 그러하지 아니하다(특§67의2①). 이 경우 해당 특허출원에 대하여 종전에 이루어진 특허거절결정은 취소된 것으로 본다(특§67의2③). 또한, 이 경우 재심사의 청구는 취하할 수 없다.[21]

한편 2017년 3월 1일 개정 시행하는 법은 하자있는 특허가 등록되는 것을 사전에 방지하기 위해 특허결정 이후에도 심사관이 명백한 거절이유를 발견하면 다시 심사하는 절차마련의 필요성에 따라 직권재심사제도를 도입하였다. 심사관은 특허결정된 특허출원에 관하여 명백한 거절이유를 발견한 경우에는 직권으로 특허결정을 취소하고 그 특허출원을

---

20 특허법 제15조 제1항에 따라 제132조의3에 따른 기간이 연장된 경우 그 연장된 기간을 말한다.
21 기존의 심사전치주의 하에서는 특허거절결정을 받은 경우 심사관에게 다시 심사를 받기 위하여는 반드시 특허거절결정 불복심판을 청구하도록 하고 있어 특허출원인으로서는 불가피하게 특허거절결정 불복심판을 청구하여야 하는 불편이 있었다. 이에 특허거절결정 불복심판을 청구하지 아니하더라도 특허출원서에 첨부된 명세서 또는 도면의 보정과 동시에 재심사를 청구하면 심사관에게 다시 심사를 받을 수 있도록 재심사 청구제도를 도입한 것이다.

다시 심사할 수 있다(특§66의3①). 다만, 거절이유가 ⅰ) 청구범위의 기재방법에 관하여 필요한 사항(특§42③ⅱ)이나 특허출원의 범위(특§45)에 따른 요건에 관한 경우, ⅱ) 특허결정에 따라 특허권이 설정등록된 경우, ⅲ) 특허출원이 취하되거나 포기된 경우에는 그러하지 아니하다(특§66의3①단).

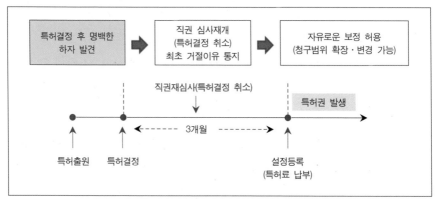

[직권재심사 제도]

❓ 관련문제

특허출원은 출원일을 기준으로 등록요건을 심사하나, 일정한 경우 출원일이 소급되어 심사되는 경우가 있다. 특허출원의 심사시점이 소급되는 경우에는 어떤 경우가 있는가?

CHAPTER 06

특허명세서 작성 방법

● 학습포인트
  ● 특허출원시 필요한 서류
  ● 청구범위 작성 방법

발명자가 자신이 완성한 발명에 대하여 특허청에 특허를 받겠다는 의사를 표시하여야 한다. 이를 위해 출원인은 특허청에 출원서와 명세서, 도면 및 요약서 등을 첨부하여 특허청에 제출하여야 한다. 특허출원 서류의 제출방법[1]은 서면으로 제출하는 방법(출원규정§5, §8)과 특허청 전자출원 시스템을 이용하여 온라인으로 전자문서를 전송하는 방법과 전자적 기록매체에 수록하여 제출하는 방법(출원규정§6)이 있다.[2]

특허에 관한 절차를 온라인으로 밟고자 하는 자는 특허청 또는 특허심판원에 자신의 고유번호(출원인코드)의 부여를 신청하여야 한다. 또한 출원인, 특허를 받을 수 있는 권리의 승계인, 심사청구인, 정정청구인, 우선심사신청인 또는 공개된 출원에 대한 정보제공인이 절차를 밟으면서 고유번호를 신청하지 않은 경우에는 특허청장 또는 특허심판원장이 직권으로 고유번호를 부여하고 이를 통지하여야 한다. 출원인코드를 부여받은 자는 주소, 인감 등의 변경신고서를 제출하여 이를 변경할 수 있

---

1 출원관계사무취급규정(2020.8.25. 특허청 훈령 제1015호) 제4조 제1항은 "출원과(고객지원실) 및 서울사무소 출원등록과(이하 "출원등록과"라 한다)는 서면서류 접수 전에 산업재산권관련서류전자화 사무취급규정 제6조에 의한 전자화 적합 여부를 판단하여 당해 서류가 전자화에 적합하지 않다고 확인된 때에는 출원인에게 정정할 수 있는 기회를 부여하여야 한다"라고 규정하고 있다.

2 다만 비밀취급명령을 받은 발명의 경우에는 전자문서로 제출할 수 없다.

고, 또한 출원인코드를 이중으로 부여받았거나 잘못 부여받은 경우에도 이를 신청에 의하여 정정할 수 있다.

> **❗ 생각해보기**
> 개인발명가인 홍길동은 자전거에 대한 자신의 발명에 대하여 스스로 특허출원하려 한다. 특허출원할 때 제출해야 하는 서류와 기재내용은 무엇인가?

I. 특허출원서

특허출원서는 특허출원의 주체 및 그 절차를 밟는 자를 명확히 하며 특허를 받고자 하는 취지의 의사표시를 기재하는 서면이다. 특허출원서가 제출되면 특허청장은 출원인에게 출원번호를 부여하고(특규§24), 제출된 날을 출원일로 인정하게 되지만, 특허출원료를 납부하지 않았다든가 특허출원의 방식이 규정에 위배된 경우에는 보정이 명해지고 보정이 되지 않으면 당해 특허출원은 무효가 된다(특§46, §16). 또한 출원서류가 현저히 불비한 경우에는 반려한다(특규§11).

출원일은 당해 특허출원에 관한 발명의 신규성 등의 특허요건 판단의 기준시가 되고, 선출원 판단의 기준이 될 뿐만 아니라, 특허법상 각종 기간의 기산일의 기준이 되므로 출원일을 확정하는 것은 대단히 중요하다.

출원서에는 i) 특허출원인의 성명 및 주소(법인인 경우에는 그 명칭 및 영업소의 소재지), ii) 특허출원인의 대리인이 있는 경우에는 그 대리인의 성명 및 주소나 영업소의 소재지(대리인이 특허법인인 경우에는 그 명칭, 사무소의 소재지 및 지정된 변리사의 성명), iii) 발명의 명칭, iv) 발명자의 성명 및 주소를 기재하여야 한다(특§42①).

이 밖에 조약에 의한 우선권, 국내출원에 의한 우선권주장 수반의 출원일 경우에는 그 우선권주장 사실을 기재하여 특허청장에게 제출하여

야 한다(특§54, §55). 이 때 명세서, 필요한 도면 및 요약서를 첨부하여야
한다.

특허출원인은 특허출원서에 부여받은 고유번호를 기재하여야 한다.
출원서에 고유번호를 기재한 경우에는 출원인의 주소를 기재하지 아니
할 수 있다. 특허출원을 대리인에 의해 할 경우에도 그 대리인은 고유번
호를 부여받고 그 고유번호를 특허출원 서류에 기재하여야 한다.

Ⅱ. 명 세 서

1. 의의 및 취지

명세서는 기술문헌으로서의 역할을 함과 동시에 권리로서의 역할을
하는 대단히 중요한 서류가 된다(특허를 받은 후에 명세서는 특허등록원부
의 일부로 간주된다(특§85④)). 특히, 특허권으로서 보호받는 발명의 보호
범위는 청구범위에 기재된 사항에 의하여 정해지기 때문에(특§97) 청구
범위는 더욱 중요한 의미를 갖는다.

이러한 기능을 달성하기 위해 명세서는 발명의 명칭·도면의 간단한
설명·발명의 상세한 설명을 포함하는 발명의 설명과 청구범위가 기재
된다[3](특§42②). 특허법은 제42조 제3항에서 발명의 설명의 기재요령을
두어 기술문헌으로서의 소임을 달성하며, 제42조 제4항 및 제8항에서는
청구범위의 기재요령을 두어 특허발명의 보호범위를 특정하고자 하였다.
제42조 제3항, 제4항 및 제8항의 요건을 모두 갖추지 않으면 특허 부여
가 거절(특§62ⅳ)되고,[4] 만약 특허로 등록되었다 하더라도 특허무효사유

---

3 2015. 1. 1. 시행법에서는 명세서를 발명의 설명과 청구범위로 구분하고, 발명의 설명은 발
　명의 명칭·도면의 간단한 설명·발명의 상세한 설명을 포함하는 것으로 용어를 통일화
　하였다.

4 이 외에도 명세서가 기재불비나 하자가 있는 경우에는 불수리처리(특규§11), 절차무효(특
　§16)가 된다.

(특§133①i)가 된다.

2. 명세서에의 기재할 사항

특허법 제42조 제2항은 " ··· 특허출원서에는 발명의 설명·청구범위를 적은 명세서와 필요한 도면 및 요약서를 첨부하여야 한다"라고 규정하여, 특허출원시에는 출원서에 명세서, 필요한 도면 및 요약서를 첨부할 것을 규정하고 있고, 명세서는 발명의 명칭, 도면의 간단한 설명 및 발명의 상세한 설명이 적힌 발명의 설명과 청구범위가 기재될 것을 규정하고 있다.

(1) 발명의 명칭

발명의 명칭은 해당 출원의 분류·정리·조사 등을 용이하게 하기 위하여, 즉 그 발명이 속하는 기술분야를 알 수 있도록 해당 발명의 내용을 간단하고 요령 있게 기재하여야 한다. 이 발명의 명칭은 출원서에 기재한 명칭과 동일하여야 한다.

(2) 도면의 간단한 설명

도면은 발명의 내용을 이해하는 데 필요하므로 도면이 필요하지 않은 발명은 기재할 필요가 없다. 명세서의 보조자료로 제출하는 경우는 제1도는 평면도, 제2도는 입면도, 제3도는 단면도로 기재하고 도면의 주요한 부분을 나타내는 부호와 도면의 간단한 설명을 기재하여야 한다.

(3) 발명의 설명

발명의 설명은 그 발명이 속하는 기술분야에서 통상의 지식을 가진 자가 그 발명을 쉽게 실시할 수 있도록 산업통상자원부령이 정하는 기재방법에 따라 명확하고 상세하게 기재하여야 한다(특§42③ⅰ). 이에 발명의 상세한 설명에는 기술분야, 배경기술, 해결하려는 과제 및 과제의 해결수단, 발명의 효과, 도면의 간단한 설명, 발명을 실시하기 위한 구체적인 내용 등을 기재하며, 이 중 배경기술만은 필수적으로 기재하여야 하나(특§42③ⅱ) 그 외에는 임의적 기재사항에 불과하므로 반드시 기재할 필요는 없고 그 발명이 속하는 기술분야에서 통상의 지식을 가진 자가 그 발명의 내용을 쉽게 이해하기 위해 필요한 사항을 기재하면 된다.

'그 발명이 속하는 기술분야에서 통상의 지식을 가진 자'란 출원시에 있어서 당해 기술분야의 기술상식을 보유하고 있고, 연구개발(실험, 분석, 제조 등을 포함한다)을 위하여 통상의 수단 및 능력을 자유롭게 구사할 수 있으며, 출원시의 기술수준에 있는 모든 것을 입수하여 자신의 지식으로 할 수 있고, 발명의 과제와 관련되는 기술분야의 지식을 자신의 지식으로 할 수 있는 자로 가정한 자이다.

'쉽게 실시할 수 있도록'은 그 발명이 속하는 기술분야에서 통상의 지식을 가진 자가 과도한 시행착오나 복잡하고 고도한 실험 등을 거치지 않고 그 발명을 정확하게 이해할 수 있고 재현할 수 있을 것을 말한다.

1) 기술분야

특허를 받으려는 발명의 기술분야를 명확하고 간결히 기재한다. 기술분야를 너무 좁게 한정하면 출원인에 불리하므로 가급적이면 관련된 기술분야를 모두 포함할 수 있도록 기재함이 유리하다.

2) 배경기술

특허를 받으려는 자가 알고 있는 범위에서 발명의 이해, 조사 및 심사에 유용하다고 생각되는 그 발명의 배경기술을 명확하고 간결하게 기재한다. 이는 신규성 및 진보성의 판단의 기초가 되는 선행기술로 이용될 수 있으므로 기업비밀로 유지되는 기술 등은 기재하지 않는 것이 타당하다.

3) 선행기술문헌

특허를 받으려는 자가 알고 있는 배경기술의 문헌 정보를 기재한다. 배경기술의 문헌 정보는 "특허문헌"과 "비특허문헌"란으로 구분하여 적되 그 문헌의 명칭, 발간일, 배경기술이 적혀 있는 페이지 등의 정보를 구체적으로 기재한다.

4) 발명의 내용

"해결하려는 과제", "과제의 해결 수단" 및 "효과"란으로 구분하여 기재함이 원칙이나, 구분하여 적기 어려운 경우에는 별도로 나누어 적지 않아도 된다. ⅰ) "해결하려는 과제"란에는 특허를 받으려는 발명이 과제로 하고 있는 종래 기술의 문제점 등을 기재한다. ⅱ) "과제의 해결 수단"란에는 특허를 받으려는 발명에 의하여 어떻게 해당 과제가 해결되었는지를 기재한다. 일반적으로는 청구항에 적혀 있는 발명 그 자체가 해결수단이 되므로 청구항에 적혀 있는 발명을 기재한다. ⅲ) "발명의 효과"란에는 특허를 받으려는 발명이 종래의 기술과 비교하여 우수하다고 인정되는 사항을 기재한다.

5) 발명을 실시하기 위한 구체적인 내용

그 발명이 속하는 기술분야에서 통상의 지식을 가진 자가 그 발명이 어떻게 실시되는지를 쉽게 알 수 있도록 그 발명의 실시를 위한 구체적인 내용을 적어도 하나 이상, 가급적 여러 형태로 기재한다. 필요한 경우에는 "실시예"란을 만들어 발명의 구체적인 실시예들을 적고, 도면이 있으면 그 도면을 인용하여 기재한다.

【명세서】

【발명(고안)의 명칭】
높이조절 독서대(Height Control Readingdesk)

【기술분야】
독서대란 책을 보기 용이하도록 책상 등에 설치하는 것으로서 책을 올려놓는 커버와, 시선에 맞도록 커버를 소정 각도로 조절하고 책의 지면을 유지하기 위한 장치를 구비한다. 이러한 기본적인 구성을 토대로 다양한 디자인의 독서대가 출시되고 있다.
그런데, 상기와 같은 독서대는 책상에 놓고 사용하는 것을 전제로 하는 것이어서 책상에서 공간을 많이 차지하고 장시간 사용시 목관절에 고통을 주게 되는 불편함을 가지고 있다.

【배경기술】
본 발명에 따른 높이조절 독서대는 독서대를 고정하는 걸이(1)와 용수철판(2), 책을 고정하는 커버(3)와 커버와 붙은 높이조절대(7)와 고정핀(5), 조절된 독서대의 높이를 고정하는 조임나사(6)와 , 책을 지지하는 바닥(4)으로 구성되어 있으며 책상의 앞에 용수철판(2)과 걸이(1)를 사용해 고정하여 사용함으로써 사용자가 책상의 넓은 공간을 다 활용할 수 있고 높이조절을 사용자의 의도대로 하 수 있기 때문에 항상 아래로만 봐야하는 기존 독서대들과 달리 장시간 사용해도 목관절에 무리가 가지 않는다.

【발명의 내용】
【해결하려는 과제】
본 발명에 따른 높이조절 독서대는 독서대를 고정하는 걸이(1)와 용수철판(2), 책을 고정하는 커버(3)와 커버와 붙은 높이조절대(7)와 고정핀(5), 조절된 독서대의 높이를 고정하는 조임나사(6)와 , 책을 지지하는 바닥(4)으로 구성되어 있으며 책상의 앞에 용수철판(2)과 걸이(1)를 사용해 고정하여 사용함으로써 사용자가 책상의 넓은 공간을 다 활용할 수 있고 높이조절을 사용자의 의도대로 하 수 있기 때문에 항상 아래로만 봐야하는 기존 독서대들과 달리 장시간 사용해도 목관절에 무리가 가지 않는다.
【과제의 해결 수단】
독서대를 책상의 앞면에 걸수 있도록 걸이(1)와 독서대 높이를 조절할 수 있도록 높이조절대(7)로 책상공간 활용과 사용자가 원하는 높이로 학습이 가능하다.
【발명의 효과】
기존의 독서대가 차지하던 공간을 활용하고 사용자가 원하는 높이에서 학습이 가능하게 함으로써 장시간 사용하게 되면 고통이 발생하였던 목관절을 편안하게 함으로써 장시간 학습을 가능하게 한다.

【발명을 실시하기 위한 구체적인 내용】
상기의 목적을 달성하기 위하여 본 발명에 따른 높이조절 독서대는 높이조절대(7)과 한쌍의 높이 고정용 조임나사(6)를 통해 독서대의 높이를 조정하고 용수철판(2)과 걸이(1)를 통해서 독서대를 책상의 앞에 위치시킴으로써 기존의 독서대가 차지하고 있던 공간을 활용할 수 있도록 하였다.
이하 첨부된 도면들을 참조로 높이조절 독서대를 상세히 설명하기로 한다. 이에 앞서, 본 명세서 및 청구범위에 사용된 용어나 단어는 통상적이거나 사전적인 의미로 한정해서 해석되어서는 아니되며, 발명자는 그 자신의 발명을 가장 최선의 방법으로 설명하기 위해 용어의 개념을 적절하게 정의할 수 있다는 원칙에 입각하여 본 발명의 기술적 사상에 부합하는 의미와 개념으로 해석되어야만 한다. 따라서, 본 명세서에 기재된 실시예와 도면에 도시된 구성은 본 발명의 가장 바람직한 일 실시예에 불과할 뿐이고 본 발명의 기술적 사상을 모두 대변하는 것은 아니므로, 본 출원시점에 있어서 이들을 대체할 수 있는 다양한 균등물과 변형예들이 있을 수 있음을 이해하여야 한다.

도 1은 본 발명의 실시예를 개략적으로 도시한 것이다. 도 1을 참조하면 [0009] 독서대는 걸이(1)과 책상과 고정역할의 용수철 판(2)과 커버(3)와 바닥(4), 고정핀(5)으로 구성된 다. 걸이(1)과 용수철 판(2)는 책상의 앞면에 독서대를 고정시킨다. 커버(3)과 받침(4)는 독서대에 놓인 책을 지지한다. 고정핀(5)는 책이 펼쳐진 상태를 유지한다.

도 2는 도 1의 뒷모습을 도시한 것이다. 도 2를 참조하면 독서대의 높이조절대(7)과 높이 고정용 조임나사(6)를 통해 독서대의 높이를 조절할 수 있다.

도 3은 도 1을 옆으로 도시한 것이다. 도 3을 참조하면 용수철 판(2)와 걸이(1)을 통해 책 상의 앞면에 고정할 수 있다.

도 4는 도 1에서 용수철 판(2)을 상세히 도시한 것이다. 용수철 판(2)는 용수철(201)과 용수철 뒷판(202)로 구성되어 있다.

도 5는 도 2에서 높이조절대(7)과 높이 고정용 조임나사(6)을 상세히 도시한 것이다. 높 이조절대(7)의 홈(701)은 걸이(1)와 연결되어 있으며 독서대의 높이를 조절하고 높이 고 정용 조임나사(6)으로 조절된 높이를 고정한다.

【도면의 간단한 설명】
도 1은 높이조절 독서대의 실시예 (앞면)을 도시한 것
도 2는 도 1의 뒷면을 도시한 것
도 3은 도 1의 옆면을 도시한 것
도 4는 도 1에서 용수철판(2)를 상세 도시한 것
도 5는 도 2에서 높이조절대(7)과 높이 고정용 조임나사(6)을 상세 도시한 것

[명세서 견본]

(4) 청구범위

1) 의 의

특허법 제42조 제4항은 청구범위에는 보호를 받고자 하는 사항을 청구항으로 기재하도록 하고 있다. 이에 청구범위는 특허발명의 보호범위를 확정하는 중요한 근거가 되며, 심사관으로서도 어떤 범위까지 독점적 실시권을 허여할 것인지에 대한 판단기준이 된다. 따라서 이러한 청구범위는 무엇보다 출원인이 보호받고자 하는 내용이 어떠한 것인지 누구나 쉽게 알 수 있도록 특정화하여 발명자의 의사와 심사관의 특허허여의사 및 분쟁시 그 보호의 범위를 판단하는 제3자의 해석이 일치할 수 있도록 명확히 기재되어야 한다.

2) 청구범위의 기능

청구범위는 특허권의 보호범위를 정할 수 있는 기능을 한다. 이는 특

허발명이 청구범위에 기재된 사항에 한하여 법률의 보호를 받을 수 있기 때문이다. 이는 특허법 제42조 제4항에서 청구범위는 '보호받고자 하는 사항'을 기재하도록 하고 있으며, 제97조에서 '특허발명의 보호범위는 청구범위에 기재된 사항에 의하여 정하여진다'고 한 규정들에서 파악할 수 있다. 따라서 특허권과 관련한 분쟁이 있을 경우 권리침해 여부의 판단은 청구범위에 기재된 사항을 침해했는가에 따르게 되며, 새로운 발명으로서 특허받을 만한 발명이라 하더라도 그것이 발명의 상세한 설명에만 기재되고 청구범위에 기재되지 아니한 경우에는 보호를 받을 수 없다 할 것이며, 단지 타인이 특허받는 것을 저지할 수 있을 뿐이다.

한편 이러한 청구범위의 보호범위적 기능은 소극적으로 청구범위에 기재되지 아니한 사항은 보호될 수 없음을 의미한다. 즉 비록 타인이 특허받을 수 있는 것을 저지할 수 있을지라도 그것이 발명의 상세한 설명에만 기재되고 청구범위에 기재되지 아니한 경우에는 보호를 받을 수 없다 하겠다. 따라서 청구범위의 이러한 기능 때문에 출원인은 청구범위 작성에 신중하여야 하며 제3자는 이를 침해하여서는 안 된다.

3) 기재요령

청구범위는 명세서·도면의 보정의 적법 여부의 판단 기준이 될 뿐만 아니라 청구범위가 발명의 설명에 의하여 뒷받침되지 않을 경우에는 거절이유, 무효사유가 되며, 특허 후에는 특허권의 권리 범위나 특허발명의 보호범위를 정하는 기준으로서 특허권 침해 여부를 청구범위에 기재된 사항을 토대로 판단하게 된다. 따라서 청구범위의 적정기재 여부는 출원인에게 매우 중요한 문제가 되며, 그 기재에 적정을 기할 필요가 있다. 이에 현행 특허법에서는 명세서에 기재되는 발명의 설명의 기재요건을 규정하고 있으며(특§42③), 특별히 청구범위를 기재하는 방법에 관하여 규정하였다(특§42④). 즉 청구범위에는 보호를 받고자 하는 사항을 기재한 항(청구항)이 1 또는 2이상 있어야 하며, 그 청구항은 다음 각호에 해당하도록 규정하고 있다.

① 청구범위 기재시 유의사항

ⅰ) 가급적 넓게 기재할 것

청구범위에 기재되지 아니한 사항은 보호를 받지 못하며 또한 청구범위를 해석함에 있어서는 비교적 청구범위에 기재된 것에 비하여 좁게 해석하는 경향이 있으므로 청구범위는 발명의 설명에 의하여 뒷받침되는 범위 내에서 가급적 넓게 기재하여야 할 필요가 있다. 그러나 너무 넓게 기재하여 발명의 설명의 범위를 벗어나거나 종래의 공지기술이 청구범위에 포함되는 경우에는 공지를 이유로 거절될 우려가 있으므로 이에 대한 기재는 꼭 필요한 경우에 한하여야 할 것이다.

ⅱ) 쉽게 실시할 수 있도록 기재할 것

청구범위는 당해 기술분야에서 통상의 지식을 가진 자라면 그 기재로부터 기술을 쉽게 실시할 수 있도록 기재하여야 하며, 그 용어는 난해한 전문용어나 일부 특정계층간에만 사용되는 용어가 아닌 표준용어로 기재할 필요가 있다.

ⅲ) 하나의 발명만을 기재할 것

하나의 청구항에는 하나의 발명만을 기재하여야 하며 하나의 청구항에 물건의 발명과 방법의 발명을 동시에 기재하는 등 2이상의 발명을 함께 기재하여서는 안 된다. 또한 청구항은 발명이 물건의 발명인가 방법의 발명인가에 따라 그 카테고리를 정확하게 표현하여 기재하여야 하며 카테고리를 잘못 기재할 경우 특허를 받을 수 있는 발명이 거절되는 경우가 있다.

ⅳ) 청구항 수를 적정하게 할 것

다항제하에서의 청구범위의 기재는 출원인의 의사에 따라 2이상의 여러 항으로 기재할 수 있다. 그러나 항의 수가 많다고 출원인에게 유리한 것은 아니므로 그 각각의 청구항은 발명의 성질이나 기술적 관련사실에 따라 적정한 수로 기재하는 것이 좋으며 불필요하게 항 수를 늘리는 것은 청구항 상호간의 기술관계가 복잡하고 불명료할 뿐만 아니라 수수료 부담만 가중시킬 뿐이다.

② 특허법 제42조 제4항에 의한 기재방법

청구범위에는 보호를 받고자 하는 사항을 기재한 항이 1 또는 2이상 있어야 하며, 그 청구항은 다음과 같이 기재하여야 한다(특§42④).

ⅰ) 발명의 설명에 의하여 뒷받침될 것

청구범위는 발명의 기술내용 중 출원인이 보호받고자 하는 범위를 확정하여 기재하는 것이고, 발명의 설명은 발명의 목적·구성 및 효과를 당해 기술분야의 통상의 지식인이 용이하게 실시할 수 있도록 명확하고 상세하게 기재하는 것이다. 그러므로 청구범위에 기재되는 기술내용은 명세서의 발명의 설명에서 충분하게 설명된 것 중에서 기재되어야 한다. 한편 발명의 발명에 기재되지 아니한 사항, 즉 발명의 설명의 범위를 넘어서 청구범위를 기재한 경우에는 특허법 제42조 제4항의 위반을 이유로 거절이유, 무효사유가 된다.

ⅱ) 명확하고 간결하게 기재할 것

청구범위의 기재로부터 발명이 명확히 파악할 수 없는 경우에는 특허요건 등을 판단할 수 없고 또한 권리로서의 기능·역할도 다할 수 없게 된다. 이에 청구범위는 발명의 목적이나 효과를 나타내는 내용을 기재하거나, 구성요소의 기능을 장황하게 설명하거나 또는 불필요한 용어를 과다하게 기재하는 것을 배척한다. 또한 청구항마다 간결하게 기재할 뿐만 아니라 청구항과 다른 청구항 사이에 동일한 사항이 중복하여 기재되지 않도록 한다.

③ 청구범위의 보정

청구범위는 일정한 기간, 일정한 범위 내에서 보정이 가능하다. 항을 삭제·정정·신설하는 경우에도 최초 출원명세서의 항의 번호를 변경하여서는 안 된다. 삭제의 경우 삭제되는 항의 번호 다음에 "(삭제)"라 표기하고, 항을 정정하는 경우에는 정정되는 항의 번호 다음에 "(정정)"이라 표기한다. 또한 정정되는 부분 밑에 밑줄을 쳐야 하며 항이 2회 이상 정정되는 경우에는 항의 번호 다음에 그 정정횟수를 부기하여 표기하여야 한다. 항을 신설하는 경우에는 신설되는 항의 번호 다음에 "(신설)"이라 표기하며 신설되는 항의 번호는 출원 명세서의 최종항 번호에 이어 표기하여야 한다.

④ 청구범위 기재방법의 위반

청구범위의 기재가 특허법 제42조 제4항의 규정에 위반된 경우에는 거절이유나 무효사유가 된다. 그러나 특허법 제42조 제8항에서 정한 기재방식에 위반된 경우에는 거절이유는 되나 무효사유는 되지 않는다.

4) 청구항의 구성

청구항은 독립항과 종속항으로 구성된다. 독립항이란 발명의 문제 해결에 필요한 모든 구성요소를 기재한 것으로 타청구항을 인용하지 않는 청구항을 말하며, 종속항은 독립항 또는 종속항에서 인용하는 모든 구성요소를 포함하고 이러한 구성요소들 중 일부를 다시 더 구체적으로 한정하는 청구항을 의미한다. 즉 종속항은 '선행하는 독립항이나 종속항을 인용하고 그 선행하는 청구항을 기술적으로 한정하는 청구항'이라고 정의할 수 있다. 이와 같이 특허법이 청구범위의 기재와 관련하여 독립항과 종속항으로 구별하고, 각 적정수로 나누어 기재하도록 한 취지는 발명자의 권리범위와 일반인의 자유기술영역과의 한계를 명확하게 구별하고 나아가 특허분쟁의 경우 특허침해여부를 명확히 하고 신속하게 표현할 수 있도록 함에 있다.

특히 현재의 다항제에서는 하나의 발명에 대하여 독립형식이든지 종속형식이든지 자유로운 표현으로 복수의 청구항으로 기재하는 것이 가능하고, 그 유효성에 대해서는 각 청구항마다 독립해 판단하며 무효의 판단도 청구항마다 행하여지고, 청구항들이 동일한 청구범위로 기재되는 것이다. 또한 동일한 발명이 아니라도 하나의 청구항과 일정의 관계에 있는 발명에 대해서는 하나의 출원서로 출원할 수도 있다.

5) 다항제

① 의 의

현행 특허법에서는 '청구범위에는 보호를 받고자 하는 사항을 기재한 항이 1 또는 2이상이 있어야 하며'라고 규정하고 있어 다항제를 도입하였다.

다항제는 발명마다 각각 별개의 항으로 기재함으로써 출원인이 보호받고자 하는 발명의 내용이 명확해질 뿐만 아니라 독립항 또는 다른 종속항을 기술적으로 한정하거나 구체화하는 종속항을 기재할 수 있도록 함으로써 발명의 이해를 빠르게 해준다. 또한 발명의 일부에 무효사유가 있는 경우 그 거절이유나 무효사유가 있는 항만을 삭제하거나 감축함으로써 특허출원이 거절되거나 특허발명 모두가 무효되는 것을 방지할 수 있어 출원인·특허권자에게 권리의 취득, 유지 및 행사 등에 유리하다. 다항제는 단항제에 비하여 특허발명의 기술적 관계가 보다 명확하게 기재되기 때문에 특허권의 권리범위가 명확하며 또한 제3자는 자기가 실시하거나 실시하고자 하는 기술이 타인의 특허권을 침해하는가 여부를 판단하기가 보다 용이하다.

반면 다항제는 청구범위의 항수가 과다하게 되어 발명의 중복기재를 초래하거나 번잡성이 뒤따르며 청구범위의 기재방법이 어려워 출원인에게 불편하다. 또한 심사에 있어서는 청구범위에 기재되는 기술의 분야가 비교적 넓어지고 청구항 간에 기술의 상호관련성 파악이 어려워 심사에 어려움이 뒤따르며 많은 시간이 소요된다.

② 청구항의 다항제 기재방법

특허법은 다항제하에서의 청구항 기재방법과 관련하여 특허법 제42조 제8항 및 그에 따른 특허법시행령 제5조 규정을 두고 있다. 이에 특허법시행령 제5조의 규정을 살펴보면 다음과 같다.

ⅰ) 특허법 제42조 제8항의 규정에 의한 청구범위의 청구항(이하 "청구항"이라 한다)의 기재에 있어서는 독립청구항(이하 "독립항"이라 한다)을 기재하고, 그 독립항을 한정하거나 부가하여 구체화하는 종속청구항(이하 "종속항"이라 한다)으로 기재할 수 있다. 이 경우 필요한 때에는 그 종속항을 한정하거나 부가하여 구체화하는 다른 종속항을 기재할 수 있다.

ⅱ) 청구항은 발명의 성질에 따라 적정한 수로 기재하여야 한다.

ⅲ) 〈삭제〉

ⅳ) 종속항을 기재할 때에는 독립항 또는 다른 종속항 중에서 1 또는 2이상의 항을 인용하여야 하며, 이 경우 인용되는 항의 번호를 기재하여야 한다.

ⅴ) 2이상의 항을 인용하는 청구항은 인용되는 항의 번호를 택일적으로 기재하여야 한다.

ⅵ) 2이상의 항을 인용한 청구항에서 그 청구항의 인용된 항은 다시 2이상의 항을 인용하는 방식을 사용하여서는 아니 된다. 2이상의 항을 인용한 청구항에서 그 청구항의 인용된 항이 다시 하나의 항을 인용한 후에 그 하나의 항이 결과적으로 2이상의 항을 인용하는 방식에 대하여도 또한 같다.

ⅶ) 인용되는 청구항은 인용하는 청구항보다 먼저 기재하여야 한다.

ⅷ) 각 청구항은 항마다 행을 바꾸어 기재하고, 그 기재하는 순서에 따라 아라비아 숫자로 일련번호를 붙여야 한다.

③ 1특허출원 범위와의 관계

특허법은 1군의 발명을 하나의 출원으로 할 수 있도록 1발명의 범위를 1군의 발명으로까지 확대하고 또 그 발명을 보호받기 위한 청구범위의 기재방식을 다항제의 형식을 취함으로써 발명자와 출원인 보호에 적정을 기할 수 있다. 특히 1특허출원의 범위를 채택하고 있는 현행 법제 하에서 그 청구범위의 기재형식을 다항제에 의하지 아니할 경우 1군의 발명을 하나의 특허출원으로 하기 어려울 뿐만 아니라 그 발명의 보호에도 적정을 기할 수 없다 하겠다.

【청구범위】
　【청구항 1】
책상의 바닥이 아닌 앞면에 걸도록 하는 걸이(1)를 통해 독서대를 책상 앞면에 걸 수 있는 독서대

　【청구항 2】
청구항 1에 있어서 용수철판(2)를 통해 앞면에 고정하는 독서대

　【청구항 3】
조임나사(6)를 통해 독서대의 높이를 조절할 수 있는 독서대

[청구범위 견본]

Ⅲ. 도　　면

　발명의 구성은 문자에 의하여 명세서에 기재되어야 하며, 도면은 발명의 실시례를 구체적으로 표시하여 명세서에 기재된 발명의 구성을 보다 잘 이해할 수 있도록 보조하여 주는 기능을 가지는 것이다. 따라서 도면은 명세서의 보조수단으로 이용된다.

　특허에 있어서 도면은 실용신안이나 디자인과는 달리 임의서류로서의 역할만을 한다. 즉 화학물질의 발명과 같이 도면이 불필요하거나 첨부할 수 없을 때에는 첨부하지 않아도 되나, 물건의 발명에는 반드시 도면을 첨부하여야 한다. 물건의 발명에 관한 특허출원서에 도면이 첨부되어 있지 않을 경우에는 부적법한 출원으로 취급하여 출원인에게 반려하

여야 한다(특규§11①v).

출원서에 첨부되는 도면은 특허법시행규칙 별지 제17호 서식에 의하여
작성하며(특규§21), 서식에 따른 작도가 곤란한 경우에는 이들을 표현한 사
진으로 도면을 대용할 수 있다. 제도법에 따라서 농묵은 선명하게 도시한
다. 도면에 관한 설명은 이를 명세서에서 설명하여야 하며, 도면 내에 그
설명을 해서는 안 된다. 단 꼭 필요한 도표나 선의 표시는 무방하다.

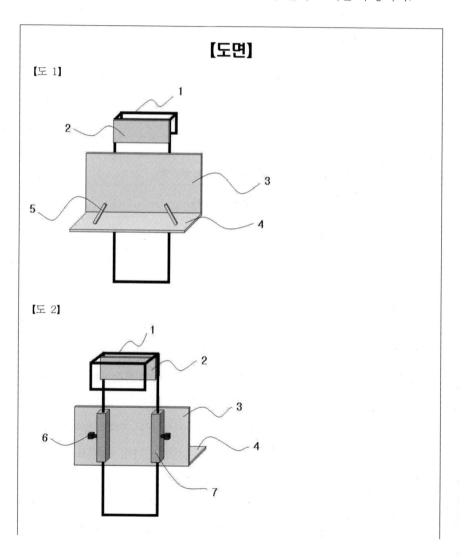

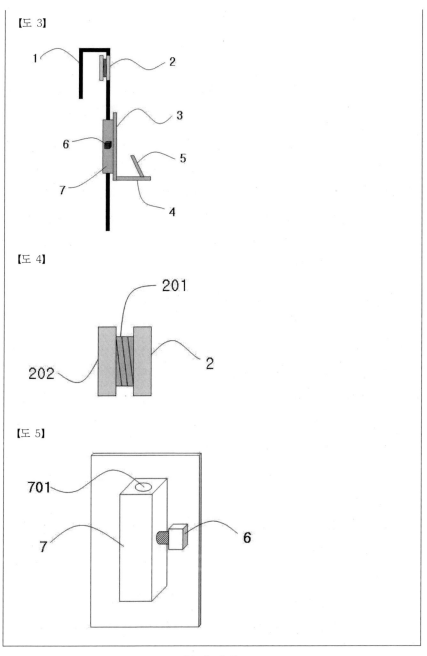

【도 3】

【도 4】

【도 5】

[도면 견본]

Ⅳ. 요 약 서

최근 특허출원 건수의 증가로 인하여 특허기술정보의 양이 많아지고, 기술 내용의 고도화·복잡화에 따라 명세서의 두께가 두꺼워짐에 따라, 보다 효율적인 특허기술정보의 이용에 대한 요청이 대두되었다. 이에 그 기술정보를 필요로 하는 사람이 용이하고 신속하게 특허정보를 이용할 수 있으면 동일 내용의 중복출원을 억제하게 되고, 심사부담을 경감시킬 수 있어, 관련분야의 기술개발을 촉진시키는 역할도 함께 하게 될 뿐 아니라, 심사관의 선행기술조사에도 큰 도움이 될 것이기 때문이라는 취지에서 요약서 제도가 도입되었다고 한다.

그리하여 우리 특허법은 출원서에 첨부하여 요약서abstract를 제출하도록 하고 있다. 이는 기술의 고도화·복잡화 등으로 필요한 공보公報에 정확하게 접근하는 것이 곤란하기 때문에 출원인으로 하여금 발명의 내용을 요약하여 제출하게 함으로써 출원된 발명이 기술정보로서 쉽게 활용될 수 있게 한 것이다. 그러나 그 기재가 매우 간략히 표현되고 있기 때문에 기술정보로서의 용도로 사용하여야 하며, 특허발명의 보호범위를 정하는 데 사용되어서는 안 된다(특§43). 이러한 특허법 제43조의 규정은 특허법 제42조 제2항에서 출원서에 첨부하도록 한 요약서의 용도에 대한 규정이다.

요약서는 기술정보로서의 용도로 사용되어야 하며, 특허발명의 보호범위를 정하는 데에는 사용될 수 없다. 특허발명의 보호범위는 청구범위에 기재된 사항에 의하여 정하여진다는 규정이 별도로 있을 뿐 아니라(특§97), 요약서는 보호범위를 정할 때 사용되는 명세서와 달리 오직 발명의 개요를 나타내는 기술정보로 제출되는 것이기 때문이다.

【요약서】

【요약】

본 발명은 책을 독서에 편리한 높이로 받쳐 지지하여 주기 위한 독서대에 관한 것으로 특히 걸이를 사용하여 책상 앞면에 걸도록 하고 이때 책상의 앞면의 두께에 상관없이 용수철을 사용해 고정하도록 하여 사용자가 책상을 넓게 사용할 수 있도록 하였으며 높이 조절을 위한 수단을 두어 독서시 사용자의 의도에 따라 높이를 자유로이 조절할 수 있도록 하여 장시간 독서시에도 목관절에 무리가 없어 편안하게 장시간 사용할 수 있다.

【대표도】

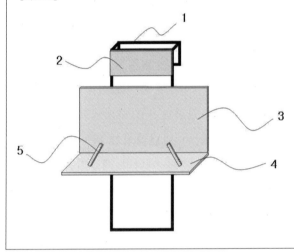

[요약서 견본]

V. 발명의 단일성(1발명 1특허출원의 원칙)

1. 의의 및 취지

우리 특허법에서는 특허를 받고자 하는 자는 1특허출원에는 하나의 발명만을 권리범위로서 청구할 수 있다. 특허법 제45조 제1항에서는 "특허출원은 하나의 발명마다 하나의 특허출원으로 한다. 다만 하나의 총괄적 발명의 개념을 형성하는 1군의 발명에 대하여 하나의 특허출원으로 할 수 있다"고 규정하고 있다. 또한 특허법 시행령 제6조[5]에서 그 구체적인 요건을 정하고 있다. 이러한 1특허출원의 범위는 하나의 특허출원서에 여러 청구항을 기재할 수 있는 발명의 범위를 말하며, EPC 및 PCT의 "발명의 단일성unity of invention" 및 일본 특허법의 "출원의 단일성"과 동일한 개념이다.6

이러한 1특허출원의 제도적 취지는 심사절차상의 경제성, 특허발명의 명확화, 특허문헌관리 및 정보검색상의 효율화에서 찾을 수 있다. 일반적으로 출원인은 출원비용의 절감을 위하여 또는 넓은 의미의 특허권을 받기 위하여 하나의 특허출원서에 복수의 발명을 기재하여 출원하려고 한다. 이러한 경우, 심사관은 보호받고자 하는 발명의 내용을 명확히 파악하기가 어려워 관련 선행기술문헌을 조사하여 비교하는 것에도 많은 시간과 노력이 필요하므로 심사절차의 간편화가 요구되었고, 또한 제3자는 등록된 특허발명의 권리범위를 정확히 판단하기가 용이하지 아니하므로 침해의 유무를 판단하기가 어려울 뿐만 아니라 개량기술을 개발하는 데 있어서도 저해요소가 되므로 특허발명의 명확화가 필요하고, 또 복수의 발명을 포함하는 특허출원을 기술문헌으로 분류하여 정리하기도 힘들 뿐만 아니라 문헌검색을 하는 데 있어서도 정확성을 기할 수 없게 된다. 따라서 발명의 단일성 요구7는 심사의 정확성을 기할 수 있고, 특허발명을 명확히 함으로써 제3자와의 특허분쟁을 미연에 방지할 수 있고, 특허문헌의 관리 및 검색을 효율적으로 할 수 있게 하는 제도적 취

---

5 특허법시행령 제6조 (1군의 발명에 대한 1특허출원의 요건) 법 제45조 제1항 단서의 규정에 의한 1군의 발명에 대하여 1특허출원을 하기 위하여는 다음 각호의 요건을 갖추어야 한다.
  1. 청구된 발명간에 기술적 상호관련성이 있을 것
  2. 청구된 발명들이 동일하거나 상응하는 기술적 특징을 가지고 있을 것. 이 경우 기술적 특징은 발명 전체로 보아 선행기술에 비하여 개선된 것이어야 한다.
6 발명의 단일성은 특허명세서의 기재에 있어서 발명의 범위에 관한 것으로 특허법 제42조 제8항에서 규정하는 청구범위 기재요건과는 구분된다.
7 이 때 단일한 발명이란 물리적 개념의 1발명은 물론 그 발명의 목적·구성 및 효과 등이 상호유기적인 관계에 있어 비록 복수의 발명이라도 단일한 발명개념을 형성하는 일군(一群)의 발명까지를 포함하는 개념이다.

지를 가지고 있다. 더불어 1발명 1출원주의에 입각하여 하나의 총괄적 발명의 개념을 형성하는 1군의 발명에 대하여 1특허출원으로 할 수 있으므로, 출원인은 오히려 출원비용의 절감효과를 얻을 수 있고, 또 넓고 강력한 권리범위의 특허권을 얻을 수 있는 이점을 가지고 있다. 즉, 발명의 단일성은 상호 기술적으로 밀접한 관계를 가지는 1군의 발명에 대하여 그들을 하나의 출원서로 출원할 수 있도록 하여 출원인 및 제3자, 특허청의 심사편의를 도모하고자 하는 제도적 취지를 가지고 있다.

2. 1특허출원의 요건

(1) 1발명의 1출원과 1군발명의 1출원

1발명 1특허출원의 원칙을 예외 없이 적용하는 경우에는 동일한 기술사상 속하는 복수의 발명을 각각 특허출원을 하여야 한다. 이러한 경우, 출원인은 각각의 특허출원에 따른 비용이 소요되어야 하고, 한편 심사관은 동일한 기술사상에 속하는 특허출원을 각각 심사하여야 하고 또 그 행정절차에 따른 불필요한 비용이 소요되는 등의 문제점이 있다. 그리고 특허권을 각각 취득한 경우에는 상호관련의 유사성이 있음에도 불구하고 각각 하나의 권리로서만 법적 지위를 가지고 있으므로 실시하는 데 불편함 점이 있을 수 있다. 예를 들면, 동일한 기술사상에 속하는 복수의 발명에 대하여 발명의 카테고리를 달리해서 특허출원하는 경우, 즉 물건의 발명에 대한 특허와 그 물건을 생산하는 방법의 발명을 1발명 1특허출원의 원칙에 따라 각각 특허출원하여 특허권을 받았을 경우에는 각각의 특허권이 서로 밀접한 관계에 있음에도 불구하고 분리하여 실시를 하여야 하는 제도적 모순이 있다. 특허법에는 이러한 점을 보완하기 위하여 1발명 1특허출원의 예외로서 '하나의 총괄적 발명의 개념을 형성하는 1군의 발명'을 1특허출원할 수 있도록 규정하고 있다. 여기서 "1군의 발명"이란 하나의 총괄적 발명의 개념을 가지는 것을 의미하고 있다. 하나의 총괄적 발명의 개념은 단항제에서의 1카테고리로 청구하는 것에 대응하는 논리로서 다수의 카테고리를 다항제로 기재하여 1발명으로 청구할 수 있는 발명의 영역으로 볼 수 있다. 바꾸어 말하면, 과제 해결이 동일한 물의 발명과 그 물의 제조 또는 사용하는 방법의 발명 등을 1특허출원으로 할 수 있다는 발명의 영역을 의미하는 것이다. 어느 카테고리에 속하는 특정한 기술요부가 다른 카테고리에 필수구성요소에 해당하는 경우에 서로 동일한 발명의 영역을 가지고 있다고 할 수 있고, 이러한 경우에는 각각의 카테고리의 발명을 하나의 총괄적 발명의 개념에 해당하여 1군의 발명으로 보고 있다.

(2) 1특허출원의 요건
1) 청구된 발명간에 기술적 상호관련성이 있을 것

1군의 발명에 해당하기 위한 제1 요건은, 우선 청구된 제1발명과 제2발명간에 기술적 상호관련성technical relationship이 있어야 한다. 여기서 기술적 상호관련성이 있다고 하는 것은 산업상 기술분야에 있어 동일한 기술구성을 가지고 해결하려고 하는 과제가 동일한 경우를 말한다. 즉, 제2발명이 기본이 되는 제1발명과 기술사상이 일치하거나 중복하여 직접적으로 서로 관련성을 가지는 경우에는 제1발명과 제2발명이 기술적 상호관련성이 있는 것으로 인정하여 하나의 특허출원할 수 있다.

2) 청구된 발명들이 동일하거나 상응하는 기술적 특징을 가지고 있을 것

1군의 발명에 해당하기 위한 제2요건은, 청구된 제1발명과 제2발명이 동일하거나 상응하는 기술적 특징을 가지고 있어야 한다. 즉, 제1발명과 제2발명이 동일한 또는 상응하는 '특별한 기술적 특징special technical features'을 하나 또는 둘 이상을 포함하고, 그 발명들 사이에 기술적 관계가 있는 경우에만 발명의 단일성을 충족시켜 하나의 특허출원을 할 수 있다. 여기서, '특별한 기술적인 특징'은 '각 발명에서 전체적으로 보아 선행기술과 구별되는 개선된 부분'을 말한다. 즉, '특별한 기술적인 특징'은 발명의 단일성을 판단하기 위하여 특별히 제시된 개념으로서 선행기술에 비해 신규성과 진보성을 구비하게 되는 기술적 특징이며 발명을 전체로서 고려한 후에 청구된 발명간에 동일하거나 상응하는 기술적 특징이 있는지를 판단하여야 한다. 다만, 각 발명의 '특별한 기술적인 특징'은 동일하지 않더라도 상응하기만 하면 된다. 예를 들면, 하나의 청구항에서 탄성을 주는 '특별한 기술적인 특징'은 스프링인데 반해, 다른 청구항에서는 탄성을 주는 '특별한 기술적인 특징'이 고무블록인 경우에는 서로 상응하는 기술적 특징을 가지고 있는 것으로 보아서 1특허출원을 할 수 있다.

(3) 1특허출원의 요건 판단

발명의 단일성과 관련한 1특허출원의 유형에 대하여 작성된 청구항의 유형에 따라 i) 같은 카테고리의 청구항들의 결합으로 된 발명, ii) 서로 다른 카테고리의 청구항들의 결합으로 된 발명(물건, 방법, 용도, 그리고 장치, 수단 등)을 예를 들어 설명할 수 있다.

1) 같은 카테고리의 청구항들의 결합으로 된 발명

1군의 발명에는 카테고리가 동일한 다수의 독립항을 포함하여 1특허출원으로 할 수 있다. 다수의 독립항이 기술적 상호관련성이 있다거나 동일 또는 상응하는 기술적 특징을 가지고 있는 경우에는 1특허출원의 요건을 만족하게 된다. 그리고 같은 카테고리의 청구항들이라도 하나의 청구항 내에 1군의 발명의 범위를 넘는 발명이 포함된 경우에는 발명의 단일성이 없는 것으로 판단하여야 한다.

2) 서로 다른 카테고리의 청구항들의 결합으로 된 발명

1군의 발명에는 1특허출원 내에 카테고리가 동일한 여러 개의 독립항을 포함하는 경우이외에도 카테고리가 상이한 여러 개의 독립항을 포함하고 있는 경우가 있으므로 이들 사이의 발명이 1특허출원의 요건에 적합한가를 판단하는 것이 매우 중요하다. 다수의 청구항이 있는 경우에는 먼저 독립항들을 판단하고, 그들 독립항이 발명의 단일성에 대한 요건을 만족하는 경우에는 그들 독립항에 종속된 종속항은 단일성이 만족되는 것으로 본다. 또한 하나의 청구항 내에도 1군의 발명의 범위를 넘는 발명들이 포함된 경우에는 발명의 단일성을 만족하지 아니하는 것으로 판단하지만, 1군의 발명들이 각각 별개의 청구항으로 청구되었는가 또는 하나의 청구항 내에 택일적 형식으로 청구되었는가는 특별히 관계가 없다.

이러한 일반적인 사항을 고려하여 다음과 같은 순서로 1특허출원의 요건을 판단하고 있다. 즉, i) 제1발명을 정하고 제1발명과 관련된 선행기술과 비교하여 선행기술에 비해 개선되는 데 실질적 작용을 하는 '특별한 기술적인 특징'을 확정한다. ii) 제2발명에 제1발명과 동일하거나 상응하는 '특별한 기술적인 특징'이 존재하는지 여부를 판단하여 2개의 발명이 기술적으로 관련이 있는지 확정한다. iii) 만약 2개의 발명간에 동일하거나 상응하는 '특별한 기술적인 특징'을 포함하는 기술적 상호 관련성이 존재한다면 그들은 하나의 총괄적 발명개념에 속한다는 결론을 얻을 수 있다.

① 그 물건을 생산하는 방법에 관한 독립항

특정한 독립항에 기재된 물건의 발명과 그 물건을 생산하는 방법의 발명의 관계를 가지는 발명으로서 생산방법이 그 물건의 생산에 '적합한가'[8]의 여부가 단일성 판단의 기준이 된다. 그리고 생산방법은 그 자체로 그 물건을 생산할 수 있는 방법이어야만 한다. 따라서, 그 물건의 생산에 간접적, 보조적으로 사용되는 방법(예: 분석방법 등)은 1출원으로 할 수

---

8 「적합하다」는 것은 그 생산방법을 실시하면 본질적으로 그 물건이 생산된다는 것을 의미한다. 그러나, 「적합하다」는 의미가 그 물건이이 다른 방법에 의해 생산될 수 없다거나, 그 생산방법이 다른 물건의 생산에는 사용될 수 없다는 것을 의미하는 것은 아니다.

없다.

② 그 물건을 사용하는 방법에 관한 독립항

물건을 사용하는 방법의 발명은 물건이 가지고 있는 성질, 기능 등을 이용하는 방법의 발명을 말한다. 물건의 발명에는 화학물질이나 조성물 이외에도 기계, 기구, 장치, 부품, 회로 등이 포함된다. 예를 들면, 장치의 발명에서 그 장치의 운전방법의 발명이나 사용방법의 발명을 생각할 수 있다.

③ 그 물건을 취급하는 방법에 관한 독립항

'물건을 취급하는'의 의미는 그 물건에 대해 외적인 작용을 가하여 그 물건이 기능을 유지 또는 발휘하도록 하는 것으로, 물건을 본질적으로는 변화시키지 않는 것을 말한다. 예를 들어, 물건의 이송, 저장 등이 해당된다.

④ 그 물건을 생산하는 기계·기구·장치 기타의 물건에 관한 독립항

ⓐ 물건을 생산하는 기계, 기구, 장치 기타의 물건(이하 "장치류"라고 한다)이 그 물건의 생산에 '적합한가'의 여부가 판단기준이 된다. '적합한가'라는 것은 그 물건을 생산하는 장치류에 대한 발명을 실시하면 본질적으로 그 물건이 생산된다는 것을 의미한다. 그러나, '적합한가'라는 의미가 그 물건이 다른 장치류에 의해 생산될 수 없다거나, 또는 그 물건을 생산하는 장치류와 동일한 장치류가 다른 물건의 생산에는 사용될 수 없다는 것을 의미하는 것은 아니다.

ⓑ 장치류는 그 자체로 그 물건을 생산할 수 있는 장치류를 말한다. 따라서, 그 물건을 생산하기 위한 간접적, 보조적 장치류(예: 그 물건의 생산에 사용되는 측정장치나 분석장치 등)는 1출원으로 할 수 없다.

ⓒ '기타의 물건'에는 장치류 이외에 화학물질이나 미생물 등이 포함된다.

⑤ 그 물건의 특정 성질만을 이용하는 물건에 관한 독립항

물건의 특정 성질만을 이용하는 물건의 발명은 그 발명의 목적이 그 물건이 가지고 있는 특정한 속성을 이용하여야만 달성되고, 더욱이 이러한 특정 속성을 이용하는 것이 발명의 구성에 명확히 표현되어 있는 물건의 발명을 말한다. 따라서 통상 물건의 발명은 화학물질 등에 한정된다.

⑥ 그 물건을 취급하는 물건에 관한 독립항

그 물건에 외적인 작용을 가하여 그 물건의 기능을 유지 또는 발휘하도록 하는 것으로, 그 물건을 본질적으로 변화시키지 않는 경우를 말한다.

⑦ 1특허출원으로 할 수 있는 방법과 그 방법의 실시에 직접 사용하는 기계·기구 등

특정한 하나의 독립항에 기재된 발명이 방법에 관한 독립항인 경우 그 방법의 실시에 직접 사용하는 기계·기구·장치 기타의 물건(이하 "장치류"라 한다)에 관한 1독립항은 단일성을 만족한다. 그러므로 특정방법의 발명을 실시하는 데 간접적으로 사용되는 장치류, 예를 들면 섬유의 염색방법에 관한 발명에 대해 섬유를 염색하는 장치에 사용되는 보수장치, 측정장치는 섬유의 염색방법에 직접 사용되는 장치가 아니므로 1출원으로 허용되지 않는다.

3. 발명의 단일성을 충족하지 아니한 경우

특허법 시행규칙에서 규정하는 1특허출원의 요건을 만족하지 아니한 특허출원은 특허법 제45조의 발명의 단일성규정에 위배되어 특허거절의 이유에 해당하게 된다. 그러나 발명의 단일성은 특허행정의 간편화 및 발명영역의 명확화라는 관점에서 출발한 개념이기 때문에 무효사유에는 해당하지 않는다. 즉, 1특허출원의 요건을 만족하지 아니한 특허출원이라 하더라도, 일단 심사관의 심사결과 등록공고를 하면 그 이후부터는 발명의 단일성에 대하여 다툴 수 없게 된다. 따라서 발명의 단일성은 특

허를 받기 위한 심사요건에만 해당한다고 할 수 있고, 출원인은 발명의 단일성을 충족하지 않는다고 판단되는 경우에 그 내용을 분할출원함으로써 해소할 수 있다.[9]

---

9 PCT출원에 있어서 발명의 단일성을 만족하지 않는 경우에는 우리나라와 같이 거절이유를 통지하지 않고 추가수수료의 지불을 요구하고 있다. 즉, 국제조사기관은 발명의 단일성을 만족하지 않는다고 판단되는 경우에 출원인에게 근거이유와 추가납부하여야 할 수수료를 제시하게 된다. 이에 대하여 출원인은 발명의 단일성을 충족시키고 있다거나 또는 요구된 추가수수료가 너무 많다는 취지의 이의신청을 할 수 있다. 그리고 출원인이 추가수수료를 납부(일부납부 포함)하지 않는 경우, 국제조사기관은 출원자체를 불인정하는 것이 아니라 관련한 특정부분을 조사하지 않는다. 즉, 국제조사기관은 국제출원의 특정부분에 관한 조사결과를 국제조사보고서에 기재하지 않고 제출하지만, 국제출원의 유효성에는 아무런 영향을 미치지 않고 지정관청에 송달되어 지정국에서 절차가 진행되게 된다.

CHAPTER 07

외국특허등록을 위한 절차

파리조약의 특허 독립의 원칙에 의해 일국의 특허권의 효력은 그 나라에만 효력을 미치므로, 제3국에서 특허권으로 보호받기를 위해서는 각국마다 별도로 출원을 하여 권리화해야 한다. 그러나 특허 등록을 위한 절차가 각국마다 상이하여 출원인이 스스로 각국에서의 특허 절차를 수행함에 시간적·경제적으로 어려움이 있다. 이에 외국에서의 특허절차의

| 특허청 국제출원 소식지 | 2024.07.11. Vol.07 |

2023년 PCT 출원

2023년 PCT 출원은 2022년 대비 1.8% 감소해 총 272,600건을 기록했다. 중국이 69,610건(2022년 대비 −0.6%)으로 최다 PCT 출원국의 자리를 지켰고, 다음으로 미국이 55,678건(−5.3%)을 기록했다. 일본(48,879건, −2.9%), 대한민국(22,288건, +1.2%) 및 독일(16,916건, −3.2%)이 다시 한번 각각 3위, 4위 및 5위를 차지했습니다. 상위 10개 국가들과 전체출원 대비 각 국의 비중은 다음과 같다.

상위 10개국 외에 인도(3,791건, +44.6%)가 2023년도에 강력한 성장세를 보였다.

순위	국가	출원건수	비율(%)
1	중국	69,610	25.5
2	미국	55,678	20.4
3	일본	48,879	17.9
4	**대한민국**	22,288	8.2
5	독일	16,916	6.2
6	프랑스	7,916	2.9
7	영구	5,586	2.0
8	스위스	5,382	1.9
9	스웨덴	4,323	1.6
10	네덜란드	4,258	1.5

간소화를 위해 특허협력조약PCT: Patent Cooperation Treaty에 의한 국제출원을 함으로써 외국에서의 특허출원 절차를 간소화할 수 있다.

I. PCT에 의한 국제출원

PCT국제출원제도란 특허 및 실용신안의 법과 출원절차를 통일화·간소화하기 위하여 체결된 특허협력조약이다. PCT국제출원 절차가 일반 해외출원절차에 비하여 유리한 점은 다음과 같다. ⅰ) 출원절차가 간편하다. ⅱ) 특허획득이 용이하다. ⅲ) 특허심사 등에 관한 부담경감은 물론 심사기간의 단축효과도 기대할 수 있다. ⅳ) 하나의 언어로 다수국에 출원할 수 있다. ⅴ) 하나의 출원으로 다수국에 출원한 효과를 얻을 수 있다. ⅵ) 각종 수수료의 납부절차가 간편하다. ⅶ) 무모한 해외출원을 방지할 수 있다. ⅷ) 한국어로 출원가능하다.

국제협약에서 PCT에 관하여 간단하게 살펴보았듯이, 오늘날은 급격한 기술혁신으로 특허출원이 증가하고 있으며 그 대부분이 외국에도 출원되고 있다. 이에 PCT를 통하여 각국은 동일발명의 중복출원 및 중복심사로 인한 시간과 인력의 낭비를 없애기 위하여 이를 국제적인 차원에서 해결하기로 합의하였다. 외국출원을 하고자 하는 출원인은 각국마다 상이한 특허법이 존재하기 때문에 각국의 방식에 따른 출원서류를 각국의 언어로 작성하여 파리조약에서 인정된 우선기간優先期間(12개월) 내에 행하여야 한다. 이와 함께 각국의 특허청은 특히 실체심사를 행하는 특허문헌이나 기술문헌이 최근의 과학기술발전 등을 반영하여 급속으로 증대하고 있는데도 불구하고 각 특허청은 상호 독립된 상태에서 기술정보의 수집, 특허기술의 조사, 그에 입각한 특허성의 판단 등을 해야 할 뿐 아니라 출원된 기술의 복잡화 등에 의해서도 지체되는 문제점이 있게 된다. 그러나 각국 특허청에서 행하는 작업 중 기술정보의 수집 및 선행기술의 조사는 각국에서 똑같이 이루어지는 작업으로서 결국 국제출원제도가 없는 경우 동일한 대상을 중복심사하는 것이 되어 인적 자원이 낭비된다고 보고 이를 해소하기 위하여 국제출원제도가 만들어지게 된 것이다.

Ⅱ. 국제출원절차

PCT 국제출원은 그 절차에 따라 편의상 국제단계와 국내단계로 구분한다. 국제단계는 국제출원에서부터 지정관청에 대한 국내절차진행 전까지의 전 과정으로 출원인의 국제출원, 수리관청의 국제출원의 처리, 국제조사기관의 국제조사, 국제사무국의 국제출원공개 및 지정관청에 대한 국제출원서류의 송달, 출원인의 국제예비심사청구 및 국제예비심사기관의 국제예비심사보고서 작성 등에 관한 절차이며, 국내단계는 지정국에 대한 국내절차 개시에서부터 심사완료까지의 전 과정으로 출원인의 각 지정관청에 대한 번역문 제출, 국내수수료 납부 및 대리인 선임과 지정관청의 실체심사 및 특허허여 여부 결정에 관한 절차이다.

국제출원international application은 출원인의 선택에 따라 우리나라 특허청 또는 WIPO 국제사무국에 영어 또는 한국어로 작성한 출원서, 명세서, 청구범위, 도면(필요한 경우) 및 요약서를 제출하여야 한다. 특허청에 제출시는 3부이고, WIPO 국제사무국에 제출시는 1부이다. 국제출원을 하면서 국내출원 또는 외국출원을 기초로 파리조약에 의한 우선권주장을 하고자 하는 경우에는 선출원일로부터 1년 이내에 국제출원을 하여야 하며 우선권 서류는 우선일로부터 16개월 이내에 해당 수리관청 또는 WIPO 국제사무국에 제출하여야 한다. 대한민국의 특허청을 수리관청으로 한 국제출원의 경우에 출원서류가 적법한 경우에 특허청장은 국제출원이 특허청에 도달한 날을 특허협력조약 제11조의 국제출원일로 인정하여야 한다. 다만 일정한 경우[1] 서면으로 절차를 보완할 것을 명하여야 한다(특§194 ①.②).

특허청(수리관청) 또는 WIPO 국제사무국은 국제출원에 대하여 방식상 요건을 심사하여 동 요건이 충족된 경우에는 국제출원일을 인정하고 국제출원번호 및 국제출원일을 통지하며 충족되지 아니한 경우에는 보정지시를 한다. 또 특허청은 국제출원일이 인정된 국제출원을 WIPO 국제사무국(기록사본) 및 국제조사기관(조사용 사본)에 각 1부씩 송부한다.

국제출원에 대한 국제조사는 모든 국제출원이 그 대상이 되며 선행기술을 발견하는 것을 목적으로 하고 있다. 이러한 국제조사는 명세서와 도면을 적당히 고려하여 청구의 범위에 기준을 두고 행한다. 국제조사기관(영어출원인 경우는 오스트리아 특허청이나 호주 특허청, 일어출원인 경우는 일본 특허청, 한국어 출원인 경우는 우리나라 특허청)은 수리관청으로부터 송부받은 모든 국제출원에 대하여 국제조사international search를 하고(특§198의2), 조사하는 조사시설 등이 허용하는 한 관련 선행기술을 발견하도록 최소한 프랑스, 독일, 러시아, 스위스, 일본, 영국, 미국, 유럽특허청 및 아프리카 지적재산권기구에 의하여 발행·반포된 특허문헌에 공표된 국제출원 등 자료를 조사하며(PCT§15) 그 결과는 국제조사보고서를 작성하여 출원인 및 국제사무국에 송부한다.[2] 출원인은 국제조사보고서의

---

1 ① 출원인이 제192조(국제출원을 할 수 있는 자)에 규정된 요건을 충족하지 못하는 경우
　② 특허법 제193조 제1항(국제출원)의 규정에 의한 언어로 작성되지 않은 경우
　③ 특허법 제193조 제1항(국제출원)의 명세서 및 청구의 범위가 제출되지 않은 경우
　④ 국제출원이라는 표시와 체약국의 지정 및 출원인의 성명이나 명칭을 기재하지 아니한 경우
2 국제조사기관은 조사용 사본(寫本)이 송부된 날로부터 3개월 또는 우선일(優先日)로부터 9개월의 어느 쪽의 만료일까지 국제조사보고서를 작성하여 출원인 및 국제사무국에 송부

결과에 따라 필요한 경우 청구범위를 보정할 수 있으며, 보정서를 국제사무국에 제출한다.[3]

국제사무국은 국제출원서류[출원서, 명세서, 청구범위, 보정된 청구범위(있는 경우), 도면(있는 경우), 요약서] 및 국제조사보고서를 팜플렛 형태로 공개하고(PCT§48) 이를 출원인 및 각 지정관청에 송부한다. 국제공개는 국제출원의 우선일로부터 18개월을 경과한 후 신속히 행하는 것이 원칙이며 현실적으로 모든 국제출원에 관하여 이 시기에 국제공개가 되나 일정한 경우에 예외[4]를 인정한다. 국제공개는 원칙적으로 지정국의

하여야 한다.

3 특허법 제204조 (국제조사보고서를 받은 후의 보정) ① 국제특허출원의 출원인은 특허협력조약 제19조 (1)의 규정에 의하여 국제조사보고서를 받은 후에 국제특허출원의 청구의 범위에 관하여 보정을 한 경우에는 기준일까지 당해 보정서의 국어에 의한 번역문을 특허청장에게 제출하여야 한다.
② 제1항의 규정에 의하여 보정서의 번역문이 제출된 때에는 그 보정서의 번역문에 의하여 제47조 제1항의 규정에 의한 청구의 범위가 보정된 것으로 본다.
③ 국제특허출원의 출원인은 특허협력조약 제19조 (1)의 규정에 의한 설명서를 동 조약 제2조(xix)의 국제사무국에 제출한 경우에는 그 설명서의 국어에 의한 번역문을 특허청장에게 제출하여야 한다.
④ 국제특허출원의 출원인이 기준일까지(기준일이 출원심사의 청구일인 경우에는 출원심사의 청구를 한 때까지를 말한다) 제1항 또는 제3항에서 규정한 절차를 밟지 아니한 경우에는 특허협력조약 제19조 (1)의 규정에 의한 보정서 또는 설명서는 제출되지 아니한 것으로 본다.
특허법 제205조 (국제예비심사보고서 작성 전의 보정) ① 국제특허출원의 출원인은 특허협력조약 제34조 (2)(b)의 규정에 의하여 국제특허출원의 명세서·청구의 범위 및 도면에 대하여 보정을 한 경우에는 기준일까지(기준일이 출원심사의 청구일인 경우에는 출원심사의 청구를 한 때까지를 말한다) 당해 보정서의 국어에 의한 번역문을 특허청장에게 제출하여야 한다.
② 제1항의 규정에 의하여 보정서의 번역문이 제출된 때에는 그 보정서의 번역문에 의하여 제47조 제1항의 규정에 의한 명세서 및 도면이 보정된 것으로 본다.
③ 국제특허출원의 출원인이 기준일까지(기준일이 출원심사의 청구일인 경우에는 출원심사의 청구를 한 때까지를 말한다) 제1항에서 규정한 절차를 밟지 아니한 경우에는 특허협력조약 제34조 (2)(b)의 규정에 의한 보정서는 제출되지 아니한 것으로 본다.

4 ⅰ) 그 국제출원에 있어서 모든 지정국이 제64조 제3항의 유보(자국에 관한 한 국제출원의 국제공개를 행할 필요가 없다는 선언)를 행하고 있는 경우이며 이 경우에는 18개월 공개하지 않는다(PCT§64③(b)).
ⅱ) 국제공개기간 전에 출원인이 국제출원의 국제공개를 행할 것을 국제사무국에 청구한 경우이며 이 경우에는 조기(早期)에 국제공개가 행하여진다(PCT§ 21②b). 이를 국제조기공개라고 한다.
ⅲ) 국제공개의 기술적 준비가 완료되기 전에 국제출원이 취하되거나 또는 취하된 것으

국내공개에 관한 국내법상의 요청을 갖추고 있다는 면도 있으므로 각국의 국내공개와 같은 효과가 주어진다. 이러한 이유에서 특허협력조약은 국제공개에 대해 가보호假保護의 규정을 두고 있다. 따라서 국제공개의 지정국에서의 효과는 그 지정국의 국내법령이 정하는 효과와 동일하지만(PCT§29①), 그 효과가 발생하는 시점에 대해서는 각 지정국의 선택으로써 정해진다(PCT§21). 따라서 국제공개에 따른 가보호의 내용은 우리나라 특허법상의 보상금청구권에 해당된다.

출원인의 선택에 의하여 국제예비심사international preliminary examination를 청구할 수 있으며, 동 절차를 적용받고자 하는 자는 국제조사보고서 및 국제조사기관의 준비서 또는 PCT 제17조 (2)(a)의 규정에 따라 국제조사보고서를 작성하지 아니한다는 취지의 중지서를 출원인에게 송부한 날부터 3월, 우선일로부터 22월의 기간 중 늦게 만료되는 날 이내에 관할 국제예비심사기관(영어출원인 경우 오스트리아 특허청, 일어출원인 경우 일본 특허청, 한국어출원인 경우 우리나라 특허청)에 국제예비심사청구를 하여야 한다(특시규§106의23②).

특허협력조약에 의하여 국제출원일이 인정된 국제출원으로서 특허를 받기 위하여 대한민국을 지정국指定國으로 지정한 국제출원은 그 국제출원일에 출원된 특허출원으로 본다(특§199①). 이러한 국제출원은 우리나라 국내특허출원과는 다른 새로운 출원을 인정한 것으로 이러한 국제출원이 우리나라 국내의 특허출원으로 이행되는 절차는 당해 국제출원이 국제사무국에서 국제공개 직후 늦어도 우선일優先日로부터 19개월 이내에 국제출원에 관한 서류를 지정관청인 우리나라에 송부되는 것으로써(PCT§20) 시작되며 당해 국제출원의 국제단계는 마치게 된다. 그렇다고 바로 국내단계에 들어가는 것이 아니며 국내단계에 들어가기 위하여는

로 보이는 경우(PCT§21⑤).
iv) 국제출원이 선량한 풍속이나 공공의 질서에 반하는 표현이나 도면을 포함하고 있거나 PCT 규칙에 규정된 비방하는 기재사항을 포함하고 있다고 인정하는 경우(PCT§31⑥).

일정한 절차가 이행되어야 한다.5 이러한 절차를 거쳐 국내단계로 진입한 국제출원을 국제특허출원이라 하며 특허법은 이에 대하여 국제특허출원에 관한 특례규정(특§199~214)을 두어 보호하고 있다.6 특례규정에서 정한 것 외에는 국내의 일반출원과 동일하게 심사하여 특허여부를 결정한다.

> **❓ 관련문제**
>
> PCT에 의한 국제출원절차로서 국내외에 출원한 경우 특허등록여부가 각 나라별로 달라질 수 있는가? 만일 일부 나라에서만 거절이유가 통지된다면 출원인은 어떤 조치를 취해야 하는가?

---

5 특허법 제203조 (서면의 제출) 국제특허출원의 출원인은 국내서면 제출기간 내에 다음 각 호의 사항을 기재한 서면을 특허청장에게 제출하여야 한다. 이 경우 국제특허출원을 외국어로 출원한 출원인은 제201조 제1항의 규정에 의한 번역문을 함께 제출하여야 한다.
   1. 출원인의 성명 및 주소(법인인 경우에는 그 명칭 및 영업소의 소재지)
   2. 출원인의 대리인이 있는 경우에는 그 대리인의 성명 및 주소나 영업소 소재지(대리인이 특허법인인 경우에는 그 명칭, 사무소의 소재지 및 지정된 변리사의 성명)
   3. 발명의 명칭
   4. 발명자의 성명 및 주소나 영업소
   5. 국제출원일 및 국제출원번호
6 윤선희, 「지적재산권법(20정판)」, 세창출판사(2024), 182~194면 참조.

도표 7 PCT국제출원제도와 일반 해외출원제도의 절차도

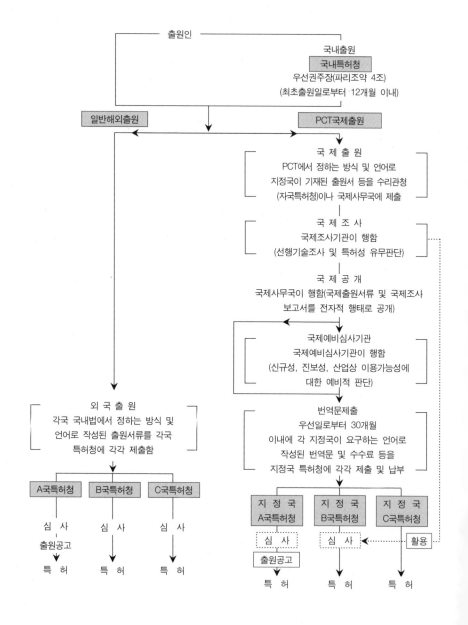

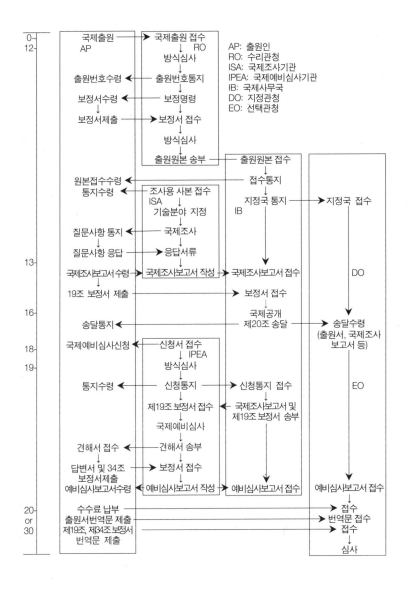

CHAPTER 08

특허출원인의 이익을 위한 제도

우리나라와 같이 선출원주의를 취하고 있는 국가에서는 발명자들이 타인들보다 먼저 출원하려고 서두르는 까닭에 출원서의 기재 표현, 명세서의 청구범위의 내용 등을 출원시에 완전하게 갖추지 못하는 경우가 있다.

이에 특허법은 선출원주의를 보완하기 위해 출원 후에 출원보정, 출원분할, 분리출원, 출원변경, 출원의 취하, 출원포기, 우선권 등의 여러 제도를 두고 있다.

Ⅰ. 보정제도

보정이란 특허출원의 내용이나 형식에 하자가 있는 경우에 일정한 범위 내에서 그에 대한 정정·보완을 인정하고 적법하게 한 경우 그 효력을 출원시까지 소급하여 인정하는 제도이다. 이러한 보정제도는 보정의 내용에 따라 절차적 보정[1]과 실체적 보정(특§47)으로 구분될 수 있고,

---

1 특허법 제46조(절차보정) 및 제203조(국제특허출원의 절차보정).

심사관의 직권에 의한 보정과 출원인의 의사에 의한 자발적 보정 및 특허청장의 보정명령에 의한 보정으로 구분될 수 있다.[2]

이러한 보정제도는 원칙적으로 선출원주의의 단점을 보완하기 위한 제도이나 아무런 제한 없이 출원인이 자유롭게 보정할 수 있다면 여기에도 갖가지 폐해가 생길 수 있어, 실체적 보정의 경우 보정의 시기와 내용을 제한하고 있다(특§47①,②,③). 이와 같이 특허법은 실체적 보정에 대하여 그 시기와 내용을 제한하는 보정제한주의를 취하고 있다.

실체적 보정의 시기는 특허법 제66조의 특허결정의 등본을 송달하기 전까지 특허출원서에 첨부된 명세서 또는 도면을 보정할 수 있다. 다만, 거절이유통지를 받은 후에는 ① 거절이유통지(거절이유통지에 대한 보정에 따라 발생한 거절이유에 대한 거절이유통지는 제외한다)를 최초로 받거나 특허법 제47조 제1항 제2호의 거절이유통지[3]가 아닌 거절이유통지를 받은 경우 해당 거절이유통지에 따른 의견서제출기간 내, ② 거절이유통지에 대한 보정에 따라 발생한 거절이유에 대하여 거절이유통지를 받은 경우 해당 거절이유통지에 따른 의견서 제출기간 내, ③ 특허법 제67조의2에 따른 재심사를 청구할 때에만 보정할 수 있다(특§47 ①).

2

보정
- 절차보정 (특§46)
  - ⅰ) 특허법 제3조 제1항(행위능력) 및 제6조(대리권의 범위)의 규정에 위반된 경우
  - ⅱ) 절차가 특허법 또는 법령에 정한 방식에 위반되는 경우
  - ⅲ) 수수료를 납부하지 않는 경우(특§82)
- 실체보정 — 최초 특허결정의 등본의 송달 전까지(특§47)
- 특허청의 직권에 의한 보정명령에 의한 보정—절차나 형식에 대한 보정(특§46)
- 자발적 보정
  - 출원인이 자진해서 출원절차나 형식을 보정하는 방식적 보정
  - 출원내용을 보정하는 실체적 보정

3 거절이유통지에 대한 보정에 따라 발생한 거절이유에 대하여 거절이유통지를 받은 경우.

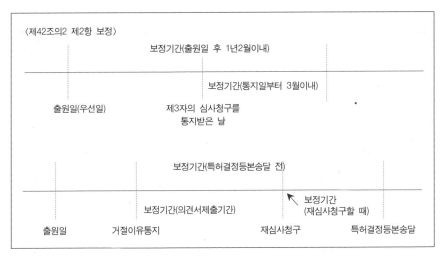

[특허출원의 보정시기]

실체적 보정의 범위는 특허출원서에 최초로 첨부된 명세서 또는 도면에 기재된 사항의 범위 안에 한정되며(특§47②),[4] 제47조 제1항 제2호 및 제3호의 규정에 의한 보정 중 청구범위에 대한 보정은 i) 청구항을 한정 또는 삭제하거나 청구항에 부가하여 청구범위를 감축하는 경우, ii) 잘못된 기재를 정정하는 경우이고, iii) 분명하지 아니한 기재를 명확하게 하는 경우, 그리고 iv) 최초 명세서 또는 도면의 범위를 벗어난 보정에 대하여 그 보정 전 특허청구범위로 되돌아가거나 되돌아가면서 특허청구범위를 i)부터 iii)까지의 규정에 따라 보정하는 경우의 보정은 심사관이 거절이유통지에 의하여 지적한 경우에 한하여 보정할 수 있다(특§47③). 또한 특허법 제42조의2에 의해 청구범위를 적지 않고 출원하는 경우에는 일정한 기간 내에 청구범위를 적는 보정을 하여야 한다.

한편 2017년 3월 1일 개정법에서는 사소한 기재불비로 특허절차가 지연되거나 특허가 거절되는 경우를 방지하고, 명백히 잘못된 기재만 심

---

4 외국어특허출원에 대한 보정은 최종 국어번역문 또는 특허출원서에 최초로 첨부한 도면(도면 중 설명부분은 제외한다)에 기재된 사항의 범위에서도 하여야 한다(특허법 제47조 제2항 단서).

사관의 직권보정 후 특허결정하는 제도를 시행중인바 그 활용도 및 실효성이 저하되는 문제가 있어 종전의 심사관에 의한 직권보정의 범위를 확대하는 개정을 하였다. 기존 특허법은 심사관의 직권보정은 거절이유가 아닌 단순 오기만 보정할 수 있도록 제한되었지만 현행 특허법에서는 거절이유 사항이지만 명백히 잘못 기재된 기재불비사항도 심사관이 직권으로 보정할 수 있게 되었다. 또한 직권보정 이후의 절차도 개편하였는데 기존 특허법의 경우 직권보정을 통지하고 출원인의 동의를 구한 뒤 특허여부를 결정하였다면, 현행 특허법에서는 직권보정과 동시에 해제조건부 특허결정을 하여 이후 출원인의 동의를 구하는 절차로 진행, 특허등록 또는 다시 심사의 절차를 거치게 된다.

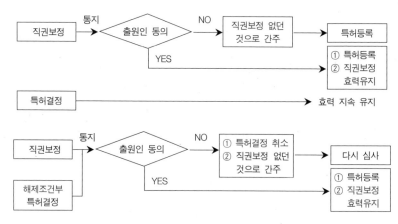

(출처: 특허청 자료 2016)

[개정 전의 직권보정제도와 개정 후 직권보정제도]

심사관은 실체적 보정에 대하여 ① 보정의 시기가 부적법한 경우에는 보정서를 반려하고, ② 보정의 범위가 부적법한 경우에는 ⅰ) 자진보정이나 최초거절이유통지에 대응한 보정에 대하여는 보정이 부적법함을 이유로 거절이유를 통지하고, ⅱ) 최후거절이유통지에 대한 의견서 제출기간 내 및 재심사를 청구할 때에 따른 보정이 보정의 범위를 위반

하거나 그 보정에 따라 새로운 거절이유가 발생한 것으로 인정하면 결정으로 그 보정을 각하하여야 한다.[5]

한편 보정각하의 예외로서 특허법 제66조의2 직권보정을 하는 경우 그 직권보정 전에 한 보정, 제66조의3 직권재심사를 하는 경우 취소된 특허결정 전에 한 보정, 제67조의2에 따른 재심사의 청구가 있는 경우 그 청구 전에 한 보정의 경우 보정각하 하지 않는다. 이는 이미 부적법한 보정이었음에도 불구하고 절차를 진행하여 이후의 절차에서 발견된 보정을 각하한다면 출원인에게 불이익하므로 최후거절이유통지를 한다.

보정이 적법하게 이루어진 경우에는 보정의 내용에 따라 특허출원시에 소급하여 출원된 것으로 인정된다.

□ **관련사례**

홍길동은 화학과 박사과정에 있으면서 2이상의 화합물을 결합하여 항암효과가 있는 새로운 물질을 발견하고 이를 특허출원하였다. 그러나 특허출원을 처음하는 홍길동은 자신의 특허발명에 대하여 2이상의 화합물이 결합함을 입증하는 실험자료를 첨부하지 않았다. 이로인해 심사관에게 거절이유를 통지받았고, 그 이후에 비로소 실험데이터가 제시된 실험자료를 첨부하는 보정을 하였다. 이 보정이 적법한가?

◆ **관련판례 (대법원 2001. 11. 30. 선고 2001후65 판결)**

일반적으로 기계장치 등에 관한 발명에 있어서는 특허출원의 명세서에 실시예가 기재되지 않더라도 당업자가 발명의 구성으로부터 그 작용과 효과를 명확하게 이해하고 용이하게 재현할 수 있는 경우가 많으나, 이와는 달리 이른바 실험의 과학이라고 하는 화학발명의 경우에는 당해 발명의 내용과 기술수준에 따라 차이가 있을 수는 있지만 예측가능성 내지 실현가능성이 현저히 부족하여 실험데이터가 제시된 실험예가 기재되지 않으면 당업자가 그 발명의 효과를 명확하게 이해하고 용이하게 재현할 수 있다고 보기 어려워 완성된 발명으로 보기 어려운 경우가 많고, (중략) 이와 같이 시험예의 기재가 필요함에도 불구하고 최초 명세서에 그 기재가 없던 것을 추후 보정에 의하여 보완하는 것은 명세서에 기재된 사항의 범위를 벗어난 것으로서 명세서의 요지를 변경한 것이다

---

5 이러한 각하결정에 대하여는 불복할 수 없으나, 특허거절결정불복심판에서는 그 각하결정 (단 제66조의3에 따른 직권재심사를 하는 경우 취소된 특허결정 전에 한 각하결정과 제67조의2에 따른 재심사의 청구가 있는 경우 그 청구 전에 한 각하결정은 제외한다)에 대하여 다투는 경우에는 그러하지 아니하다(특§51③).

II. 출원분할·분리제도(특§52, 특§52의2)

1. 분할출원

출원의 분할이란 2이상의 발명을 1출원으로 한 경우[6]에, 그 특허출원의 출원서에 최초로 첨부된 명세서 또는 도면에 기재된 사항의 범위 안에서 특허법 제47조 제1항의 규정에 따라 보정할 수 있는 기간 내 또는 특허거절결정등본을 송달받은 후 심판을 청구할 수 있는 기간 내에서 일부를 1이상의 출원으로 분할하여 출원하는 것을 말한다.

분할출원은 보정제도와 유사하게 그 시기와 범위를 제한하고 있다. 분할출원의 소급효로 인하여 발생될 수 있는 문제점을 최소화하기 위한 조치이다.

분할출원의 요건(특§52①)은 ⅰ) 분할하려고 할 때에, 원출원이 특허청에 적법하게 계속 중이고, ⅱ) 원原특허출원인과 분할출원인이 동일하여야 하며, ⅲ) 원특허출원에 2이상의 발명이 포함되어 있어야 하고, ⅳ) 분할대상이 된 발명은 원특허출원의 출원서에 최초로 첨부된 명세서 또는 는 도면에 기재된 것일 때, ⅴ) 보정 가능한 기간 내 또는 특허거절결정

---

6 대법원 1985. 7. 23. 선고 83후26 판결.

등본을 송달받은 후 심판을 청구할 수 있는 기간 내에 또는 특허결정 또는 특허거절결정 취소심결의 등본을 송달받은 날부터 3개월 이내의 기간(단 제79조에 따른 설정등록을 받으려는 날이 3개월보다 짧은 경우에는 그 날까지의 기간) 내에 분할하여 특허출원을 제출한 것에 한하여 가능하다.

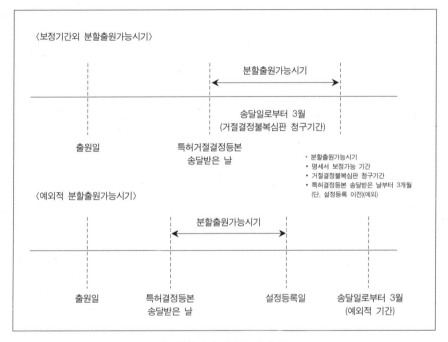

[특허출원의 분할출원시기]

분할출원이 적법한 경우에는 분할출원이 원출원의 특허출원시에 출원한 것으로 본다(특§52 ②). 즉 소급효가 발생한다.[7] 다만, 특허법 제52조 제2항 각호[8]에 해당하는 경우에는 분할출원시에 출원한 것으로 본다.

---

7 이와 같이 소급효가 인정되는 것은 분할출원의 경우(특§52 ①) 외에도 변경출원의 경우(특§53), 출원보정의 경우(특§47), 모인출원의 경우(특§34, §35), 우선권의 경우(특§55)가 있다. 즉, 선원주의의 예외라고 할 수 있다.

8 1. 분할출원이 제29조 제3항에서 규정하는 타 특허출원 또는 실용신안법 제4조 제3항에서 규정하는 특허출원에 해당하여 제29조 제3항 또는 실용신안법 제4조 제3항의 규정을 적용하는 경우

분할출원의 시기적 요건이 부적법한 경우에는 분할출원이 반려될 수 있고, 시기적 요건 외의 요건이 부적법한 경우에는 거절이유가 통지되어 그 흠결을 보충할 기회를 부여한다. 이를 통해 거절이유를 극복하면 적법한 분할출원으로 인정될 수 있으나, 극복하지 못하면 거절결정된다.

> ❶ 생각해보기
> 홍길동은 핸드폰 액정화면에 관한 발명 A와 발명 B를 하나의 출원으로 출원중에, A 발명에 대하여만 신규성위반의 거절이유통지를 받았다. 홍길동이 발명 B에 대하여만 먼저 특허등록을 받을 수 있는 방법이 있을까?

2. 분리출원

분리출원이란 특허거절결정을 받은 자는 거절결정 등에 대한 심판청구가 기각된 경우 그 심결의 등본을 송달받은 날부터 30일 이내에 그 특허출원의 출원서에 최초로 첨부된 명세서 또는 도면에 기재된 사항의 범위에서 그 특허출원의 일부를 새로운 특허출원으로 분리할 수 있는 것을 말한다.

2022년 4월 20일에 시행된 특허법에는 분리출원제도가 도입되어, 거절결정불복심판의 기각심결을 받은 이후에도 출원에서 거절되지 않은 청구항만을 분리하여 출원할 수 있도록 하여, 심판 단계 이후에도 출원인에게 권리를 획득할 수 있는 기회를 부여받게 되었다.

분리출원의 요건(특§52의2①)은 ⅰ) 특허거절결정을 받은 자가, ⅱ) 거절결정불복심판의 기각심결의 등본을 송달받은 날부터 30일 이내에, ⅲ) 그 특허출원의 출원서에 최초로 첨부된 명세서 또는 도면에 기재된 사항의 범위내에서, ⅳ) 특허출원서에 분리출원의 취지 및 분리의 기초가 된 원출원을 표시하여 제출해야 한다. 분리출원이 적법한 경우에는

---

2. 제30조 제2항의 규정을 적용하는 경우
3. 제54조 제3항의 규정을 적용하는 경우
4. 제55조 제2항의 규정을 적용하는 경우

분리출원이 원출원의 특허출원시에 출원한 것으로 본다(특§52의2②). 즉 소급효가 발생한다.[9]

Ⅲ. 변경출원제도(특§53)[10]

> ● 학습포인트
> ● 변경출원하기 위한 요건
> ● 적법한 변경출원의 효과
> ● 특허와 실용신안의 등록요건에서의 차이점

변경출원이란 실용신안등록출원을 한 자가 출원서에 최초로 첨부된 명세서 또는 도면에 기재된 사항의 범위 안에서 그 실용신안등록출원을 특허출원으로 변경하는 것을 말한다. 다만, 그 실용신안등록출원에 관하여 최초의 거절결정등본을 송달받은 날부터 3개월이 경과한 경우와 국어번역문이 제출되지 않은 경우 특허출원으로 변경할 수 없다(특§53①).

변경출원을 하는 자는 변경출원서에 그 취지 및 변경출원의 기초가 된 실용신안등록출원의 표시를 하여야 한다(특§53③). 또한, 조약에 의한 우선권을 주장하는 자는 최초로 출원한 국가의 정부가 인정하는 서류로

---

9 다만, 분리출원을 하는 경우에는 특허청구범위 유예제도(특§42의2①) 또는 외국어 출원제도(특§42조의3①)를 적용할 수 없고, 새로운 분리출원, 분할출원 또는 「실용신안법」 제10조에 따른 변경출원의 기초가 될 수 없으며, 재심사의 청구대상에 해당하지 않는다(특§67의2①③).

10 2006년 개정법 이전에는 이중출원제도였다. 이중출원이란 실용신안등록출원을 한 자가 실용신안출원일부터 그 실용신안권의 설정등록 후 1년이 되는 날까지 그 실용신안등록출원의 출원서에 최초로 첨부된 명세서의 실용신안등록청구범위에 기재된 사항의 범위 안에서 특허출원을 할 수 있는 것을 말한다(구특§53①). 이러한 이중출원제도는 출원인에게 권리의 조기획득과 활용을 가능케 하는 장점이 있었다. 하지만, 2006년말 1차 심사처리기간이 10개월로 단축될 예정에 따라 특허와 실용신안 출원의 등록시기에 차이가 없어지므로 조기에 부여받은 실용신안권을 행사하다가 후에 실용신안권을 포기하고 권리행사기간이 긴 특허권으로 바꾸어 권리를 계속 행사하고자 하는 이중출원 제도의 의미가 퇴색되는 등의 이유로 이중출원의 제도가 폐지되었다.

서 특허출원의 연월일을 기재한 서면, 발명의 명세서 및 도면 등의 등본 또는 최초로 출원한 국가의 특허출원의 출원번호를 기재한 서면을 최선일부터 1년 4월 이내에 제출하여야 함에도 불구하고 변경출원을 한 날부터 3월 이내에 특허청장에게 제출하여야 한다(특§53⑥).

변경출원은 ⅰ) 후출원시에 선출원의 출원이 계속중이며, ⅱ) 선후출원인이 변경출원시에 동일해야 하고, ⅲ) 최초거절결정등본을 송달받은 날부터 3개월 이내이어야 하는 요건을 갖는다. 이러한 변경출원의 요건을 만족해야 ⅰ) 출원일을 선출원일로 소급되며, ⅱ) 원출원이 취하되는 효과를 갖는다.

변경출원의 경우 출원일은 실용신안등록출원을 한 때에 특허출원한 것으로 본다. 즉 특허요건의 판단은 일정요건[11]을 제외하고는 원실용신안등록 출원시를 기준으로 소급효가 적용된다. 아울러 이러한 변경출원이 있는 경우에는 그 실용신안등록출원은 취하된 것으로 본다(특§53②④).

---

❶ 생각해보기

특허출원한 발명에 대하여 당업자가 용이하게 발명할 수 있음을 이유로 특허법 제29조 2항 위반의 거절이유를 통지받은 경우 출원인은 어떤 조치를 고려할 수 있을까?

Ⅳ. 출원의 포기 및 취하

출원이 특허청에 계속되어 있는 동안에 특허출원인 등[법정대리인(특§3①), 재외자在外者의 특허관리인(특§5), 특별수권을 허여받은 위임대

---

11 1. 제29조제3항의 규정에 따른 타특허출원 또는 「실용신안법」 제4조제4항의 규정에 따른 특허출원에 해당하여 제29조제3항 또는 「실용신안법」 제4조제4항의 규정을 적용하는 경우
2. 제30조제2항의 규정을 적용하는 경우
3. 제54조제3항의 규정을 적용하는 경우
4. 제55조제2항의 규정을 적용하는 경우

리인(특§6), 공동출원의 경우(특§11)에는 그 대표자]은 언제라도 출원의 포기나 취하를 할 수 있다.

출원의 취하란 특허출원절차를 소급적으로 종료시키는 법률효과를 발생시키는 출원인의 자발적인 의사표시를 말한다. 예를 들면 일정기간 내에 출원심사청구가 없는 때(특§59⑤), 외국어출원으로서 법정기간 내에 번역문의 제출이 없을 때(특§201②) 특허출원을 취하한 것으로 본다.

출원의 포기란 특허출원절차를 장래를 향하여 종료시키는 법률효과를 발생시키는 출원인의 자발적인 의사표시를 말한다. 예를 들면 최초특허료를 일정한 기간 내에 납부하지 않는 경우에는 특허출원을 포기한 것으로 본다(특§81③).

이 외에도 특허권 설정등록료 납부기간(추가납부기간) 내에 특허료를 납부하지 않은 경우에는 그 특허출원은 포기한 것으로 본다(특§81③).

V. 우 선 권

● 학습포인트
● 우선권 주장하기 위한 요건
● 적법한 우선권 주장 출원의 효과

우선권에는 조약에 의한 우선권(특§54)과 국내우선권(특§55)이 있다.

1. 조약에 의한 우선권(특§54)

하나의 발명을 복수국에서 특허받으려 할 때 이를 동시에 출원한다는 것은 거리·언어·비용 또는 상이한 절차 등의 여러 이유에서 사실상 불가능하다 할 것이다. 이에 발명의 국제적 보호를 위해 파리조약에서는 동맹국에 한 최초의 출원에 근거하여 그것과 동일 발명을 일정한 기간(우선기간) 내에 다른 동맹국에 출원을 한 경우에도 최초의 동맹국에서 출원한 날에 출원한 것과 같이 보고 있으며, 파리조약 제4조 B, PCT 제8조 그리고 우리 특허법도 이를 명시하고 있다(특§54 ①).

우선권의 이익을 향유하고자 할 때는 파리조약 제4조 D 제1항의 규정에 의거하여, 우리 특허법 제54조 제3항에 따라 특허출원시 특허출원서에 그 취지, 최초로 출원한 국명 및 출원의 연월일을 기재하여, 최우선일부터 1년 4월 이내(특§54 ⑤) 우선권증명서(최초로 출원한 국가의 정부가 인정하는 서류로서 특허출원의 연월일을 기재한 서면, 발명의 명세서 및 도면의 등본, 그리고 최초로 출원한 국가의 특허출원의 출원번호를 기재한 서면)를 특허청장에게 제출하여야 한다(파리조약 §4D ③, 특§54 ④). 이러한 것은 위의 기간 내에 제출하지 않으면 우선권주장의 효력을 상실하나(파리조약 §4D ④, 특§54 ⑥), 최초출원일로부터 1년 이내에 일정 요건을 갖추어 출원된 경우에는 최우선일부터 1년 4월 이내에 우선권주장을 보정하거나 추가할 수 있다(§54 ⑦). 또한 주요국 특허청 간 심사결과의 상호 활용 필요성의 증대에 따라 제1국 출원을 기초로 한 조약우선권주장출원의 특허심사 시 심사관이 제1국의 심사인용 기술문헌을 제출토록 명할 수 있는 외국 심사결과 제출 명령제도를 마련하였다(특허법 §63의3).

이러한 우선권이 유효하게 성립하기 위해서는 ⅰ) 동맹국에서 정규로 된 최초의 출원이어야 하고(파리조약 §4A ③), ⅱ) 최초의 출원자 또는 그 승계인이어야 하며(파리조약 §4A ①), ⅲ) 출원내용이 최초의 출원과 동일하여야 하며(파리조약 §4F · H), 그리고 ⅳ) 우선권주장은 최초의 출원일로부터 1년 이내에 하는 경우(파리조약 §4C ①, 특§54 ②)만이 가능하다.

우선권 주장이 적법한 경우에는 최초의 출원국(제1국)에 출원한 날과 다른 나라(제2국)에 출원한 날 사이에 제3자가 동일발명을 출원하거나 그 기간 내에 신규성을 상실하는 사유가 생기더라도 제2국 이후의 출원도 처음의 출원국(제1국)에 출원한 것으로 보므로 거절이유가 되지 아니한다(특§54 ①, 파리조약 §4B). 또한 최초의 출원과 대상의 동일성을 유지

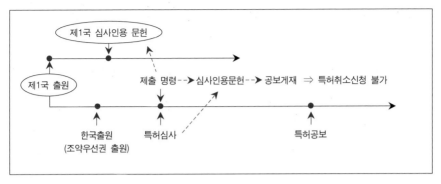

[조약우선권 주장출원의 제1국 심사결과 제출명령]

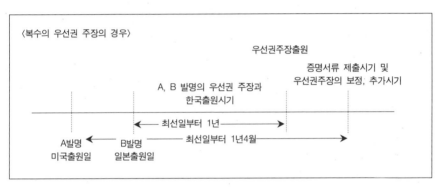

[조약우선권 주장출원시기]

하는 한 제2국의 출원시에 2이상의 발명을 포함하고 있을 때는 출원을 분할할 수 있다(특§52 ② ⅲ, ④, 파리조약 §4 G).

2. 국내우선권(특§55)

최근 기술개발의 속도가 빨라지고 발명의 내용이 복잡해짐에 따라 개량발명이나 추가발명을 하는 경우가 많아져 1990년 개정법에서 도입된 제도이다. 이 제도는 특허출원 후 개량발명을 하여 보정을 하는 경우 요지변경이 되거나 별도의 출원을 하는 경우에는 먼저 한 출원에 의해서 거절되는 등의 문제를 시정하기 위한 것이다.

국내우선권제도란 기본발명을 출원한 출원인이 그 후 기본발명에 대한 내용을 개량·보충·추가한 경우 선출원의 발명에 포함시켜 하나의 특허를 취득할 수 있도록 함으로써 발명자 및 그 승계인의 권익을 보호하는 제도이다. 즉 이 제도는 구법(1990년 1월 13일 법률 제4207호 이전 법)에서 선출원의 명세서·도면을 보정하는 경우 '요지변경'으로 거절되는 것을 보완하기 위하여 도입된 제도였다.[12] 현재는 이러한 요지변경제도는 폐지되었다.

국내우선권의 이익을 향유하기 위해서는 ⅰ) 선출원이 그 특허출원시에 포기·무효·취하되지 않고, 적법하게 특허청에 계속 중이어야 하고(특§55①ⅲ), ⅱ) 출원인이 동일하여야 하고, ⅲ) 출원내용도 동일하여야 하며, ⅳ) 선출원이 분할 또는 분리출원이거나 변경출원이 아니어야 하고(특§55①ⅱ), 선출원의 특허여부의 결정, 실용신안등록여부의 결정 또는 심결확정 전이어야 한다(특§55①ⅳ). ⅴ) 우선권주장은 선출원의 출원일로부터 1년 이내에 출원(후출원시)하여야 하고(특§55①ⅰ), 또 ⅵ) 우선권주장의 취지 및 선출원의 표시를 특허출원서에 기재하여 특허청장에게 제출하여야 한다(특§55②).

한편 2017년 3월 1일 개정법은 국내우선권주장을 수반한 특허발명의 무효여부를 알려면 선출원의 내용을 확인한 후 대비하여야 하는데 공개전 취하간주된 선출원이 서류 열람대상인지 논란이 있어 불필요한 민원이 발생하여 왔는데 이를 방지하기 위하여 국내우선권주장출원이 출원공개되거나 설정등록되면 국내우선권의 기초가 된 선출원은 서류열람이 가능하도록 개선하였다(특허법 §216②).

국내우선권을 기초로 하여 출원한 것(즉 후출원)은 우선권주장의 기

---

12 미국은 우리나라의 국내우선권제도와 비슷한 일부계속출원 제도를 두고 있다. 일부계속출원(continuation in part application: CIP)이란 동일출원인에 의한 후출원이 선출원의 요부(要部)의 전부 또는 일부를 포함하고 있으며, 나아가 선출원에 없었던 새로운 사항을 후출원에 추가한 출원을 말한다. 미국 특허법에서는 동일인에 의한 계속발명을 보호하기 위해 새로운 사항을 부가한 명세서를 일부계속출원으로 간주하여 선출원과의 공통된 사항에 대해서는 선출원의 출원일과 동일한 출원일을 인정하고 있다.

초가 된 선출원의 출원시에 출원한 것으로 소급 인정하여야 한다(특§55 ③). 또한, 요건을 갖추어 우선권 주장을 한 자는 선출원일(선출원이 2이상인 경우 최선출원일)부터 1년 4개월 이내에 그 우선권 주장을 보정하거나 추가할 수 있다(특§55 ⑦). 후출원이 우선권으로 소급하여 인정된 경우에는 출원일로부터 1년 3개월이 지나면 선출원은 취하된 것으로 본다(특§56 ① 본). 그러나 포기·무효·취하 특허여부의 결정, 실용신안등록여부의 결정 또는 심결이 확정된 경우, 당해 선출원을 기초로 한 우선권 주장이 취하된 경우에는 취하된 것으로 간주하지 않는다(특§56 ① 단).

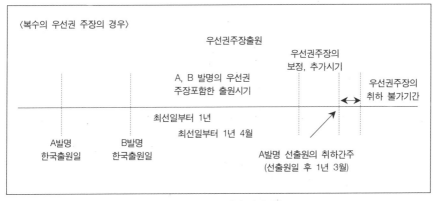

[국내우선권 주장출원시기]

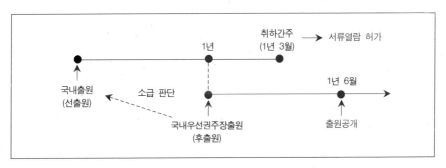

[국내우선권주장 기초출원에 대한 서류열람]

❗ 생각해보기

홍길동은 자신이 발명한 A발명에 대하여 미국에 특허출원한 후 미국에서 A발명을 생산·판매하고 있다. 이후 한국에서 특허출원하려고 선행특허를 조사하던 중 A발명을 개량한 발명이 출원되었음을 확인하였다. 홍길동이 국내에서 A발명을 등록받기 위해 이용할 수 있는 제도는?

CHAPTER **09**

특허에 대한 권리

Ⅰ. 특허권의 발생과 효력

특허권은 발명자가 행한 특허출원을 특허청의 심사절차를 거쳐 권리가 발생한다. 이렇게 발생한 특허권은 무체재산권으로서 물권[1]에 준하는 권리이므로, 특허발명을 독점적으로 실시할 수 있는 한편, 타인의 무단 실시를 배타적으로 배제할 수 있다(독점성, 배타성). 특허권의 대상은 일반적인 권리의 대상과 같이 형체를 가진 것이 아니라 청구범위에 기재된 무형의 기술사상이다(무체성). 특허권은 특허권자 자신이 그 목적물을 실시할 수 있을 뿐만 아니라 타인으로 하여금 실시하게 할 수도 있고, 타인의 실시가 종료되면 원권리상태로 복귀된다(탄력성).

1. 특허권의 발생

특허권이란 발명이라는 기술적 사상의 창작에 대해 법률에 의하여 부여된 독점·배타적인 권리를 말한다. 다시 말해, 특허출원된 발명이 발명의 성립성, 특허등록요건 등의 심사절차를 거쳐 거절결정을 받지 않

---

1 물권은 동산, 부동산에 대한 재산권을 의미하며, 특허권을 포함한 지적재산권을 준물권이라 칭하기도 한다.

은 것을 의미한다. 이러한 특허권은 특허결정을 받고 등록료를 납부한 후 특허등록원부에 기재됨과 동시에 그 효력이 발생하게 된다. 즉, 특허권은 설정등록에 의하여 그 효력이 발생한다(특§87①). 특허등록은 특허청에 비치된 특허등록원부에 특허청장이 직권으로 기재하며(특§85), 특허권의 설정등록을 하였을 때에는 특허청장이 특허권자에게 특허증을 교부한다(특§86①).

특허권은 일정기간 내에서만 향유할 수 있는 권리이므로 영구적이 아닌 유한성을 가지고 있는 점에서, 항구성을 갖는 소유권과 구별된다(유한성). 이와 같이 특허권은 그 권리의 이용과 행사 등에 있어 일정한 제한과 의무가 부가된다. 이는 특허권이 사권私權이기도 하지만 민법상의 일반사권과 달리 공익성이 강하기 때문이다(제한성, 공익성).

2. 특허권의 효력

특허권의 효력에는 특허권자가 업으로서 특허발명을 독점적으로 실시·이용할 수 있는 적극적 효력과 타인이 부당하게 특허발명을 실시하는 것을 금지시킬 수 있는 소극적 효력이 있다. 이에 특허법은 제94조 본문에서 "특허권자는 업으로서 그 특허발명을 실시할 권리를 독점한다"라고 규정하여 특허권의 적극적 효력을 밝히고 있으며, 그 소극적 효력에 관하여는 제97조에서 "특허발명의 보호범위는 청구범위에 적혀 있는 사항에 의하여 정하여진다"라고 규정하고 있다.

(1) 적극적 효력

특허권자는 업으로서 그 특허발명을 실시할 권리를 독점한다(특§94).

1) '업으로서'의 실시

'업業으로서'의 실시라 함은 단순히 영리를 목적으로 영업 행위에 한하는 것이 아니며, 비영리를 목적으로 하더라도 광의의 경제활동의 하나로서 실시하는 것을 말한다. 따라서, 개인적 또는 가정적인 실시는 공정한 경쟁질서를 저해하지 않으므로 업으로서의 실시가 아니라는 것이 일반적인 해석이며, 이에 따라 개인적 또는 가정적 실시가 아닌 경우에는 업으로서 실시라고 해석한다.

2) '독점'적 실시

'독점'적 실시라 함은 다른 사람은 정당한 이유 없이 특허발명을 실시할 수 없다는 것을 의미한다. 이러한 특허권의 독점성을 보장하기 위해서는 반대급부적으로 독점성을 침해하는 행위에 대해서는 그 행위를 배제할 수 있는 배타성이 인정되어야 한다. 따라서 타인이 정당한 이유 없이 특허발명을 실시하는 경우에는 특허권을 침해하는 것이 되며, 특허권자는 침해자에게 그 실시를 중지할 것을 청구할 수 있고, 침해행위로 인하여 손해가 발생한 경우에는 손해배상을 청구하는 등의 여러 구제조치를 취할 수 있다.

3) 실 시

'실시'라 함은 기술적 사상인 특허발명을 산업상 이용(활용)하는 행위를 말하여, 특허법 제2조 제3호의 각호에서는 발명의 종류에 따라 실시의 내용을 달리 규정하고 있다. 즉, i) 물건의 발명인 경우에는 그 물건을 생산, 사용, 양도, 대여 또는 수입하거나 그 물건의 양도 또는 대여의 청약(양도 또는 대여를 위한 전시를 포함한다)을 하는 행위(특§2iii가), ii) 방법의 발명인 경우에는 그 방법을 사용하는 행위(특§2iii나), iii) 물건을 생산하는 방법인 경우에는 그 방법을 사용하는 행위 외에 그 방법에 의하여 생산한 물건을 사용, 양도, 대여 또는 수입하거나 그 물건의 양도 또는 대여의 청약을 하는 행위(특§2iii다)를 말한다.

상기 실시행위는 그 각각이 서로 독립적이므로 침해 여부 역시 각각 독립적으로 판단해야 한다. 예를 들어, 특허품을 생산하는 행위뿐만 아니라, 이를 양도 또는 사용행위는 각각에 대해서 특허권의 효력이 미치게 된다. 이를 '실시행위의 독립성'이라 한다. 한편, 상기 실시행위의 독립성은 특허권자나 정당한 실시권자로부터 구입한 경우에는 적용되지 않는다. 즉, 특허권자로부터 구입한 특허품을 제3자에게 판매할 경우에는 특허권 침해로 인정되지 않는다. 이는 특허품의 판매가 정당하게 이루어진 후에는 특허권은 그것으로 소모되었다고 보기 때문이다.2 3

> ⓘ **생각해보기**
>
> 홍길동은 미국과 한국에 A라는 제품에 대해 특허를 등록받아 유지하고 있으며, 미국과 한국에서 A 제품에 대한 사업을 영위하고 있다. 그런데, 변학도가 미국에서 홍길동으로부터 A 제품을 구입한 후 한국으로 들여와 한국의 장동건에게 그 A 제품을 판매한다면 변학도의 행위는 홍길동의 특허권을 침해한 것으로 볼 수 있는가?

4) 실시의 구체적인 내용

'생산'이라 함은 무형의 기술적 사상인 발명을 이용하여 유형화된 물건을 만들어내는 행위를 말한다. 생산행위는 반드시 완성행위일 것을 요하는 것은 아니며, 착수행위도 포함된다. 그러나 무형의 제작, 설계도의 작성과 같은 생산의 준비행위는 착수행위라고 할 수 없다.

'사용'이라 함은 발명이 추구하는 본래의 목적을 달성하거나 작용·효과를 나타내도록 그 발명을 이용하는 것을 말한다. 그러나, 특허된 내용과 목적, 효과가 다르게 사용되는 것은 특허법상 사용이라고 할 수 없다. 예컨대, 특허품인 경주용 오토바이를 실내장식용으로 사용한 경우는 특허법상 사용이라고 할 수 없다.

'양도'라 함은 생산된 발명품의 소유권을 의사표시에 의하여 타인에게 유상 또는 무상으로 이전하는 것을 말한다. 이때 유상의 경우에는 판매가 되며, 무상의 경우에는 증여가 된다.

'대여'라 함은 발명품을 유상 또는 무상으로 일정한 시기에 반환할

---

2 이를 소모이론이라고 한다.

3 한편, 상기 소모이론과 각국특허권은 독립적으로 인정된다는 각국특허 독립의 원칙이 충돌하는 경우가 있는데, 이러한 것을 진정상품병행수입 문제라고 한다.

것을 조건으로 타인에게 빌려주는 것을 말한다. 제3자가 특허품을 구입한 후 타인에게 대여하는 경우는 포함되지 않으며 유상의 경우에는 임대차, 무상인 경우에는 사용대차가 된다.

'수입'이란 외국에서 생산된 물건을 국내로 반입하는 행위를 말한다. 따라서 아직 국내에 반입되었다고 볼 수 없는 보세지역4 내에 있는 물건은 수입되었다고 볼 수 없다. 수입과 관련하여 반대로 수출에 대해서는 실시로 보지 않는다. 다만, 수출의 경우에는 통상적으로 수출하기 전에 생산, 판매 또는 양도가 이루어져 수출자체에는 특허권의 효력이 미치지 않는다고 하더라도 문제되지 않는다는 것이 일반적이다.

'물건의 양도 또는 대여의 청약(양도 또는 대여를 위한 전시)'이라 함은 특허품을 양도 또는 대여하기 위하여 계약을 성립시킬 목적으로 하는 의사표시를 말한다. 즉, 특허제품을 판매 또는 대여하기 위하여 특허 제품의 특징, 가격, 내용 등을 카탈로그나 팜플렛 등에 게재하여 배포하는 행위 등을 말한다. 즉 특허 또는 실용신안 제품을 국내에서 직접 판매하지 않는 경우에도 카탈로그에 의한 권유, 팜플렛의 배포, 상품판매의 광고, 상품의 진열 등에 의해서 특허 및 실용신안 제품의 판매를 유도하는 행위자체는 청약의 유인행위이나 이러한 유인행위는 특허 제품을 판매하기 위한 행위이므로 '물건의 양도 또는 대여의 청약'에 포함시켜 해석하여야 할 것이다. 여기서 '물건의 양도'란 유·무상에게 관계없으며(예를 들면 무상으로 시작품試作品을 배포하는 행위도 특허법상의 실시가 된다), '대여의 청약'이란 리스의 청약과 같이 대여를 목적으로 청약하는 행위를 말한다. 한편, '전시'는 발명을 양도하거나 대여할 목적으로 불특정 다수인이 인식할 수 있는 상태로 두는 것을 말하며, 양도나 대여의 목적이 아닌 단순한 전시는 특허법상의 실시에 해당하지 않는다.

---

4 보세지역이란 수입 또는 수출 절차를 밟지 아니한 화물을 관세를 매기지 아니한 채 놓아 둘 수 있는 지역을 말한다.

5) 문제가 되는 행위

'소지, 구입, 보관' 행위는 특허법에서 규정하는 실시의 형태에 속하
지 않는다. 그러나 물건을 소지하게 되기까지 생산 또는 양도가 있어야
할 것이므로 이에 의하여 그 물건의 생산업자 등에게 필요한 조치를 취
할 수 있다. 그리고, 물건을 소지한 행위는 양도행위를 할 개연성이 매우
높으므로, 침해금지예방청구의 대상이 될 수 있다.

'수리, 개조' 행위는 특허법에서 규정하는 실시의 형태에 속하지 않는
다. 그러나 수리 또는 개조의 내용이 특허품의 생산에 해당될 정도라면
실시로 보아야 한다. 예를 들어, 사용이 끝난 일회용카메라의 커버에 별
개의 필름을 갈아 끼우고, 다시 사용할 수 있도록 수리했다면 이는 재생
산으로 볼 수 있다.[5]

(2) 소극적 효력

특허권은 적극적으로 당해 특허발명을 실시할 수 있는 효력뿐만 아
니라 정당한 이유가 없는 타인이 특허를 받은 발명을 업으로서 실시할

---

5 동경지방재판소 2000(ワ)16782.

때에는 이를 특허권의 침해로 보아 당해 행위를 금지하게 할 수 있는 소극적인 효력을 갖는다. 이와 같은 특허권의 소극적 효력과 관련하여 특허권 보호의 대상 내지 보호범위의 확정 문제가 논리적인 전제로서 파악되어야 할 것이다. 즉 특허법은 일정한 발명에 대하여 배타적 지배권을 행사할 수 있도록 하고 있는데, 만약 그 독점적 지배권의 범위를 확정하지 않는다면 당해 발명의 보호는 무의미해진다. 이에 특허법은 "특허발명의 보호 범위는 청구범위에 적혀 있는 사항에 의하여 정하여진다"라고 규정함으로써 특허권이 갖는 소극적 효력의 범위 대상을 확정하고 있다.

따라서 비록 발명자의 발명성과는 명세서 중 발명의 설명의 항의 기재에 의하여 일반인에게 공개되나, 특허권의 보호대상으로 출원인이 한 당해 특허발명의 정의 내지 당해 발명내용의 집약은 청구범위가 된다. 특허권을 침해하는 자에 대하여 특허권자는 민사적으로는 침해금지청구권, 부당이득반환청구권 내지 손해배상청구권, 신용회복청구권 등과 같은 구제수단을 사용할 수 있으며, 형사제재를 가할 수도 있다. 소극적 효력에 관해서는 후술하는 11장에서 보다 상세히 살펴본다.

3. 특허권자의 의무

특허권자는 업으로서 특허발명을 실시할 권리를 독점하지만, 이에 반해 일정한 의무도 주어지고 있다. 의무는 다음과 같다.

(1) 특허료의 납부의무

특허권을 설정등록받으려는 자는 설정등록을 받으려는 날(이하 "설정등록일"이라 한다)부터 3년분의 특허료를 납부하여야 하고, 특허권자는 그 다음 연도부터의 특허료를 해당 권리의 설정등록일에 해당되는 날을 기준으로 매년 1년분씩 납부하여야 한다(특§79①). 물론 특허권자는 특허료를 그 납부연차 순서에 따른 수년분 또는 모든 연차분을 함께 납부할 수도 있다(특§79②).

그런데 여러 가지 사정에 의해서 특허료를 납부하지 못하는 경우가 있을 것이다. 이러한 경우 즉시 특허출원을 포기한 것으로 보거나, 특허권을 소멸하게 하는 것은 무리가 있다고 본다. 이에 이를 보완하기 위해서 마련한 규정이 특허료의 추가 납부이다. 즉, 특허권의 설정 등록을 받고자 하는 자 또는 특허권자가 특허료 납부기간이 경과한 후에도 6개월 이내에 특허료를 추가 납부할 수 있다(특§81①). 하지만, 이 경우에는 납부하여야 할 특허료의 2배 이내의 범위에서 일정한 금액을 납부하여야 한다(특§81②). 만약 추가 납부기간 이내에 특허료를 납부하지 아니한 때(추가납부기간이 만료되더라도 제81조의2 제2항의 규정에 의한 보전기간이 만료되지 아니한 경우에는 그 보전기간 이내에 보전하지 아니한 때를 말한다)에는 특허권의 설정 등록을 받고자 하는 자의 특허출원은 이를 포기한 것으로 보며, 특허권자의 특허권은 납부된 특허료에 해당되는 기간이 만료되는 날의 다음날로 소급하여 소멸된 것으로 본다(특§81③).

(2) 특허발명의 실시의무

특허권자는 자신의 특허발명을 직접 실시하거나 제3자에게 실시하게 할 수 있다. 그러나 독점 배타적인 권리를 가진 자(특허권자)가 권리를 취득한 후에 실시하지 않는다면 다른 사람의 기술에까지 영향을 미치게 된다. 이러한 권리자를 내버려둔다면 권리 위에서 잠자는 것을 특허법이 묵인하는 결과가 된다. 그리하여 특허법은 제107조에서 일정한 경우 특허청장에게 통상실시권 설정에 관한 재정(裁定)을 청구할 수 있도록하여 제3자가 당해 특허발명을 실시할 수 있도록 규정하고 있다.

(3) 정당한 권리행사의 의무

특허권은 독점 배타적인 권리이기 때문에 특허권자는 이를 자유로이 행사할 수 있다. 그러나, 우월적인 지위를 이용하여 부당한 거래 등을 행한경우에는 민법 제2조의 권리남용에 해당되는 것은 물론이고, 독점규제 및 공정거래에 관한 법률(이하 "독점금지법" 또는 "공정거래법"이라고 한다)상의 불공정거래행위에도 해당된다(독§45①ix, §117). 따라서 특허발명의 독점적 실시가 보장된 특허권자라고 하더라도 그 권리를 정당하게 행사하여야 할 의무가 있다.[6]

(4) 특허표시의무(특§223)

특허권자, 전용실시권자, 통상실시권자는 물건의 특허발명에 있어서는 그 물건에, 물건을 생산하는 방법의 특허발명에 있어서는 그 방법에 의하여 생산된 물건에 특허표시를 할 수 있으며(특§223①), 특허출원인은 물건의 특허출원에 있어서는 그 물건에 물건을 생산하는 방법의 특허출원에 있어서는 그 방법에 의하여 생산된 물건에 특허출원표시를 할 수 있다(특§223②). 다만, 물건에 특허표시나 특허출원표시를 할 수 없을 때에는 그 물건의 용기 또는 포장에 특허표시 또는 특허출원을 표시할 수 있다(특§223③). 이 규정은 '의무'라기보다는 '권리'에 가깝고, 강제적 규정이 아닌 훈시적訓示的 규정이다. 특허표시는 특허권자는 물론이고 전용실시권자, 통상실시권자도 할 수 있다.

그러나 특허권자나 전용실시권자 또는 통상실시권자가 아닌 자가 특허표시를 하는 것은 금지되며(특§224), 이에 위반한 자는 허위표시의 죄에 해당하게 되어 형사책임(특§228)을 지게 된다.

---

6 특허권자가 자신의 우월한 지위를 이용하여 할 수 있는 불공정거래행위는 다음과 같다.
  ① 특허품의 제조에 필요한 원재료나 부품을 특허권자 또는 그가 지정하는 자로부터 구입할 것을 강제하는 경우
  ② 판매지역을 국내에만 한정하고 다른 나라에의 수출을 금지하는 경우
  ③ 특허권의 존속기간 만료 후에까지 실시료 지급의무 등 제한을 가하는 경우
  ④ 실시권자가 한 개량발명의 특허권을 특허권자에게 귀속시키는 경우
  ⑤ 실시권자의 재판매가격을 지정하는 경우
  ⑥ 경쟁관계에 있는 사업자의 제품 또는 기술의 사용을 금지시키는 경우 등

(5) 실시보고의 의무

특허청장은 특허권자·전용실시권자 또는 통상실시권자에게 특허발명의 실시 여부 및 그 규모 등에 관하여 보고하게 할 수 있다(특§125).

(6) 비밀유지의무

정부는 국방상 필요한 경우 발명자·출원인 및 대리인에게 그 발명을 비밀로 취급하도록 명할 수 있다(특§41①). 이 경우에 정부는 비밀취급에 따른 손실에 대하여 정당한 보상금을 지급해야 한다(특§41③).

Ⅱ. 특허권의 효력제한

특허권의 효력 범위는 청구범위에 기재된 사항에 의하여 정하여지므로(특§97), 특허권의 보호객체는 청구항에 기재된 발명이다(객체적 범위). 또한, 특허권의 효력은 속지주의 원칙에 따라 국내에서만 효력이 있다(지역적 범위). 특허권은 권리가 유지될 동안에만 효력이 미치므로, 존속기간 만료 등의 사유로 권리가 소멸한 경우에는 효력을 상실한다(시간적 범위).

1. 시간적 제한

특허권의 존속기간은 법정(특§88①)되어 있기 때문에 그 기간이 경과되면 당연히 소멸된다. 즉, 특허권의 행사(특허발명의 실시)를 하거나 하지 않아도 그 기간(설정등록일부터 출원일 후 20년) 내에는 특허권이 존재하나 그 후에는 소멸한다.[7]

---

[7]

	특허	실용	디자인	상표	저작
시작	출원	출원	출원	등록	창작(완성)
기간(년)	20	10	20	10+α	死後 70

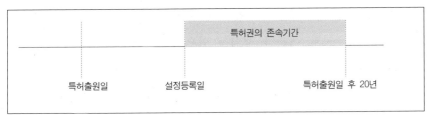

[특허권의 존속기간]

2. 장소적 제한

특허권의 효력은 우리나라 영역 내에 한한다. 즉 대부분의 국가들은 속지주의屬地主義를 채택하고 있다. 특허제도는 국가의 산업정책과 밀접한 관계가 있으므로 각국은 그 산업정책상 자국自國에서 부여하는 권리를 통해 자국의 산업을 보호한다. 이에 따라 특허권의 성립, 소멸, 이전 등은 각국의 특허법이 별도로 정하여 그에 따르게 하고 있다.

3. 내용적 제한

특허권 효력의 내용적인 제한은 특허권의 행사에 있어서의 제한과 특허권의 특수성에 근거한 제한으로 나눌 수 있다. 특허권의 행사는 헌법에 근거하여 재산권으로 보호받을 수 있으나 공공의 복리에 적합하지 않거나, 신의성실에 반하여 권리의 남용이 되는 경우 제한된다. 즉, 공익상·산업정책상의 이유 또는 타인과의 형평성 유지 등의 이유로 그 효력이 제한되는 경우가 있다.

(1) 특허권의 효력이 미치지 아니하는 범위(특§96)
1) **연구 또는 시험을 하기 위한 특허발명의 실시**(특§96①i)
연구 또는 시험을 하기 위한 특허발명의 실시란 특허를 받은 발명의 기술적 효과를 확인 또는 검사하기 위하여 실시하는 것이다. 이러한 실시행위는 영리를 목적으로 하지 않으므로, 특허권자의 이익을 해치는 것이 아니다. 또한 연구 또는 시험을 함으로써 보다 나은 기술과 학문이 발전될 수 있으므로 이러한 행위를 업으로 하여도 특허권자는 실시(사용)금지를 하지 못한다.

이때의 '연구 또는 시험'은 학술적 연구 또는 시험뿐만 아니라 공업적 시험과 연구도 포함된다. 즉, 종래에는 기존 특허권의 존속기간이 만료된 후 상업화를 목적으로 특허권의 존속기간 중에 약사법의 허가를 얻기 위한 시험[8]을 한 경우에 본 규정이 적용될 수 있는지 논란이 있었다. 이에 대해, 판례[9]는 연구 또는 시험을 하기 위한 특허발명의 실시에 해당한다고 판단하였다. 생각건대 위와 같은 경우를 연구 또는 시험으로 보지 않는다면, 특허권의 존속기간이 만료된 후에도 특허권 보호기간이 실질적으로 연장되는 효과가 있어 부당하다. 따라서, 상기 판례의 태도는 타당하며, 2010년 개정법에서 이에 대해 '약사법에 따른 의약품 품목허가품목신고 및 농약관리법에 따른 농약의 등록을 위한 연구 또는 시험을 포함한다'고 명시하였다.

> **❗ 생각해보기**
>
> 제약회사 연구원인 홍길동은 경쟁사인 X회사의 특허발명인 간암치료제 A보다 효과가 뛰어난 간암치료제를 개발하기 위하여 X회사의 허락없이 간암치료제 A를 이용한 연구 및 실험 행위를 하고 있다. 홍길동의 행위가 X회사의 특허권의 효력이 미치는 행위일까?

2) 국내를 통과하는 데 불과한 선박, 항공기, 차량 또는 이에 사용되는 기계, 기구, 장치 기타의 물건(특§96①ii)

단순히 국내를 통과하는 데 불과한 선박, 항공기 또는 그 장치 등은 그 용도가 국내 통과라는 목적에 한정되므로 특허권자에게 주는 손해가 없을 뿐만 아니라, 이에 대해 특허권의 효력이 미친다고 하면 교통을 방

---

8 약사법의 허가를 위한 시험결과를 얻기 위해서는 통상 2~3년이 소요된다.
9 서울남부지방법원 2001카합1074.

해하는 결과가 되어 국제교통상 장애가 있으므로 이들에 대해서는 특허권의 효력이 미치지 않게 하고 있다. 이 규정은 파리조약 제5조의3의 규정과 같은 취지로서 국제교통의 원활화를 도모하기 위한 것이다.

3) 특허출원시부터 국내에 있는 물건(특§96①iii)

선출원주의를 취하고 있는 우리 특허법의 체제하에서는 먼저 특허출원을 한 자가 특허를 받을 수 있다. 그러나 특허출원 당시에 이미 존재하고 있는 물건10에까지 특허권의 효력이 미치도록 하는 것은 사회통념에 반하며 법적 안정성을 저해할 우려가 있다. 그러나 이러한 물건에 대해서는 특허권의 효력이 미치지 않도록 한 것이다.

한편, 특허출원 전 기술적으로 동일한 구성을 한 물건이 공지·공용되었다면, 그 특허는 무효사유에 해당된다. 그러나 그 특허가 무효되기 위해서는 적절한 절차를 거쳐야 하며, 이러한 절차를 통하여 이 특허가 무효되기 전이라도 이 물건에 대하여 특허권의 효력이 미치지 아니하는 것으로 해석하는 것이 타당하다. 또한 이 경우 선사용권의 해당 여부와도 상관없이 그 물건에 대해서는 특허권의 효력이 미치지 아니하는 것으로 해석하는 것이 타당하다.

4) 조제행위(특§96②)

2이상의 의약(사람의 질병의 진단, 경감, 치료, 처치 또는 예방을 위하여 사용되는 물건)을 혼합함으로써 제조되는 의약의 발명 또는 2이상의 의약을 혼합하여 의약을 제조하는 방법의 발명에 관한 특허권의 효력은 약사법에 의한 조제행위와 그 조제에 의한 의약에는 미치지 아니한다. 이는 국민의 생명유지 또는 보건위생을 위한 공익적인 차원에서 약사법에 의한 조제행위에 대해서는 특허권의 효력이 미치지 않도록 한 것이다.

---

10 '물건'이란 국내에 있는 유체물에 한정된 것으로 본다. 그러므로 방법의 발명은 인정되지 않는다.

(2) 회복한 특허권의 효력제한

이는 일정한 사유로 소멸한 특허권이 회복되는 경우에, 소멸된 것으로 알고 있는 선의의 실시자를 보호하기 위한 규정이다.

▌알아두기 선의 · 악의[善意 · 惡意]

사법상 선의란 어떤 사실을 모르는 것이며, 악의란 알고 있는 것을 말한다. 법학상의 선의 · 악의의 개념은 윤리적인 평가와는 관계없이 일정한 사실에 관한 지(知) · 부지(不知)라는 심리상태, 즉 내심적 사실에 따른 것이다. 법률요건(法律要件)으로서는 내부적(內部的) 용태(容態)에 속하고 있는데 이것은 관념적(觀念的) 용태(容態)라고도 한다. 이러한 개념의 취지는 어떤 사정을 모르는 당사자나 제3자의 거래 안전을 보호하기 위해서이며, 이 경우에 법문에는 선의의 상대방이나 선의의 제3자라는 용어를 사용한다(민법 제108조 2항).

---

1) 특허료 추가납부[11] 또는 보전에 의하여 회복한 특허권의 효력제한
(특§81조의3④)

특허료의 불납에 의해 실효된 특허권의 회복에 대한 규정이다. 2001년 개정법 이전에는 특허료의 납부는 그 납부기간을 경과한 후라도 6월간에 한하여 추가납부할 것을 조건으로 하는 것이 인정되었으나(특§81①및 ②), 이 6월의 추가납부기간도 경과해버린 경우에는 특허권이 소멸되었다.

이에 대해 국민(법률소비자)들의 진정과 파리조약 제5조의2 제2항을 근거로, 특허법 제81조의3을 신설하여 특허권의 설정등록을 받고자 하는 자 또는 특허권자가 책임질 수 없는 사유로 말미암아 추가납부기간 이내에 특허료를 납부하지 아니하였거나 보전기간 이내에 보전하지 아니한 경우에는 그 사유가 종료한 날부터 2개월 이내에 그 특허료를 납부

---

11 여기서의 '추가납부'는 특허료 납부기간이 경과한 후 주어지는 6개월의 추가납부기간 동안의 추가납부를 의미하는 것이 아니라, 특허권자가 책임질 수 없는 사유로 인하여 상기 추가납부기간 이내에 특허료를 추가납부할 수 없었던 때 그 사유가 없어진 날로부터 2개월 이내, 추가납부기간의 만료일로부터 1년 이내에 추가납부한 경우를 의미한다.

하거나 보전할 수 있도록 하였다(특§81의3①). 이 경우 특허료를 납부하거나 보전한 자는 제81조 제3항의 규정에 불구하고 그 특허출원을 포기하지 아니한 것으로 보며, 그 특허권은 계속하여 존속하고 있던 것으로 본다(특§81의3②).

따라서 추가납부기간 내에 특허료를 납부하지 아니하였거나 특허료의 보전의 규정에 따른 보전기간 이내에 보전하지 아니하여 특허발명의 특허권이 소멸한 경우 그 특허권자는 추가납부기간 또는 보전기간만료일부터 3개월 이내에 특허료의 2배를 납부하고 그 소멸한 권리의 회복을 신청할 수 있다. 이 경우 그 특허권은 계속하여 존속하고 있던 것으로 본다(특§81의3③).

그러나 특허출원 또는 특허권의 효력은 특허료 추가납부기간이 경과한 날부터 납부하거나 보전한 날까지의 기간(이하 이 조에서 "효력제한기간"이라 한다) 중에 다른 사람이 특허발명을 실시한 행위에 대하여는 그 효력이 미치지 아니한다(특§81의3④). 이러한 효력제한기간중 국내에서 선의로 특허법 제81조의3 제2항 또는 제3항의 규정에 의한 특허출원된 발명 또는 특허권에 대하여 그 발명의 실시사업을 하거나 그 사업의 준비를 하고 있는 자는 그 실시 또는 준비를 하고 있는 발명 또는 사업의 목적의 범위 안에서 그 특허출원된 발명에 대한 특허권에 대하여 통상

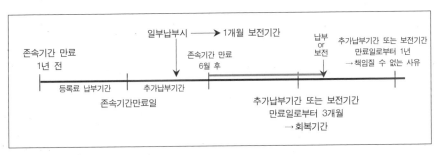

[특허료 납부기간과 효력제한기간]

실시권을 가지며, 통상실시권을 가진 자는 특허권자 또는 전용실시권자에게 상당한 대가를 지급하여야 한다(특§81의3⑤ 및 ⑥). 유의할 사항은 추가납부기간은 효력제한기간에 포함되지 않는다는 것이다.

2) 재심에 의하여 회복한 특허권의 효력제한(특§181)

이 규정은 확정 심결로 무효가 된 특허권이 재심에서 회복한 경우, 무효심결확정에서 회복까지의 기간에 있어서 소급하여 특허권은 존재하여 온 것이 되지만, 그 사이의 당해 발명의 실시는 자유로 되어 있었기 때문에, 그 사이의 기간동안에서의 선의의 실시자를 보호하기 위한 규정이다. 선의의 실시자의 실시까지 소급하여 특허권의 침해로 인정하는 것은 불합리하고, 공평의원칙에도 반하기 때문이다.

따라서 특허권이 재심에 의하여 회복된 경우에는 당해 심결이 확정된 후 재심청구의 등록 전에 선의로 국내에서 그 발명의 실시 사업을 하고 있는 자 또는 그 사업의 준비를 하고 있는 자는 그 실시 또는 준비를 하고 있는 발명 및 사업의 목적의 범위 안에서 그 특허권에 관하여 통상실시권을 가진다(특§182).

(3) 이용·저촉관계에 의한 제한(특§98)

본인이 특허를 받은 특허권자라고 하더라도, 본인의 특허발명이 다른 사람의 권리를 침해하는 경우에는 실시할 수 없다. 즉, 적극적 효력의 제한인 셈이다. 이는 앞서 다른 효력의 제한이 소극적 효력, 즉 타인의 실시를 저지하는 효력을 제한하는 것과 그 성격을 달리하는 규정이다.

특허권자는 자신의 특허발명이 그 특허출원일 전에 출원된 타인의 특허권, 실용신안권, 디자인권을 이용하거나 타인의 디자인권 또는 상표권과 저촉되는 경우에는 그 권리자의 동의를 얻지 아니하거나 통상실시권 허락의 심판을 얻지 않고서는 자신의 특허발명을 실시할 수 없다(특§98, §138).

선출원된 특허발명이나 고안(실용신안) 또는 등록 디자인을 이용한 특허발명을 "이용발명"이라 한다. 이용발명의 의미에 대해 통설과 판례는 선출원된 발명(고안, 디자인)의 구성요소를 전부 포함하고 이를 그대로 이용한 발명을 이용발명이라 보고 있다.

저촉이라 함은 양 권리 간에 있어서, 어느 한 쪽의 권리를 실시하게 되면 다른 쪽의 권리를 실시하게 되는 관계(쌍방적 충돌관계)를 말한다. 따라서, 이와 같은 저촉관계는 선출원주의가 동시에 적용되는 특허와 실용신안 간에는 심사상의 착오에 의한 경우가 아니라면 성립할 수 없다. 그러나, 보호객체가 상이하여 선출원주의가 동시에 적용되지 않는 '특허와 실용신안'과 '디자인' 또는 '상표' 간에는 실질적으로 동일한 내용의 권리가 중복하여 등록되어 저촉관계를 이룰 수도 있다.[12]

(4) 실시권에 의한 제한

실시권이라 함은 특허권자 이외의 자가 정당한 권원을 가지고 특허발명을 실시하는 것을 말하여, 이는 특허권자와 실시자 간의 계약 또는 법률의 규정(법정실시권, 재정실시권 등)에 의해 발생한다.[13]

1) 계약실시권

계약에 의한 실시권에는 전용실시권(특§100)과 통상실시권(특§102)이 있으며, 특허권은 이러한 실시권에 의하여 제한을 받는다.

2) 법정실시권

법정실시권에는 직무발명(발진§10), 특허료 추가 납부에 의한 효력제한기간중 선의의 실시자에 대한 통상실시권(특§81의3⑤), 선사용先使用에 의한 통상실시권(특§103), 무효심판청구등록 전의 실시에 의한 통상실시

---

12 상표의 경우에는 입체상표의 도입으로 상표권도 특허 또는 실용신안과 저촉관계가 성립될 수 있게 되었다.
13 실시권에 대해서는 후술 10장에서 상세히 설명한다.

권(일명 "중용권中用權", 특§104), 디자인권의 존속기간 만료 후의 통상실시권(특§105), 재심에 의하여 회복한 특허권에 대한 선사용권자의 통상실시권(특§182), 질권 행사 등으로 인한 특허권의 이전에 따른 통상실시권(특§122), 재심에 의하여 통상실시권을 상실한 원권리자의 통상실시권(특§183) 등이 있으며, 특허권은 이러한 법정실시권에 의해 제한을 받는다.

3) 재정실시권

재정실시권에는 불실시 등(특§107), 국방상 필요(특§106) 등이 있고, 특허권은 이러한 공익상의 제한을 받는다(상세한 것은 실시권에서 보기로 한다).

□ 관련사례

홍길동은 자전거를 판매하는 자로서 변학도에게서 홍길동이 판매하는 자전거가 변학도의 특허를 침해하는 것을 이유로 실시를 중지하라는 경고를 받았다. 이에 홍길동이 조사해본 결과 홍길동이 판매하는 자전거는 변학도의 특허출원 전에 자전거 잡지에 소개된 자전거 몸체에 충격을 줄이기 위한 탄성매체를 추가한 것으로서 이는 자전거를 제조하는 자라면 누구나 쉽게 생각할 수 있는 것으로 판단하였다. 이에 홍길동은 변학도에게 어떤 주장을 할 수 있을까?

◆ 관련판례(대법원 2001. 10. 30. 선고 99후710 판결)

어느 발명이 특허발명의 권리범위에 속하는지를 판단함에 있어서 특허발명과 대비되는 발명이 공지의 기술만으로 이루어지거나 그 기술분야에서 통상의 지식을 가진 자(당업자)가 공지기술로부터 용이하게 실시할 수 있는 경우에는 특허발명과 대비할 필요 없이 특허발명의 권리범위에 속하지 않게 된다.

Ⅲ. 특허권의 변동과 소멸

특허권의 변동에는 그 소유주체가 변동되어 특허권이 제3자에게 이전되는 경우와 특허권 자체가 일정한 사유로 인해 소멸해 버리는 경우가 있다.

이투데이뉴스   2012.11.26.

만도, 계열사와 120억원 규모 특허권 양도

만도는 중국 사업에 필요한 특허 지분 50% 양도를 목적으로 120억4700만원 규모의 특허권을 양도하는 계약을 만도차이나홀딩스와 체결했다고 26일 공시했다

1. 특허권의 이전

특허권의 이전이란 특허권의 주체가 변경되는 것을 말한다. 특허권은 재산권이므로 이전할 수 있다(특§99①). 즉 특허권자 자신이 직접 특허발명을 실시하는 것보다도 타인에게 그 특허발명을 실시케 하거나, 타인과 공동으로 실시하는 것이 득이라고 생각된 경우에 행할 수 있다.

특허권의 이전에는 당사자의 의사에 기한 이전행위인 양도와 법률의 규정에 의한 일반승계가 있다. 양도는 다시 전주前主가 갖는 모든 권한을 승계하는 전부양도와 특허권자 등으로부터 실시권·담보권 등을 설정하는 것과 같이 전주의 권리내용의 일부를 승계하는 일부양도가 있다. 그리고 일반승계에는 상속이나 회사합병·포괄유증 등이 있다. 이 외에도 질권質權에 의한 경락, 강제집행에 의한 이전, 판결, 공용수용에 의한 이전이 있다. 한편 특허권이 공유인 경우에는 타특허권자(공유자)의 동의를 얻지 않으면 그 지분을 양도할 수 없다(특§99②). 또한 특허권 내지 전용실시권의 이전은 상속 기타 일반승계의 경우를 제외하고는 등록을 하지 않으면 효력을 발생하지 아니하며(특§101①i), 통상실시권의 이전·변경·소멸 또는 처분의 제한 등을 등록하지 않으면 제3자에게 대항할 수 없다(특§118③).

> **생각해보기**
> 홍길동은 장동건과 함께 특허발명 A의 공동특허권자이다. 홍길동과 장동건은 특허발명 A에 대하여 별도로 실시사업을 하고 있었으나, 홍길동은 A발명에 대한 사업을 중단하고 다른 사업을 준비하기로 계획을 변경하였다. 이러한 경우 홍길동은 A발명에 대한 특허권을 다른 사람에게 양도할 수 있을까?

2. 특허권의 소멸

특허권의 소멸이란 일단 유효하게 발생한 효력이 일정한 소멸원인에 의하여 그 효력이 상실되는 것을 말한다. 특허권의 소멸원인으로는 ⅰ) 존속기간의 만료, ⅱ) 특허료의 불납, ⅲ) 상속인의 부존재, ⅳ) 특허권의 포기, ⅴ) 특허권의 무효, ⅵ) 법인 해산시 법인의 청산종결등기일까지 특허권의 이전등록을 하지 않는 경우(특§124②) 등이 있다. 구 특허법은 3년 이상 불실시의 사유로 인한 재정이 있은 날로부터 계속하여 2년 이상 그 특허발명이 국내에서 실시되고 있지 아니하는 경우에는 이해관계인의 신청에 의하여 또는 직권으로 그 특허권을 취소할 수 있었다(구 특§116①). 그러나 2011년 개정 특허법에서는 「대한민국과 미합중국 간의 자유무역협정」의 합의사항을 반영하여 특허법 제116조를 삭제함으로써, 특허발명의 불실시를 이유로 한 특허권 취소제도를 폐지하였다.

소유권은 동산, 부동산과 같이 소유권자의 자유의사에 따라 무한하게 존속할 수도 있지만 특허권은 유한한 권리이다. 특허는 산업발전에 기여하도록 일정의 기간에 있어 독점성을 보장하고, 그 후는 누구나 실시하도록 하여 보다 나은 기술을 기대하기 위한 제도이다. 여기서 '일정의 기간'이란 특허출원일 후 20년이 되는 날까지를 말한다(특§88①). 다만 의약품이나 농약품과 같이 다른 법령의 규정에 의하여 허가를 받거나 등록 등을 하여야 하고, 그 허가 또는 등록 등을 위하여 필요한 활성·안전성 등의 시험으로 인하여 장기간이 소요되는 발명에 대하여는 5년의 기간 내에서 존속기간이 연장될 수 있다(특§89).[14] 또한 2011년 개정 특

---

14 이러한 제도를 '특허권 존속기간 연장제도'라고 한다. 특허권 존속기간 연장제도란 특허권의 존속기간 중 일정한 사유로 인하여 일정한 기간 그 특허발명을 실시하지 못한 경우에 5년의 기간 내에서 그 실시하지 못한 기간만큼 존속기간을 연장시켜 주는 제도를 말한다. 허가 등에 따른 특허권의 존속기간의 연장과 2011년 개정법에 의해 추가된 등록지연에 따른 특허권의 존속기간의 연장으로 구분된다. 허가 등에 따른 존속기간 연장대상이 되는 특허는 특허법 제89조에 의하여 특허법 시행령 제7조(약사법 제31조 제2항·제3항 또는 제42조 제1항의 규정에 따라 품목허가를 받아야 하는 의약품의 발명과 마약류 관리에 관한 법률 제18조 제2항 또는 제21조 제2항의 규정에 따라 품목허가를 받아야 하는 마약 또는 향정신성의약품의 발명 및 농약관리법 제8조 제1항·제16조 제1항 또는 제17조 제1항

허법은 「대한민국과 미합중국 간의 자유무역협정」의 합의사항을 반영하여 특허출원인의 책임이 아닌 사유로 특허권의 설정등록이 늦게 이루어지는 경우 특허출원인의 청구에 따라 그 지연된 기간만큼 특허권의 존속기간을 연장할 수 있도록 하였다(특§92의2~92의5).

특허권자는 소정의 기간 내에 일정의 특허료를 납부할 의무가 있다(특§79①). 이를 태만한 때는 그 특허권이 소멸한다(특§81③).

일반 소유권의 경우에 상속인이 없으면, 그 재산은 국가에 귀속되지만(민§1058), 특허권은 상속인이 없을 때에는 소멸된다(특§124). 즉 특허발명을 일반공중에 개방하여 자유로이 실시하게 하는 것이 산업정책상 보다 유리하다고 생각되어 특허법에서 상속인이 없는 경우는 소멸시킨 것이라고 볼 수 있다. 그러나 공유인 경우에는 소멸되지 않고 타공유자에게 귀속된다.

특허권은 원칙적으로 자유로이 포기할 수 있지만 전용실시권, 질권, 직무발명의 통상실시권, 특허권자의 허락에 의한 통상실시권이 있는 때에는 이러한 권리를 가진 자의 승낙을 받은 경우에 한하여 그 특허권을 포기할 수 있다(특§119). 특허청구의 범위에 2이상의 청구항이 기재된 특허에 대해서는 청구항마다 특허권이 있는 것으로 보기 때문에 청구항마다 포기하는 것이 가능하다(특§215).

특허권의 포기가 있는 때에는 특허권은 그때부터 소멸한다(특§120). 또한 포기에 의한 권리의 소멸, 처분의 제한 등의 경우에도 등록하지 않으면 효력이 발생하지 않는다(특§101①i).

특허권의 무효란 발명이 특허로서 등록되어 유효하게 성립한 권리가

의 규정에 따라 등록하여야 하는 농약 또는 농약원제의 발명)에 명시하고 있다. 연장등록출원인은 특허권자만이 가능하다(특§91①iv, 92의4ii). 특허권이 공유인 경우에는 공유자 전원이 공동출원하여야 하고(특§90③), 공동출원하지 않으면 거절이유에 해당된다(특§91 v, 92의3③). 출원시기는 허가 등에 따른 특허권의 존속기간의 연장의 경우는 타법의 규정에 의한 등록을 받은 날로부터 3월 이내에 출원하여야 한다. 특허권 존속기간의 만료 전 6월 이후에는 연장등록출원을 할 수 없다(특§90②). 등록지연에 따른 특허권의 존속기간의 연장은 특허권의 설정등록일부터 3개월 이내에 출원하여야 한다(특§92의3②).

일정한 무효사유에 해당되어(특§133①) 특허청의 심판이나 판결에 의해, 그 특허권의 효력이 처음부터 존재하지 아니하게 되는 것을 말한다(특 §133③). 특허권에 무효사유가 존재한다고 해서 당연히 무효로 되는 것은 아니고 이해관계인 또는 심사관의 무효심판청구에 의해 특허심판원의 심결이나 특허법원의 판결에 의해서만 무효가 될 수 있다. 그리고 심결이나 판결에 의하여 무효로 확정된 경우에는 그 특허권은 처음부터 없었던 것으로 본다. 그러나 그 특허권자가 외국인으로서의 권리능력을 상실하였거나 또는 그 특허가 조약에 위반하게 되었을 때는 그러한 사유가 발생된 때부터 특허권은 소멸한다(특§133①iv, ③).

❗ 생각해보기

홍길동은 자전거에 대한 특허등록을 받았으나 등록후 암투병으로 인해 2년차 특허 등록료를 납부하지 못하였다. 이러한 경우 홍길동의 특허권은 소멸되는가? 홍길동의 상태가 호전된 후에 미납된 등록료를 추후에 납부할 수 있을까?

CHAPTER **10**

특허발명을 실시할 수 있는 권리

● 학습포인트
● 실시권의 종류
● 실시권의 효력범위 및 제한

| 이데일리 | 2021.08.21. |

모더나 mRNA 백신 특허 사용료 수천억 … LNP 분쟁은 계속

미국 바이오텍 모더나가 mRNA 코로나 백신 플랫폼기술 원천 특허 보유 기업에게 수천억원을 지불한 것으로 나타났다. 또다른 핵심 플랫폼기술은 특허침해 의혹으로 2년째 소송을 벌이고 있으며, 패소할 경우 수조원의 징벌적 배상금 지출이 불가피할 전망이다.

12일 미국 증권거래위원회에 제출된 모더나의 분기 보고서에 따르면 올해 상반기 매출액 62억 9,100만 달러(7조 2,100억원)를 기록했다. 지난해 상반기 매출 7,500만 달러(850억원) 대비 무려 84배 증가했다. 순이익은 40억 100만 달러(4조 5,900억원)로 흑자전환했다. 전년 모더나는 2억 4,100만달러(2,762억원) 규모의 순손실을 냈다.

상반기의 실적 견인은 코로나 백신이 했다. 코로나 mRNA 백신이 낸 매출은 총 59억달러(약 6조 7,400억원)로, 상반기 전체 매출의 무려 93%를 차지한다. 전 세계적으로 mRNA 백신 수요가 갈수록 높아지고 노바백스의 승인 지연으로 인하여 공급은 더 늘어날 전망이다. 유럽연합(EU)에 공급하는 백신 1회분 가격을 19유로(2만 6,000원)에서 21.47유로(2만 9,400원)

로 인상까지 하면서, 하반기 실적은 상반기를 뛰어넘을 것으로 관측된다.

모더나가 mRNA 백신으로 막대한 매출을 올린 만큼 원천 특허 보유기업은 가만히 앉아서 돈을 벌어들였다. 2017년 6월 모더나는 셀스크립트 및 그 계열사 mRNA 리보 테라퓨틱스와 특정 특허권에 대한 서브 라이선스 계약을 체결했다. 구체적인 마일스톤 계약 규모는 공개되지 않았지만, 모더나는 mRNA 백신 매출의 한 자릿수 비율의 런닝로열티를 셀스크립트에 지불해야 한다.

모더나는 셀스크립트에 올해 1분기와 2분기 각각 1억 4,800만 달러(1,720억원), 2억 3,200만 달러(2,700억원), 상반기에만 총 3억 8,000만 달러(4,420억원)를 지급했다. 하반기 mRNA 매출까지 더하면 올해만 셀스크립트 특허사용료가 최소 1조원을 넘어설 것으로 예상된다.

모더나와 화이자의 mRNA 백신에는 '바깥'과 '안'을 구성하는 특허가 같다. 그중 셀스크립트가 보유한 원천 특허는 mRNA 백신 '안'을 제조하는 데 필요하다. 우리 몸은 mRNA를 침입자로 인식해 잘라버리고, 이 과정에서 과도한 면역반응 부작용이 발생한다. 셀스크립트 특허는 인체가 mRNA 백신을 침입자로 인식하지 못하게 한다. 세 번째 mRNA 백신 탄생의 기대를 받았던 큐어백이 임상에 실패한 이유로 셀스크립트 특허를 사용하지 못했기 때문이라는 가설이 유력할 정도로 핵심 기술이다. 셀스크립트의 특허권 보장은 2030년까지이다. 모더나와 셀스크립트는 비독점적 계약이다. 하지만 일정 시간 동안 추가 라이선스 부여는 제한된 상태이며, 이는 큐어백이 셀스크립트 특허를 사용하지 못한 이유로 추정된다. 업계는 한국의 mRNA 컨소시엄이 셀스크립트 특허 확보를 못하면 빠른 시간 내에 백신 개발을 할 수 없다고 봤다.

바이오회사 대표는 "지난해 코로나 백신 개발 초창기 화이자 공동개발사 바이오앤테크가 셀스크립트 기술을 사용하는 건 이미 공개된 상태였다. 모더나는 독자적인 기술을 사용한 것으로 파악하고 있었는데, 뒤늦게 공개한 자료를 보니 셀스크립트 특허를 결국 사용했다"며 "백신 '안'을 구성하는 새로운 특허가 있다고 해도, 검증이 안 돼서 허가가 오래 걸릴 거다. 빠른 백신 개발을 위해서는 이미 상용화에 성공한 mRNA 백신이 사용한 특허부터 확보해야 한다"고 말했다.

모더나는 mRNA '겉' 물질인 지질나노입자(LNP) 사용료는 아직 재무제표에 나오지 않았다. 모더나와 아뷰투스는 LNP를 두고 지난해부터 특허침해소송을 진행 중이기 때문이다. 아뷰투스는 아크튜러스에 LNP 기술을 라이선스 아웃했으며, 아크튜러스는 다시 모더나에 재라이선싱했다. 아뷰투스는 아크튜러스의 재라이선싱을 금지하는 소송을 제기해 승소했다. 이후 아뷰투스는 "모더나가 아크튜러스에 재라이선싱을 받은 영역은 4개 바이러스에 한정되며, 코로나 바이러스는 포함되지 않는다"면서 특허침해소송을 제기했다.

지난해 미국 특허심판원(PTAB)은 아뷰투스의 손을 들어줬으며, 모더나는 연방항소법원에 항소한 상태다. 모더나는 지난 2월 항소시면에서 개회 브리핑을 했으며 여전히 특허침해를 부인한 것으로 전해진다. 아뷰투스는 5월 응답 브리핑, 모더나는 7월 회신 브리핑을 제출했다. 청문회 날짜는 아직 정해지지 않았으나, 업계는 특허심판원의 판결이 뒤집힐 가능성은 희박하다고 보고 있다. 항소심에서 모더나의 패소가 결정되면, 미국 징벌적 손해배상에 따라 매년 수조원의 특허사용료는 불가피할 것으로 관측된다.

특허발명을 업으로서 실시할 수 있는 권리를 독점하는 자는 특허권자(특§94)이지만, 특허법은 특허권자 이외의 자에게도 특허발명을 적법하게 업으로서 실시할 수 있도록 하고 있다(특§100①, §102①). 후자의 권리를 실시권이라고 하며 이것은 전용실시권과 통상실시권으로 대별된다. 이 외에도 실시할 수 있는 권리를 한 사람에게만 주느냐 아니냐에 따라, 독점적 실시권과 비독점적 실시권으로 나눌 수 있다.

여기에서는 우리 특허법상의 분류방법에 따라 전용실시권과 통상실시권으로 나누어서 보기로 한다.

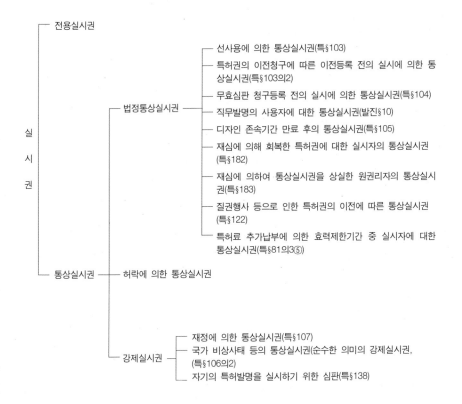

I. 전용실시권

　전용실시권이란 특허발명을 일정범위 내에서 업으로서 독점적으로 실시할 수 있는 권리를 말한다(특§100①,②). 즉, 특허권자 이외의 자가 특허권자와의 계약에 의해 내용·지역·기간 등의 범위를 정하여 그 범위 내에서 독점적으로 실시하는 것을 말한다. 따라서, 전용실시권은 그 범위 내에서는 특허권자일지라도 업으로 실시할 수 없다는 것으로 물권적인 성질을 가진다. 또한 전용실시권의 성질에 따라 동일범위 내에서는 중복적인 전용실시권이 성립될 수 없다.

○ 물권이란 특정한 물건(또는 재산권)을 직접·배타적으로 지배하여 이익을 향수하는 것을 내용으로 하는 권리이다. 물권의 본질은 첫째로, 그 목적물을 직접 지배하는 권리이다. 직접 지배란 권리의 실현을 위하여 타인의 행위를 요하지 않는다는 뜻이다. 따라서 권리실현을 위하여 채무자의 행위를 요하는 채권과 다르다. 둘째로, 배타적인 권리이다. 즉 동일물에 관하여 동일내용의 2개 이상의 물권이 동시에 존재할 수 없다(일물일권주의). 따라서 제3자를 해하지 않도록 엄격한 공시를 필요로 한다. 물권은 우선적 효력·소급적 효력을 가지고 있으므로 물권의 내용여하에 따라서 제3자에게 불의의 손해를 주지 않게 하기 위하여 물권의 종류 및 내용을 제한하여 당사자가 임의로 창설할 수 없으며, 오직 법률이나 관습법에 의해서만 창설된다(물권법정주의: 민법 제185조).

물권의 효력에는 (1) 내용이 충돌하는 물권 상호간에는 먼저 성립한 물권이 후에 성립한 물권보다 우선하는 효력을 가지며, 물권과 채권이 병존하는 경우에는 그 성립의 선후에 관계없이 언제나 물권이 우선한다는 우선적 효력을 가진다.

(2) 물권의 내용의 실현이 방해되거나 방해될 염려가 있는 경우에 그 방해자에 대하여 방해의 제거를 청구하는 권리인 물권적 청구권이 있다.

○ 특정인(권리자)이 다른 특정인(의무자)에 대하여 특정의 행위(급부)를 청구할 수 있는 권리를 채권(債權)이라고 하고, 그러한 급부를 하여야 할 의무를 채무(債務)라 한다. 이 권리자(權利者)인 특정인(特定人)을 채권자(債權者)라 하고, 의무자인 특정인을 채무자(債務者)라고 한다.

물권과 채권의 차이는 물권은 물건에 대한 지배권을 갖는데 대하여 채권은 사람에 대한 청구권(請求權)으로서 배타성(排他性)이 없다. 따라서 동일한 물건에 물권과 채권이 성립하면 물권이 우선한다. 채무자가 채무를 이행하지 않는 때에는 채권자는 원칙적으로 강제이행(强制履行)을 구하거나 손해배상(損害賠償)을 청구할 수 있다.

전용실시권의 설정은 특허권자와 전용실시권을 설정 받고자 하는 자 사이의 계약에 의한 경우가 대부분이다. 한편, 특허권이 공유인 경우에는 타공유자의 동의를 얻어야 전용실시권 설정이 가능하다.[1] 전용실시권의 설정은 특허원부에 등록을 함으로써 효력이 발생한다. 즉, 전용실시권은 특허권자와의 계약에 의하여 발생하는 허락실시권으로 설정등록[2][3] (특§100①)을 하지 않으면 그 효력이 발생하지 않는다(특§101①ii).

---

1 대법원 2014. 8. 20. 선고 2013다41578 판결.
2 전용실시권은 설정등록이 효력발생요건이다.
3 등록대상은 i) 특허권의 이전(상속 기타 일반승계에 의한 경우는 제외)·포기에 의한 소

특허권 공유, 공유물 분할 청구 가능하다.

민법상 공유물 분할청구에 관한 규정 적용
현물분할 아닌 경매에 의한 대금분할 해야
대법원, 원고승소 원심확정

특허권이 공유(共有)일 때 각 공유자에게 공유물분할청구권이 인정되고, 이 때에는 현물분할이 아닌 경매에 의한 대금분할을 해야 한다는 대법원 첫 판결이 나왔다.

대법원 민사1부(주심 양창수 대법관)는 지난달 20일 황모씨가 (주)고려기업과 (주)고려이엔지를 상대로 낸 공유물 분할 소송 상고심(2013다41578)에서 원고승소 판결한 원심을 확정했다.

특허법 제99조2항은 특허권이 공유인 경우에는 각 공유자는 다른 공유자 모두의 동의를 받아야 지분을 양도하거나 지분에 질권을 설정할 수 있다고 규정하고 있다.

재판부는 판결문에서 "특허법 규정에 따라 특허권은 권리행사에 일정한 제약을 받아 합유(合有)와 유사한 성질을 가진다"며 "특허법의 규정은 공유자 외의 제3자가 특허권 지분을 양도받거나 실시권을 설정받을 경우, 제3자가 투입하는 자본의 규모·기술·능력에 따라 경제적 효과가 현저하게 달라지게 돼 다른 공유자 지분의 경제적 가치에도 상당한 변동을 가져올 수 있는 특허권의 공유관계의 특수성을 고려해, 다른 공유자의 동의 없는 지분의 양도 및 실시권 설정 등을 금지한다는 데에 있다"고 설명했다.

이어 "그렇다면 특허권의 공유자 상호간에 이해관계가 대립될 때 공유관계를 해소하기 위해 공유자에게 민법상의 공유물분할청구권을 인정하더라도 공유자 이외의 제3자에 의해 다른 공유자 지분의 경제적 가치에 변동이 발생한다고 보기 어렵고, 분할청구를 금지하는 특허법 규정도 없으므로 특허권의 공유관계에 민법상 공유물분할청구에 관한 규정이 적용될 수 있다"며 "다만 특허권은 발명에 따른 독점권으로서 그 대상은 형체가 없을 뿐만 아니라 각 공유자에게 특허권을 부여하는 방식의 현물분할을 인정하면 하나의 특허권이 사실상 내용이 동일한 복수의 특허권으로 증가하는 부당한 결과를 초래하게 되므로, 특허권의 성질상 그러한 현물분할은 허용되지 않고 경매에 의한 대금분할을 명한 것은 정당하다"고 밝혔다.

김모씨와 고려기업 등은 중량물 하역 작업용 와이어 로프 고리의 제조방법 특허권과 디자인권을 각 지분비율에 따라 소유하고 있었다. 김씨의 특허권과 디자인권지분을 상속한 황씨는 자신의 지분비율에 따라 특허권을 분할해 달라며 소송을 했다.

반면 고려기업 등은 특허권과 디자인권은 합유이기 때문에 분할을 청구할 수 없다며 "합유자의 지위는 일신전속적이기 때문에 황씨는 지분을 상속받을 수 없고, 나머지 합유자인 고려기업 등에 지분이 귀속된다"고 주장했다.

1·2심은 "공유인 특허권의 분할을 금지하는 법률규정이 없고, 특허권도 환가 가능한 재산권"이라며 "공유인 특허권 등의 분할이 법률상 또는 성질상 금지된다고 할 수 없다"고 판단해 특허권과 디자인권을 경매에 부쳐 지분비율에 따라 분배하라고 판결했다.

멸 또는 처분의 제한, ii) 전용실시권의 설정·이전(상속 기타 일반승계에 의한 경우는 제외)·변경·소멸(혼동에 의한 경우는 제외) 또는 처분의 제한, iii) 특허권 또는 전용실시권을 목적으로 하는 질권의 설정·이전(상속 기타 일반승계에 의한 경우는 제외)·변경·소멸(혼동에 의한 경우는 제외) 또는 처분의 제한의 경우이다.

전용실시권자는 그 설정행위로 정한 범위 내에서 업으로서 그 특허발명을 실시할 권리를 독점한다(특§100②). 전용실시권의 범위란 특허권자가 전용실시권자에게 업으로 실시할 권리를 독점적으로 허여하는 것이지만, 이 경우 시간적 범위(특허권의 존속기간 내에서 특정의 기간), 지역적 범위(국내의 특정지역), 내용적 범위(우리나라에 있어서 특정의 분야, TV와 VTR에 이용할 수 있는 발명을 VTR에 한하여 실시하도록 하는 경우 등과 수입·생산·판매에 한하는 경우)를 정하여 하는 것이 일반적이다. 한편, 전용실시권의 침해가 있는 경우, 전용실시권자는 특허권과 마찬가지로 권리의 침해에 대하여 침해금지를 비롯한 권리를 행사할 수 있다.

그러나 특허권자가 업으로 실시할 수 있는 전 범위를 전용실시권자에게 허여한 경우 특허권자에게는 ⅰ) 특허권자로서의 명예로운 지위의 유지保持, ⅱ) 특허권침해에 대한 소권訴權, ⅲ) 전용실시권의 이전(특§100③)이나, ⅳ) 통상실시권 및 질권의 설정에 대한 동의권만을 갖는다. 이는 전용실시권자가 독단으로 권리행사를 할 수 없게끔 하는 권리만 남는다.

전용실시권도 재산권의 일종이므로 이전이 가능하다. 그러나 자유양도는 금지되나, ⅰ) 특허권자의 동의를 얻은 경우, ⅱ) 실시하는 사업과 함께 하는 경우, ⅲ) 상속 기타 일반승계의 경우에 한해서 이전할 수 있다(특§100③). 다만 ⅰ)과 ⅱ)에 의한 이전은 등록하지 않으면 그 효력이 발생하지 않으며(특§101①ⅱ), ⅲ)의 경우는 지체 없이 그 취지를 특허청장에게 신고하여야 한다(특§101②).

전용실시권은 ⅰ) 특허권의 소멸, ⅱ) 계약에 의한 설정기간의 만료, ⅲ) 계약의 해제·취소, ⅳ) 포기(질권자, 통상실시권자의 승낙 필요: 특§119②) 등에 의하여 소멸된다.

재실시권sub license이란 실시권자가 특허권자로부터 실시허락을 받은 발명특허를 제3자에게 다시 실시허락하는 것이다. 이러한 경우에는 특허권자의 동의가 원칙적으로 필요하며, 재실시권의 범위는 원실시권계약의

범위 내로 한정된다. 또한, 이러한 재실시권은 원실시권 계약이 종료됨
과 동시에 소멸되는 것으로 보나 특단의 사유가 있는 경우에는 그러하
지 않다고 본다. 전용실시권자는 특허권자의 동의를 얻어 질권質權을 설
정하거나 통상실시권을 허락할 수 있다(특§100④). 후자의 통상실시권을
재실시권이라고 한다.

> **❗ 생각해보기**
> 홍길동은 발명 A에 대하여 특허를 받았으나, 경제적 어려움으로 인해 A발명을 사업
> 화할 준비조차 못하고 있다. 이러한 사정을 알게 된 장동건은 홍길동의 특허발명 A
> 를 사업화하여 독점적으로 실시하고자 한다. 홍길동이 발명 A에 대한 특허권을 양도
> 할 의사가 없는 경우 장동건이 특허발명 A의 실시를 위해 홍길동에게 요구할 수 있
> 는 것은?

Ⅱ. 통상실시권

통상실시권이란 특허권자 이외의 자가 이 법의 규정에 의하여 또는
설정행위로 정한 범위 안에서 업으로서 그 특허발명을 실시할 수 있는
권리를 말한다. 통상실시권은 특허권에 부수적인 권리이며, 특허발명을
독점배타적으로 실시할 수 없는 채권적 권리이다. 따라서, 통상실시권을
허락한 후에도 중복되는 범위 안에서 i) 특허권자가 스스로 실시할 수
있고, ii) 같은 내용의 복수의 통상실시권이 동시에 존재할 수 있다.

통상실시권은 그 발생원인에 따라 i) 약정에 의한 허락실시권, ii)
법령의 규정에 의하여 당연히 발생하는 법정실시권 및 iii) 행정청의 처
분에 의하여 발생하는 강제실시권이 있다. 그리고 통상실시권의 범위는
법률이나 계약으로 설정된 범위 안에서 업으로서 그 특허발명을 실시할
수 있는 권리를 가진다(특§102②).

1. 허락에 의한 통상실시권

허락에 의한 통상실시권은 특허권자 또는 전용실시권자와 특허발명을 실시하고자 하는 자와의 계약에 의하여 발생하는 통상실시권을 말한다. 통상실시권에 대한 설정등록은 그 후에 특허권 또는 전용실시권을 취득한 자에 대하여 효력이 발생하는 제3자 대항요건이다.

한편, 특허권자와의 계약에 의해 통상실시권을 설정함에 있어서, 한 사람에게만 실시허락을 하는 것을 독점적 통상실시권[4]이라고 한다. 다만 독점적 통상실시권 계약을 행한 경우에, 특허권자가 다른 제3자에게 동일범위의 통상실시권을 설정하였다면, 이에 대해서는 계약위반의 책임을 물을 수 있다.

전용실시권과 허락에 의한 통상실시권을 구별하면 다음의 표와 같다.

구분	전용실시권	통상실시권
허락자	특허권자	특허권자 or 전용실시권자
성질	물권적 권리	채권적 권리
설정등록	효력발생 요건	대항요건
중복설정	동일범위 중복설정 불가	동일범위 중복설정 가능
허락자의 자기실시	불가능	가능
내용	설정범위 내에서 업으로서 독점실시	설정범위 내에서 업으로서 실시 (독점 ×)
배타권	행사 가능	행사 불가

2. 법정실시권

법정실시권은 특허권자의 의사와 관계없이 법령의 규정에 의해 당연히 발생하는 실시권으로서, 기존의 산업시설을 보호하고, 특허권자와 일정한 관계에 있는 자 사이의 형평을 도모하여 산업발전에 기여하기 위한 것이다.

---

4 전용실시권 설정계약을 하고, 등록원부에 설정등록을 하기 전까지의 지위가 이에 해당한다.

(1) 직무발명에 대한 사용자 등의 통상실시권[5](발진§10 ①)(상세한 것은 앞의 '직무발명' 참조).

(2) 선사용자의 통상실시권[6](선사용권先使用權: 특§103)

특허출원 당시 선의[7]로 국내에서 그 발명의 실시사업을 하거나 그 사업의 준비를 하고 있는 자[8]는 그 실시 또는 준비를 하고 있는 발명 및 사업의 목적의 범위 내에서 통상실시권을 가진다. 이는 특허권자와 선사용자 사이의 공평을 도모하고, 선사용자의 사업설비 등을 보호하기 위함이다.

선사용권이 인정되는 범위는 그 실시 또는 준비를 하고 있는 발명의 범위이거나, 사업목적의 범위로 한정된다. 즉 선사용자는 특허발명의 출원당시 실시 또는 준비하고 있던 발명의 범위이거나, 사업목적의 범위에 한해서 선사용권을 갖는다. 따라서, 발명의 범위를 벗어나거나 사업목적의 범위를 벗어난 경우에는 선사용권이 인정되지 않는다. 다만, 사업목적이 동일하다면 실시규모를 확장하는 것은 가능하다고 보는 것이 다수설이다.

선사용권은 법정요건을 충족시키면 등록 없이도 특허권·전용실시권의 취득자에게 대항할 수 있다. 선사용권의 양도에 대해서는 일반승계를 제외하고 특허권자의 승낙이 있을 경우 또는 실시사업과 함께 할 경우에는 양도할 수 있다.

(3) 특허권의 이전청구에 따른 이전등록 전의 실시에 의한 통상실시권
(특§103의2)

2017년 3월 1일 개정 시행 특허법은 특허권의 이전등록 청구제도를 도입함으로써 정당한 권리자의 효율적 구제수단을 마련하였다. 특허권이

---

5 이는 실시료를 내지 않는 무상(無償)의 법정실시권이다.
6 무상(無償)의 법정실시권이다.
7 선의란 특허출원시에 그 특허출원된 발명의 내용을 알지 못하고 그 발명을 하거나 그 발명을 한 자로부터 지득한 것을 말한다.
8 선사용자.

이전등록이 있기 전에 해당 특허가 정당한 권리자가 아닌 자가 특허권 자로 되어 있어 특허 무효사유가 있음을 알지 못하고 국내에서 해당 발 명의 실시사업을 하거나 이를 준비하고 있는 경우 그 실시하거나 준비 를 하고 있는 발명 및 사업 목적의 범위에서 그 특허권에 대하여 통상실 시권을 가진다. 이는 이전등록전 선의로 실시사업하던 자의 사업설비 등 을 보호하기 위함이다.

이전청구에 따른 통상실시권을 가지는 자는 이전등록된 특허의 원특 허권자, 이전등록된 특허권에 대하여 이전등록 당시에 이미 전용실시권 이나 통상실시권 또는 그 전용실시권에 대한 통상실시권을 취득하고 등 록을 받은 자이며(특§103의2①각호) 이전등록된 특허권자에게 상당한 대 가를 지급하여야 한다(특§103의2②).

(4) 무효심판 청구등록 전의 실시에 의한 통상실시권[9](중용권中用權[10]: 특 §104)

이 실시권은 특허발명에 대한 무효심판청구의 등록 전에 자기의 특 허발명이 무효사유에 해당되는 것을 알지 못하고(선의) 국내에서 그 발 명의 실시사업 또는 사업의 준비 중에 해당 특허권이 무효되는 경우에 실시사업 또는 사업을 준비한 자에게 부여하는 실시권이다. 이는 자신의 등록이 적법한 것으로 믿고, 특허발명을 실시하거나 실시하려고 했던 자, 즉 특허청의 행정처분을 신뢰한 자를 보호하기 위한 규정이다.

이 실시권을 가질 수 있는 자에 대해 특허법 제104조 제1항 각호에 서는 i) 동일발명에 대한 2이상의 특허 중 그 하나를 무효로 한 경우의 원특허권자, ii) 특허발명과 등록실용신안이 동일하여 그 실용신안등록을 무효로 한 경우의 원실용신안권자, iii) 특허를 무효로 하고 동일한 발명

---

9 유상의 통상실시권임.
10 이 실시권은 특허출원 후에 생긴 일정한 사실에 의하여 발생하는 실시권이라는 점에서 중 용권이라고 한다.

에 관하여 정당한 권리자에게 특허를 한 경우의 원특허권자, iv) 실용신안등록을 무효로 하고 그 고안과 동일한 발명에 관하여 정당한 권리자에게 특허를 한 경우의 원실용신안권자, v) 상기 i) 내지 iv)의 원권리에 설정되어 있던 전용실시권 또는 등록된 통상실시권자가 가진다고 규정하고 있다.

이 실시권이 인정되는 범위는 앞에서 선사용권에서와 같이, 실시 또는 준비를 하고 있는 사업의 목적범위 내에서 가능하고, 이 실시권의 양도는 일반승계를 제외하고 특허권자의 승낙이 있을 경우 또는 실시사업과 함께 할 경우에는 양도할 수 있다.

(5) 디자인권 존속기간 만료 후의 통상실시권[11](특§105)

특허출원일 전 또는 특허출원일과 같은 날에 출원되어 등록된 디자인권이 그 특허권과 저촉[12]되는 경우에 그 디자인권의 존속기간이 만료되는 때에는 그 원디자인권자에게 원디자인권의 범위[13] 안에서 통상실시권을 갖는다. 특허출원일 전에 출원되어 특허권과 저촉되는 디자인권의 경우에 디자인권자는 특허권에 구속되지 않고 자유로이 등록디자인을 실시할 수 있다.[14] 그러나, 특허권이 존속하는 상황에서 자기의 디자인권이 소멸된 디자인권자는 특허권을 침해하게 되는 불합리가 발생하는 것을 방지하기 위한 것이다.

이 실시권이 인정되기 위해서는 i) 특허출원일 전 또는 같은 날에 출원되어 등록된 등록디자인권이어야 하고, ii) 등록된 디자인과 특허가 저촉관계에 있어야 한다. iii) 디자인권은 존속기간 만료로 소멸되어야 하고, 다른 소멸사유에 의한 소멸은 인정되지 않는다.

원디자인권자에게는 공평의 견지에서 무상無償의 실시권이지만, 원디

---

11 디자인권자는 무상(無償)이나, 특허권자나 전용실시권자는 유상(有償)임.
12 이용관계에서는 해당되지 않는다.
13 원디자인권에 대한 실시권이 있는 경우에는 실시권의 범위 안에서 실시권을 갖는다.
14 후출원의 특허권자가 디자인권자의 실시허락을 구해야 한다.

자인의 실시권자에는 대가를 지불하여야 하는 유상有償의 실시권이다.

(6) 질권행사 등으로 인한 특허권의 이전에 따른 통상실시권[15](특§122)

특허권을 목적으로 하는 질권[16]이 설정되기 이전 또는 공유인 특허권을 분할청구하기 이전에 특허권자가 그 특허발명을 실시하고 있는데, 그 특허권이 경매 등에 의하여 이전된 경우, 그 특허발명에 대하여 당해 특허권자에게 인정되는 통상실시권을 말한다. 만일 이 실시권을 보장하지 않는다면 질권행사로 인해 특허권의 소유자가 달라지면, 실시를 위해 갖추어 놓은 산업설비를 폐기해야 되는 문제가 있기 때문에 산업설비를 보호해 주기 위해 이 실시권이 존재한다.

이 실시권은 i) 질권설정 이전에 특허발명을 실시하고 있어야 한다. 질권설정 이후에 실시를 한다거나, 질권설정 이전이라도 실시의 준비만으로는 적용되지 않는다. ii) 공유인 특허권의 분할청구 이전에 특허발명을 실시하고 있어야 한다. iii) 특허권이 질권의 행사로 인해 경매 등에 의해 타인에게 이전되어야 한다. 이 실시권을 가질 수 있는 사람은 원특허권자(공유인 특허권을 분할청구한 경우에는 분할청구를 한 공유자를 제외한 나머지 공유자를 말한다)뿐이며, 원특허권에 종속되어 있던 실시권자라 하더라도 이 실시권이 발생하지 않는다.

(7) 등록료 추가납부에 의한 효력제한기간 중 선의의 실시자에 대한 통상실시권[17](특§81의3⑤)

제9장에서 살펴본 바와 같이, 등록료를 납부하지 않더라도 추가납부 또는 보전을 할 수 있고, 이에 회복된 특허권에 대해 효력제한을 인정하고 있다(특§81의3④). 즉, 특허권자가 특허료 납부기간 내에 납부하지 못

---

15 유상(有償)의 실시권임
16 채권자가 채권의 담보로서 채무자 또는 제3자(물상보증인)로부터 받은 담보물건을 의미한다.
17 유상(有償)의 실시권이다.

할 경우에는 그 특허권은 소멸된다. 그러나, 특허권자가 납부기간을 망각하고 납부하지 못한 경우에는 많은 비용과 특허권자의 효력제한규정으로서, 추납기간 등의 경과 후부터 특허권의 회복이 있었던 사실이 공시되는 회복등록까지의 기간 동안은 제3자의 일정한 행위에 대하여 특허권의 효력이 미치지 않도록 한 규정이다. 즉, 특허권 추가납부의 효력규정에 의하여 회복한 특허권의 효력은 특허료 추가납부 등(특§81)의 규정에 의하여 특허료를 추가납부 또는 보전할 수 있는 기간이 경과한 후, 특허권의 회복등록 전에 국내에서 선의로 당해 발명의 실시사업을 하거나 그 사업의 준비를 하는 행위에는 미치지 않도록 규정하고, 그 실시 또는 준비를 하고 있는 발명 또는 사업의 목적범위 안에서 그 특허출원된 발명에 대한 특허권에 대하여 통상실시권을 갖도록 하였다(특§81의3 ⑤). 이 통상실시권을 갖게 되는 자는 특허권자 또는 전용실시권자에게 상당한 대가를 지급하여야 한다(특§81의3⑥).

(8) 재심에 의하여 회복한 특허권에 대한 선사용자의 통상실시권[18]
    (후용권[19]後用權 특§182)
이 실시권은 특허법 제181조 제1항 각호의 1에 해당하는 심결[20]이 확정된 후 재심청구등록 전에 선의로 국내에서 그 발명의 실시사업을 하거나 그 사업의 준비를 하고 있는 자에게 그 실시 또는 준비를 하고 있는 발명 또는 사업의 목적 범위 안에서 인정하는 실시권을 말한다. 특허법은 특허심판원의 확정된 심결이라는 공권적 판단을 신뢰한 선의의 실시자를 보호해 주어야 하며, 그 실시를 통하여 갖추어진 산업설비를 보호하기 위해 이 실시권을 인정한다.

---

18 이 실시권이 유상의 실시권인지, 무상의 실시권인지에 대해서는 견해의 차이가 있다. 즉, 특허심판원의 심결을 신뢰한 실시자를 보호해야 한다는 의미에서 무상이어야 한다는 견해와, 소멸된 경우에 무상으로 사용할 수 있었고, 회복된 후에 선의 사용자도 계속 사용이 가능하므로 유상이어야 한다는 견해가 있다.

19 선사용권이 출원 전의 사실에 기초해서 발생하는 것이고, 중용권이 출원하고 특허권이 발생한 후에 생긴 사유에 의해 발생한 것인데 반해 '후용권'은 특허권이 소멸된 후에 생긴 일정한 사유에 의해 발생한 것을 의미한다.

(9) 재심에 의하여 통상실시권을 상실한 원권리자의 통상실시권[21]
　　(특§183)

통상실시권 허여심판의 규정에 의하여 통상실시권 허여심결이 확정 (강제실시권의 발생)된 후 재심에 의하여 통상실시권이 소멸된 경우, 재심 청구등록 전에 선의로 국내에서 특허발명의 실시 또는 사업의 준비를 하고 있는 자를 위하여 인정되는 법정실시권을 말하는데, 이는 확정된 심결을 신뢰하여 발명의 실시사업 등을 하고 있는 자를 보호하고 사업 설비의 유지라고 하는 사회 경제적인 견지를 고려하여 선의의 실시자에 게 통상실시권을 인정하여 주는 것이다.

3. 강제실시권

강제실시권이라 함은 특허청장의 처분 또는 심판에 의하여 특허권자 의 의사와 상관없이 해당 특허발명에 대하여 특정인에게 부여되는 통상 실시권을 말한다. 특허권은 사유재산권이기 때문에 특허발명의 사용, 수 익, 처분은 본래 특허권자 자신에게 있다. 그리하여, 특허권자 자신이 실 시하거나 제3자에게 실시권을 자유롭게 부여할 수 있다. 그러나, 특허발 명의 실시가 산업상 또는 공익상 필요한 경우 또는 실시할 수 없는 경우 나 실시하고 있지만 불성실한 실시인 경우, 산업 정책적 또는 공익적 견 지에서 제3자에게 실시케 할 필요가 있는 경우에 행정기관의 처분이나 심판에 의해 강제적으로 설정하는 실시권을 말한다.

이러한 강제실시권은 i) 특허청의 재정에 의해 이루어지는 재정실시 권, ii) 전시나 사변 등의 비상시에 정부가 수용하거나 직접실시 또는 제 3자에게 실시하는 경우, iii) 통상실시권허여심판에 의한 경우가 있다.

---

20 무효심결, 권리범위에 속하지 않는다는 심결, 거절심결이 있다.
21 유상(有償)의 실시권이다.

(1) 재정에 의한 실시권(재정실시권, 특§107)

재정adjudication에 의한 통상실시권은 특허발명이 실시되지 않거나 공공의 이익에 부합될 정도로 충분히 실시되지 아니한 경우, 그 실시를 구하는 자의 재정청구에 의해 특허청장이 허여하는 강제실시권을 말한다.

재정에 의한 실시권의 대상이 되는 사유(특§107①각호)는 i) 특허발명이 정당한 이유 없이 계속하여 3년 이상 실시되지 않은 경우(불실시), ii) 특허발명이 정당한 이유 없이 계속하여 3년 이상 국내에서 상당한 영업규모로 실시되지 않은 경우(불충분실시), iii) 특허발명의 실시가 공공의 이익을 위해 필요한 경우, iv) 사법적 절차 또는 행정적 절차에 의하여 불공정거래행위로 판정된 사항을 시정하기 위한 경우, v) 수입국으로부터 필요한 의약을 수출하기 위한 실시의 경우의 사유에 한한다.

상기 i) 및 ii)의 재정을 청구하기 위해서는 그 특허발명의 특허권자 또는 전용실시권자와 합리적 조건 하에 통상실시권 허락의 협의가 필요하며, 협의가 이루어지지 않은 경우에 재정을 청구할 수 있다. 또한, 재정의 대상이 되는 특허발명은 출원일로부터 4년이 경과하여야 하며, 재정청구 전 3년 동안 계속하여 실시되지 않았어야 한다. iii)에서의 공공의 이익이란 국민의 생명, 건강, 재산의 보전, 공공시설의 건축 등 국민생활에 직접 관계가 있는 경우를 의미한다(예를 들어, 전염병의 예방 또는 치료를 위하여 특허받은 의약품이 단기간 내에 국내에서 다량으로 필요한 경우). 한편, 반도체 기술에 대해서는 상기 iii) 및 iv)의 경우에 재정을 청구할 수 있다.

상기 v)의 재정청구는 수입국 국민 다수의 보건을 위협하는 질병을 치료하기 위하여 의약품을 수출할 수 있도록 특허발명을 실시할 필요가 있는 경우, 그 특허발명의 특허권자 또는 전용실시권자와 합리적인 조건 하에 통상실시권 허락에 관한 협의에 대한 합의가 이루어지지 않거나 협의가 불가능한 경우에 특허청장에게 재정을 청구할 수 있다(특§107①ⅴ). 이때 생산된 의약품은 전량을 수입국에 수출하여야 한다(특§107④ⅱ). 또한, 이 경우에는 대가결정을 하는 데 있어 당해 특허발명을 실시함으로써 발생하는 수입국에서의 경제적 가치를 참작할 수 있다(특§107⑤ⅱ).

재정에 의한 실시권은 특허발명을 실시하고자 하는 자가 재정청구서를 특허청장에게 제출하여야 한다. 특허청장은 재정의 청구가 있는 때에는 그 청구서의 부본을 특허권자 등[22]에게 송달하고 기간을 정하여 답변서를 제출할 수 있는 기회를 준다. 특허청장은 재정을 함에 있어 필요하다고 인정하는 경우에는 발명진흥법 제41조의 규정에 따른 산업재산권분쟁조정위원회의 의견을 청취할 수 있다. 재정에 대한 결정이 있는 경우에는 서면으로 작성된 재정서를 송달한다. 상기 재정서에는 재정의 이유, 범위, 기간, 대가 등이 명시된다.

한편, 재정을 받은 자가 대가를 지급하지 않거나 공탁하지 않은 경우에 그 재정의 효력을 잃는다(재정의 실효). 특허청장은 재정을 받은 자가 재정의 목적에 부합되지 않도록 실시하는 등의 사유가 있다면, 재정을 취소할 수 있다.

(2) 순수한 강제실시권(특§106의2)

순수한 강제실시권은 국가 비상사태, 극도의 긴급상황 또는 공공의 이익을 위하여 비상업적으로 실시할 필요가 있는 경우(특§106의2①)에 있어 정부가 특허발명을 실시하거나 정부 외의 자로 하여금 실시하게 할 수 있게 하는 실시권을 말한다. 즉 국가 비상사태, 극도의 긴급상황 또는 공공의 이익을 위하여 비상업적으로 실시할 필요가 있는 발명이 특정인에게 독점이 되는 것을 대비하기 위한 취지에서 마련된 규정이다. 종래 WTO/TRIPs 협정 제73조를 반영하여 전시·사변 또는 이에 준하는 비상시로 한정하였으나, 국가 비상사태, 극도의 긴급상황 또는 공공의 이익을 위하여 비상업적으로 실시할 필요가 있는 경우로 요건을 완

---

22 특허권자뿐만 아니라 전용실시권자 등 그 특허에 관하여 등록을 한 권리를 가진 자를 의미한다.

화하였다.

정부 또는 정부 외의 자는 제106조의2 제1항에 따라 특허발명을 실시하는 경우에는 특허권자, 전용실시권자 또는 통상실시권자에게 정당한 보상금을 지급하여야 한다(특§106조의2③).

(3) 심판에 의한 강제실시권(특§138)

특허법 제98조에서, 특허권자·전용실시권자 또는 통상실시권자는 특허발명이 그 특허발명의 특허출원일 전에 출원된 타인의 특허발명·등록실용신안 또는 등록디자인이나 이와 유사한 디자인을 이용하거나 특허권이 그 특허발명의 특허출원일 전에 출원된 타인의 디자인권 또는 상표권과 저촉되는 경우에는 그 특허권자·실용신안권자·디자인권자 또는 상표권자의 허락을 얻지 아니하고는 자기의 특허발명을 업業으로서 실시할 수 없고, 이 경우에는 통상실시권허여심판을 청구하여야 한다(특§138). 상기 통상실시권허여심판의 심결에 의해 발생한 강제실시권을 의미한다. 이는 자신의 특허발명이 타인의 이용발명利用發明의 경우로 심판에 의하여 실시권을 부여하는 것(이 부분의 구체적인 내용은 통상실시권허여의 심판에서 구체적으로 보기로 한다)(특§98, §138③)이다.

Ⅲ. 실시권의 등록, 이전과 소멸

1. 실시권의 등록

전용실시권은 특허등록원부에 등록하여야만 효력이 발생한다. 즉, 전용실시권은 등록이 효력발생요건이다. 이는 앞서 살펴본 바와 같이, 전용실시권은 준물권적 권리에 해당하기 때문이다.

반면, 통상실시권(허락에 의한 통상실시권)은 채권적 권리이므로, 등록하지 않더라도 효력발생에는 아무런 문제가 없으나, 등록하지 않으면 제

3자에게 대항23할 수 없다(특§118①,③). 그러나, 법정실시권은 등록이 없더라도 제3자에 대항할 수 있다. 법정실시권은 특수한 관계에서 공평의 관점과 산업설비의 보호 측면에서 필요에 따라 발생하는 것이지, 특허권자와의 합의에 의해서 발생하는 것이 아니기 때문이다. 한편, 재정실시권은 특허청장이 직권으로 등록한다.

2. 실시권의 이전

전용실시권과 허락에 의한 통상실시권, 법정실시권은 원칙적으로 실시권과 실시사업을 같이 이전하거나 상속 기타 일반승계를 제외하고는 특허권자 등의 동의를 얻어야 이전할 수 있다.

그러나 통상실시권허여심판에 의한 재정실시권(특§107, §138)에 대하여는 예외를 인정하고 있고(특§102④전), 재정에 의한 통상실시권은 실시사업과 같이 이전하는 경우에 한하여 이전할 수 있다(특§102③). 불실시에 의한 재정실시권(특§107①i)은 ⅰ) 실시하는 사업과 함께 하는 경우와 ⅱ) 영업의 일부와 같이 이전하거나, ⅲ) 상속 기타 일반승계에 의한 경우에 한하여 이전이 가능하나, 특허권자의 승낙에 의해서는 이전할 수 없다고 본다. 단 전시·사변 또는 이에 준하는 비상시에 있어서 국방상 필요한 경우에는 실시사업 또는 영업의 일부와 같이 이전하거나 상속 기타 일반승계의 경우 또는 특허권자의 승낙을 얻을 경우에는 이전이 가능하다.

3. 실시권의 소멸

전용실시권의 소멸은 ⅰ) 특허권 또는 전용실시권의 소멸, ⅱ) 설정기간의 만료, ⅲ) 실시계약의 해제, ⅳ) 실시권의 포기(특§120). 이외에도 상속인이 없는 경우(특§124)에는 소멸이 되며, 통상실시권은 그 종류(허

---

23 대항이라 하면 이미 성립한 권리관계를 타인에게 주장하는 것을 말한다.

락실시권, 법정실시권, 광의의 강제실시권)에 따라 약간 다르다. ⓐ 허락에 의한 통상실시권의 소멸은 ⅰ) 특허권 또는 전용실시권의 소멸, ⅱ) 설정기간의 만료, ⅲ) 실시계약의 해제, ⅳ) 실시권의 포기, ⅴ) 주체의 혼동, ⅵ) 특허권의 취소·무효의 경우에 소멸된다. ⓑ 법령에 의한 통상실시권의 소멸은 허락실시권의 소멸과 같은 특허권의 소멸·취소·무효와 같은 것 이외에 법정실시권에 특유한 것으로 실시사업의 폐지에 따라 소멸된다. ⓒ 행정청의 처분에 의한 재정실시권의 소멸은 특허권의 소멸 외에도(재정실시권에 특유한 것은) ⅰ) 재정의 실효(특§113), ⅱ) 재정실시권의 취소(특§114)에 따른 소멸이 있다. 또 ⅲ) 이용관계 등인 경우의 재정실시권에는 해당 특허권 등의 소멸에 의한 소멸이 있다(특§102④).

> **❗ 생각해보기**
>
> 홍길동은 2009년 말에 발명 A를 완성한 후 곧바로 A를 대량 생산하기 위한 공장부지 확보하고 생산설비를 준비하고 있으나, 시장조사를 바탕으로 사업전략을 수립하느라 2010년 말부터 발명 A를 대량생산하고 있다. 그러던 중에 변학도로부터 자신이 2010년 초에 특허출원하여 2011년에 등록된 특허발명 A를 침해함을 이유로 경고를 받았다. 이러한 경우 홍길동은 발명 A를 계속 실시할 수 있을까?

CHAPTER **11**

특허권의 침해와 구제수단

● 학습포인트
- 특허권의 보호범위 해석기준
- 특허권의 침해의 성립요건과 간접침해의 요건
- 특허권 침해에 대한 특허권자의 민·형사상 구제수단

연합뉴스   2021.12.30.

백신 개발보다 복잡한 특허 소송전 ···
숨죽인 화이자와 모더나

신종 코로나바이러스 감염증(코로나19) 백신 판매로 엄청난 수익을 내는 제약사들을 향한 특허소송들이 이어질 전망이다.

월스트리트저널(WSJ)은 29일(현지시간) 코로나19에 효과적이라는 평가를 받는 mRNA(메신저리보핵산) 백신 개발사인 모더나와 화이자가 각각 수천억 원이 오갈 수 있는 법정싸움에 휘말렸다고 보도했다.

모더나는 현재 어버터스 바이오파마라는 업체의 특허를 침해했다는 소송에 걸린 상태다. 모더나 백신 물질 중 RNA를 인간 세포에 전달하는 기능을 하는 나노 파티클이 어버터스 바이오파마의 특허로 개발됐다는 것이다.

모더나는 자체 기술로 나노 파티클을 제조했다는 주장을 펴고 있지만 최근 미국 연방항소법원은 어버터스 바이오파마의 주장을 일부 인정한 것으로 전해졌다. 모더나가 미 국립보건원(NIH)의 특허를 침해했다는 주장도 제기되고 있다. WSJ에 따르면 모더나 백신 중 인체의 면역반응을 유발하기 위해 사용되는 스파이크 단백질 제조법은 NIH의 특허다. 화이자는 NIH 스파이크 단백질과 관련한 특허 사용료를 납부했지만, 모더나는 특허 사용료를 내지 않았다.

일부 전문가는 모더나가 NIH의 특허권을 침해했다는 판결이 나올 경우 10억 달러(한화 약 1조 1,900억원)이상의 사용료를 지불해야 할 것으로 보고 있다.

앞서 모더나는 백신 개발과정에 참여한 NIH 소속 과학자들의 이름을 제외하고 특허를 신청해 논란이 되기도 했다. 이와 함께 화이자도 지난해 10월 샌디에이고의 제약업체인 얼리얼 바이오테크놀로지로부터 코로나 19 백신 개발과정에서 단백질과 관련한 특허를 침해했다는 소송을 당했다. 이 소송은 현재 진행이 중단된 상태이다. WSJ는 mRNA 백신 개발과 관련해 선구자적 역할을 한 모더나가 화이자를 상대로 특허 관련소송을 제기할 가능성이 있다고 내다봤다.

모더나는 공동창업자이자 mRNA 기술 연구의 석학인 로버트 랭어 미국 메사추세

츠공대(MIT) 석좌교수는 1천 400여 건의 특허를 보유하고 있다. 특허사용과 관련한 협상에서 두 회사가 합의에 도달하지 못하면 소송전이 펼칠수 있다는 것이다. 지난 해 모더나는 코로나19 사태가 진정되면 특허와 관련한 사용료를 받겠다는 방침을 천명했다. 화이자는 합리적인 수준의 사용료를 낼 수 있다는 입장인 것으로 알려졌다.

특허권의 침해란 정당한 권원이 없는 제3자가 특허발명에 대하여 독점배타적인 권리를 직접적 또는 간접적으로 침해하는 것을 말한다. 즉 특허권의 침해가 성립되는 요건은 i) 특허발명의 보호범위에 속하는 기술을, ii) 정당한 권원이 없는 자가, iii) 업으로서 실시하는 것을 말한다. 여기서 실시는 특허법 제2조 제3호 각목의 행위를 말하며(제10장 참고), 정당한 권원이라 함은 실시권 등이 있는지를 의미한다.

특허권은 재산권의 일종이기 때문에 공공복지 등의 경우를 제외하고는 특허권자가 그 특허발명을 업으로서 실시할 권리를 독점하지만(적극적 효력), 이와 함께 타인이 무단으로 특허권자의 특허발명을 실시할 경우에는 그 특허발명을 실시할 수 없도록 할 권리(소극적 효력)를 가진다. 즉, 특허권의 침해를 배제하는 것이 가능하다.

무형의 기술적 사상에 관한 권리인 특허권은 일반적인 재산권과 달리 권리의 객체를 사실상 점유할 수 없으며, 침해가 용이하고, 침해사실을 발견하는 것이 어려울 뿐만 아니라, 침해여부의 판단과 손해액의 산정이 곤란하다는 특이성이 있다. 따라서, 특허법은 이러한 침해에 대한 구제를 위해 여러 가지 제도를 두고 있다.

I. 특허권의 보호범위[1]

특허권 침해여부를 판단하기 위해서는 특허발명의 보호범위의 확정이 선행되어야 한다. 무형의 기술적 사상을 대상으로 하는 특허발명의

---

1 권리범위는 실시할 수 있는 실시권의 범위이며, 보호범위는 배타권의 범위를 의미한다.

보호범위를 확정하는 것은 쉬운 일이 아니며, 세계적으로 여러 가지 원칙을 확립하고 있다. 이러한 원칙들 중 일부는 법상으로 명문화되었으며, 일부는 명문화되지 않고 판례와 학설로 지지받고 있다.

1. 청구범위 기준의 원칙

특허법 제97조에서는 "특허발명의 보호범위는 청구범위에 적혀 있는 사항에 의하여 정하여진다"라고 규정하고 있으므로 청구범위에 기재된 발명만이 보호범위에 속하는 것이다. 특허발명의 보호범위 판단의 기준이 청구범위임을 규정한 것이며, 우리 판례[2]도 이 원칙에 충실하다.

종래부터, 특허발명의 보호범위 판단의 기준을 명확히 하고, 확장해석을 허용하지 않고, 청구범위에 한정하여야 한다는 주의(주변한정주의)와 청구범위는 출원인이 가장 적합하다고 판단한 기술요지에 해당되는 것에 불과하다는 주의(중심한정주의)가 존재하였다. 현재 대부분의 국가에서는 주변한정주의를 취하며, 우리나라도 이에 따르고 있다.

즉, 청구범위 기재만으로 권리범위가 명확하게 되는 경우에는 청구항의 기재 자체만을 기초로 하여야 할 것이지 발명의 설명이나 도면 등 다른 기재에 의하여 청구범위를 보완하여 해석 제한하는 것은 허용하지 아니한다.[3]

2. 발명의 설명 참작의 원칙

간결하게 기재된 청구범위는 그 자체만으로는 해석이 어려울 경우가 있다. 이러한 경우에는 발명의 설명이나 도면을 참작하여 청구범위를 해석하여야 한다. 이에 대해 우리 판례는 '특허권의 권리범위는 특허출원서에 첨부된 명세서의 청구범위에 기재된 사항에 의하여 정하여지는 것이 원칙이므로, 특허발명의 권리범위 판단을 위한 청구범위 해석에 있어

---

2 대법원 1992. 6. 23. 선고 91후1809 판결 등.
3 대법원 2005. 11. 10. 선고 2004후3546 판결.

서 청구범위의 기재가 명확히 이해될 수 있는 경우에는 청구범위 외의 명세서의 다른 기재에 의한 보충을 할 수 없지만, 청구범위 기재만으로 특허의 기술적 구성을 알 수 없거나 알 수 있더라도 기술적 범위를 확정할 수 없는 경우에는 명세서의 다른 기재에 의한 보충을 하여 그 기술적 구성의 의미나 범위를 확정할 수 있다'고 판단하고 있다.

즉, 발명의 설명 참작의 원칙은 전술한 청구범위 기준의 원칙에 대한 보조, 보완 수단에 해당된다.

3. 출원경과 참작의 원칙

출원경과 참작의 원칙이라 함은 청구범위를 정확하게 해석하기 위해서는 출원으로부터 등록에 이르기까지의 과정을 통하여 출원인이 표시한 의사나 특허청이 제시한 견해 등을 참작하여야 한다는 원칙이다. 이는 특허침해 판단에 있어서, 포대 금반언의 원칙file wrapper estoppel과 의식적 제외설과 같은 이론을 낳았다. 예를 들어, 출원인이 심사관의 거절이유 등을 치유하기 위하여 청구범위를 한정하는 보정을 하였거나 의견을 개진한 경우에 특허권자는 상기 보정이나 의견과 상반되는 주장을 할 수 없다.

4. 공지기술 참작의 원칙

특허권의 권리범위를 정함에 있어서, 출원당시의 기술수준을 고려하고, 그 작용 효과도 살펴보아야 한다는 원칙이다.

Ⅱ. 특허권의 침해

특허권의 침해는 크게 직접침해와 간접침해로 나눌 수 있다. 그리고, 직접침해는 다시 문언침해, 균등침해, 이용침해 등으로 분류된다.

1. 직접침해

직접침해라는 것은 통상의 특허침해를 의미하는 것이다. 특허법 제94조에서는 "특허권자는 업으로서 그 특허권을 실시할 권리를 독점한다"라고 규정하고 있다. 상기 직접침해에는 그 해석에 따라, 문언침해, 균등침해, 이용침해, 생략침해, 선택침해 등으로 분류된다. 여기서는, 문언침해, 균등침해, 이용침해에 대해서만 살펴보기로 한다.

(1) 문언침해(All Elements Rule, 구성요건 완비의 원칙)

구성요건 완비의 원칙All Elements Rule, AER이란 청구범위에 기재된 구성요건element의 전부를 실시하는 것을 특허침해의 성립요건으로 보는 원칙이다. 예를 들어, 특허발명의 구성요소가 「A+B+C」인데, 제3자가 「A+B+C+D」를 실시하고 있다면, 특허발명의 보호범위에 속하게 되고, 「A+B」를 실시하고 있다면, 특허발명의 보호범위에 속하지 않게 된다.

우리 판례도 '특허발명의 청구항이 복수의 구성요소로 되어 있는 경우에는 그 각 구성요소가 유기적으로 결합한 전체로서의 기술사상이 보호되는 것이지 각 구성요소가 독립하여 보호되는 것은 아니므로, 특허발명과 대비되는 확인대상발명이 특허발명의 청구항에 기재된 필수적 구성요소들 중의 일부만을 갖추고 있고 나머지 구성요소가 결여된 경우에는 원칙적으로 그 확인대상발명은 특허발명의 권리범위에 속하지 않는다'고 한다.[4]

(2) 균등침해(Doctrine of Equivalents)

상기 구성요건 완비의 원칙을 너무 엄격하게 적용하면 i) 미세한 설계변경, ii) 중요도가 매우 낮거나 본질적 기능과는 무관한 요소만이 결여되고 다른 모든 요소가 실시되는 경우에 특허발명의 보호범위에 포함

---

4 대법원 2001. 6. 15. 선고 2000후617 판결, 대법원 2001. 12. 14. 선고 99다31513 판결, 대법원 2000. 11. 14. 선고 98후2351 판결, 대법원 2001. 8. 21. 선고 99후2372 판결 등.

되지 않는 문제가 발생한다. 따라서, 주변한정주의와 구성요건 완비의 원칙을 적용할 경우에 특허발명의 보호범위가 지나치게 축소되는 것을 보완하기 위한 이론이다.5 예를 들어, 특허발명이 「A+B+C」인데, 제3자가 「A+B+C'」를 실시하고 있다면, C와 C'가 균등한 것이면 침해에 해당되나, 균등하지 않다면 침해에 해당되지 않는다는 것이다.

우리나라에서도 균등침해에 대한 논의가 지속되어 왔으며, 판례를 통해 균등침해가 적용되기 위한 요건이 확립되었다.6 판례에 따른 균등침해가 적용되기 위한 요건으로 ① 양 발명에 있어서의 과제의 해결원리가 동일하며, ② 치환된 구성요소가 특허발명의 구성요소와 실질적으로 동일한 작용효과를 나타내며, ③ 치환하는 것 자체가 그 발명이 속하는 기술분야에서 통상의 지식을 가진 자이면 당연히 용이하게 도출할 수 있을 정도로 자명한 경우에는 ④ 확인대상발명이 특허발명의 출원시에 이미 공지된 기술이거나 그로부터 당업자가 용이하게 도출할 수 있는 것이 아니고, ⑤ 특허발명의 출원절차를 통하여 확인대상발명의 치환된 구성요소가 특허청구범위로부터 의식적으로 제외된 것에 해당하는 등의 특단의 사정이 없을 것이 필요하다.

(3) 이용침해

이용침해라고 하는 것은 후출원 권리자가 자기의 특허발명을 실시하면 선출원 권리를 침해하게 되나, 선출원 권리자가 자기의 특허발명을 실시하는 경우에는 후출원 특허권의 침해가 되지 않는 일방적 충돌관계를 의미한다.7 통상적인 특허발명은 선행발명을 개량한 것이 대부분이어

---

5 균등론은 미국에서 경험칙으로 발달해 온 이론으로, 1950년 Graver Tank 사건의 판결로 확립되었는데, 침해대상물의 구성요소가 특허발명의 대응되는 구성요소와 실질적으로 동일한 기능(function)을 실질적으로 동일한 방법(way)으로 수행하여 실질적으로 동일한 결과(result)를 가져오는 경우 양 구성요소는 균등하다고 본다.

6 대법원 2000. 7. 28 선고 97후2200 판결.

7 저촉관계는 특허발명이 타인의 권리와 완전히 동일한 것으로서, 쌍방적 충돌관계를 말한다.

서, 선행발명에 개량한 부분이 존재하게 되는 경우, 선행발명을 그대로 이용하게 되므로, 선행발명에 대한 침해가 성립하게 된다. 이를 이용침해라 한다. 예를 들어, 선출원 특허발명이 「A+B+C」인데, 후출원 특허발명이 「A+B+C+D」라면, 후출원 특허발명의 실시는 이용침해에 해당된다.

이용침해가 성립하기 위해서는 ① 선행발명의 구성요소 또는 그 균등물을 그대로 포함할 것, ② 그 선행발명에 별도의 기술적 요소의 부가가 있을 것, ③ 이용발명에 있어서 선행발명이 그 일체성을 가진 형태로 존재할 것을 만족하여야 한다.

이용·저촉 침해의 경우에는 특허법 제98조에 의하여 선출원우위의 원칙에 의해 선출원권리자를 권리행사를 할 수 있도록 함으로써 선출원권리자를 보호하고, 특허법 제138조에 의하여 후출원 권리자의 실시를 확보하여 권리간의 이해관계를 조정하고 있다.

2. 간접침해(특§127)

간접침해란 특허발명 그 자체의 실시가 아니므로 직접침해는 아니지만, 직접침해의 전단계前段階로서 그대로 방치할 경우 침해의 개연성이 높은 일정한 행위(예비적인 행위)에 대해 특허권을 침해하는 것으로 의제하는 것을 말한다. 이를 의제침해라고도 한다. 특허법은 특허권의 침해가 용이한 반면 침해사실의 발견이 어려운 점을 고려하여 침해의 범위를 확장함으로써 특허권의 효력이 실질적으로 감소하는 것을 방지하고, 특허권자를 보호하기 위해 특허발명의 실시가 아닐지라도 침해로 보는 행위로 간주하여 특허발명의 보호범위에 속함을 인정하는 것이다.[8]

상기 간접침해의 유형은 물건발명과 방법발명으로 구분된다. 물건발명의 경우에는 그 물건의 생산에만 사용되는 물건을 업으로서 생산, 양

---

8 이러한 이유로, 간접침해는 특허권의 효력확장이라고도 한다.

도, 대여 또는 수입하거나 그 물건의 양도 또는 대여의 청약을 하는 행위를 말한다. 예를 들어, TV 수상기(완성품)가 특허인 경우에 그 TV 수상기의 조립에 필요한 부품 전부를 하나의 세트로 하여 판매하는 행위가 이에 해당한다.

방법발명의 경우에는 그 방법의 실시에만 사용되는 물건을 업으로서 생산, 양도, 대여 또는 수입하거나 그 물건의 양도 또는 대여의 청약을 하는 행위를 말한다. 예를 들어, 특정의 농약 DDT를 살충제로 사용하는 방법이 특허인 경우에, DDT 자체를 제조, 판매하는 행위가 이에 해당된다고 할 수 있다.

상기 간접침해가 인정되기 위해서는 '물건의 생산에만', '방법의 실시에만' 사용되는 물건이어야 한다. 즉, 다른 용도(타용도)가 없어야 한다. 여기서 다른 용도라 함은 상업적 또는 경제적으로 실용성 있는 용도로서 사회 통념상 통용되거나 승인될 수 있는 경우에 한하여 인정되어야 하고, 단순히 이론적, 실험적 또는 일시적인 사용 가능성이 있는 정도에 불과하다면 다른 용도가 있다고 하지 않는다.[9] 한편, 용도는 시간이 지남에 따라 변화하는 것이기 때문에, 상기 다른 용도의 유무를 판단하는 것은 간접침해의 행위시를 기준으로 하는 것이 되어야 할 것이다.

> **❗ 생각해보기**
>
> 홍길동은 자전거 핸들, 자전거 의자부분, 자전거 체인, 자전거 바퀴로 구성된 자전거 A에 대하여 특허등록을 받은 특허권자이다. 특허등록 후에 변학도가 홍길동 허락없이 자전거 A에 사용되는 체인과 동일한 체인만을 제조하여 다른 자전거 제조업자에 판매하고 있음을 알게 되었다. 변학도의 행위가 홍길동의 특허를 침해한다고 할 수 있을까?

---

9 특허법원 2007. 7. 13. 선고 2006허3496 판결, 대법원 2009. 9. 10. 선고 2007후3356 판결 참조.

Ⅲ. 침해에 대한 구제수단

전술한 바와 같이 특허권자 또는 전용실시권자는 업으로서 그 특허발명을 독점적으로 실시할 권리가 있으므로 권한이 없는 제3자(타인)가 그 특허발명을 업으로서 실시할 경우에는 그 실시를 배제할 수 있다. 이러한 침해에 대한 구제방법으로는 민사적인 구제와 형사적인 규제가 있다.

1. 민사적인 구제수단

(1) 침해금지(예방)청구권(특§126)

침해금지청구권이라 함은 특허권자 또는 전용실시권자가 자기의 권리를 침해한 자 또는 침해할 우려가 있는 자에 대하여 그 침해의 금지 또는 예방을 청구하는 권리를 말한다(특§126①). 특허권의 침해금지를 청구할 수 있는 자는 특허권자와 전용실시권자이다. 침해금지청구를 하기 위하여 ⅰ) 권리의 침해가 현재 발생하고 있거나 발생할 우려(객관적으로 인식이 가능한 것이 필요하다)가 있을 것, ⅱ) 실시행위가 위법일 것, ⅲ) 금지의 필요성이 있을 것 등을 그 요건으로 한다.

이 외에도 신속한 구제를 얻기 위해 민사집행법 제300조에 의하여 침해금지가처분신청도 할 수 있다. 즉 특허권침해인 경우는 발명이라는 기술적·추상적 사상을 대상으로 하므로, 침해유무의 판단이 어렵고 또 기술적 내용이 복잡하고 고도하여 이를 소송대리인 및 법원이 이해하기 곤란하여 소를 제기하여 승소판결을 받기까지는 상당한 시간이 소요되므로 신속한 구제를 받기 위해 가처분신청을 하는 경우가 많이 있다.

(2) 손해배상청구권

특허권자 또는 전용실시권자 등이 타인의 고의 또는 과실에 의하여 자기의 특허권이 침해되었을 경우에 그 침해한 자에 대하여 침해로 인해 받은 손해를 배상청구하는 권리를 말한다(특§128). 이 규정은 민법 제750조(불법행위)에 근거한 것이다. 이는 금전에 의한 보상이다. 2016년 6월 개정법은 특허법 제128조를 '손해액의 추정'에서 '손해배상청구권'으로 개정함으로써 손해배상청구권에 대한 근거조문을 명확히 하였다.

특허침해로 인한 손해배상청구권에 관한 문제는 민법의 일반원칙에 따른 것으로서 ⅰ) 침해자의 고의 또는 과실이 있을 것, ⅱ) 침해행위가 있을 것, ⅲ) 침해행위로 손해가 발생하였을 것, ⅳ) 침해행위와 손해발생 사이에 인과관계가 있을 것이 요구되며, 입증책임은 피해자에게 있다. 이 외에도 특허법의 특수성을 고려하여 a) 과실의 추정(특§130), b) 생산방법의 추정(특§129), c) 손해액의 추정(특§128), d) 서류제출명령(특§132)의 특칙을 규정하고 있다.

2019년 개정에서는 손해배상액과 관련하여 징벌적 배상방법인 3배 배상제도를 도입하였다(특§128⑧⑨). 그리고 2024년 개정에서는 징벌적 손해배상액의 한도를 손해액의 3배에서 5배로 상향하였다.

▌ 알아두기 고의[intention, 故意], 과실[過失]

○ 고의란 자기의 행위가 일정한 결과를 발생시킬 것을 인식하고 또 이 결과의 발생을 인용하는 것을 말한다. 과실에 대하는 말이다. 형법에서는 원칙적으로 고의의 경우만을 처벌하고 과실의 경우에는 처벌하지 않기 때문에(형법 제14조), 고의와 과실과의 구별이 중요하다. 그러나 사법상 고의는 책임을 발생시키는 조건으로서 과실과 동일하게 취급받는 일이 많고(민법 제390조, 제750조), 법문상에도 과실이란 말이 고의를 포함하는 때가 많다.

○ 과실이란 어떠한 사실을 인식할 수 있었음에도 불구하고 부주의로 인식하지 못한 것이다. 고의에 대하는 말이다. 과실은 부주의의 정도에 따라 중과실(현저히 심한 부주의)·경과실(다소 주의를 결하는 것)로 나누어지는데 민법·상법 등에서 과실이라 하면 경과실을 말하고, 중과실을 의미하는 경우에는 특히 「중대한 과실」이라 한다. 과실은 또한 그 전제로 되는 주의의무의 표준에 따라 추상적 과실(그 직업이나 계급에 속하는 사람으로서 보통 요구되는 주의, 즉 선량한 관리자의 주의를 결하는 것)과 구체적 과실(그 사람의 일상의 주의능력의 정도의 주의를 결하는 것)로 나누어진다. 결국 추상적·구체적 과실에서와 상관없이 경과실(선량한 관리자의 주의를 조금이라도 결하는 것), 중과실(선량한 관리자의 주의를 현저하게 결

하는 것), 구체적 과실(그 사람의 일상의 주의능력의 정도를 조금이라도 결하는 것)의 세 가지를 구별하는 것으로 족하다.

(3) 부당이득반환청구권

특허권이 침해된 경우에 침해자에게 고의 또는 과실이 없었던 것이 증명되면 손해배상을 청구할 수 없다. 그러나 이 경우에도 특허권자는 부당이득반환청구권을 갖는다. 즉, 특허권자는 정당한 법률상의 원인 없이 특허권자의 재산 또는 노무로 인하여 이익을 얻고, 이로 인하여 타인에게 손실을 가한 침해자에게 그 이익을 그대로 손실자인 특허권자에게 반환하도록 청구할 수 있다(민§741). 특허법상 명문의 규정을 두지 않았으나 특허권자가 선의·무과실의 침해자에게 손해배상청구를 할 수 없는 경우 민법의 규정에 따라 부당이득반환청구는 할 수 있다고 본다. 이를 청구하기 위하여는 ⅰ) 법률상 원인 없이 이득을 얻을 것, ⅱ) 특허권자에게 손해가 생겼을 것, ⅲ) 이득과 손해 사이에 인과관계가 있을 것이 필요하다.

(4) 신용회복청구권

고의 또는 과실에 의하여 특허권 또는 전용실시권을 침해함으로써 특허권자 또는 전용실시권자의 업무상의 신용을 실추케 한 자에 대하여서 신용회복을 위하여 필요한 조치를 법원에 청구할 수 있는 권리를 신용회복청구권이라고 특허법 제131조(특허권자 등의 신용회복) 법원은 고의나 과실로 특허권 또는 전용실시권을 침해함으로써 특허권자 또는 전용실시권자의 업무상 신용을 떨어뜨린 자에 대해서는 특허권자 또는 전용실시권자의 청구에 의하여 손해배상을 갈음하여 또는 손해배상과 함께 특허권자 또는 전용실시권자의 업무상 신용회복을 위하여 필요한 조치를 명할 수 있다. 신용회복조치의 방법은 금전보상과 더불어 할 수도 있고 업무상의 신용을 실추시킨 것에 대해서만 신문지상을 통하여 사죄

광고[10]를 하게 하는 방법 등이 있다.

특허법 제131조(특허권자 등의 신용회복) 법원은 고의나 과실로 특허권 또는 전용실시권을 침해함으로써 특허권자 또는 전용실시권자의 업무상 신용을 떨어뜨린 자에 대해서는 특허권자 또는 전용실시권자의 청구에 의하여 손해배상을 갈음하여 또는 손해배상과 함께 특허권자 또는 전용실시권자의 업무상 신용회복을 위하여 필요한 조치를 명할 수 있다.

2. 형사적인 구제수단

특허법은 형법의 특별법으로서 특허권의 침해에 대한 침해죄, 위증죄, 허위표시의 죄, 거짓행위의 죄, 비밀누설죄 등과 행정법상의 질서벌 秩序罰로서 과태료에 관한 규정을 두고 있다. 이러한 것을 편의상 여기에서 설명하기로 한다. 특허권 침해에 대하여 형사적으로 구제받기 위해서는 침해행위가 과실이 아니고 고의인 경우에 특허권자 또는 전용실시권자의 고소 등에 의해 침해자의 책임을 물어 형사벌을 과할 수 있다.

(1) 특허권침해죄(특§225)

특허권 또는 전용실시권을 침해한 자는 7년 이하의 징역 또는 1억원 이하의 벌금에 처한다(특§225①). 이러한 침해죄는 일반 범죄행위와 같이 고의에 의해 성립한다.[11] 한편, 간접침해 행위도 침해죄의 적용대상에 포함되느냐에 대한 논란이 있으며 이에 적용된다고 보는 견해[12]도 있으나, 다수설과 판례는 간접침해 행위에까지 침해죄를 물을 수 없다고 본다.[13]

---

10 1996년에 신문지상을 통하여 사죄광고를 하게 하는 것은 위헌이라는 판결이 나왔다(헌법재판소 1991. 4. 1. 선고 89헌마160 결정).

11 침해가 성립하기 위해서는 범죄구성요건에 해당할 것(대상물이 특허발명의 기술적 범위에 속할 것 등), 행위가 위법일 것, 행위자에게 책임이 있을 것이 필요하다. 이 중 한 가지라도 결여된 때에는 범죄가 성립하지 않는다.

12 정윤진, 「공업소유권법론」, 등용문출판사(1976), 343면; 橋本良郎, 「特許法(第3版)」, 有斐閣(1991), p.289.

13 대법원 1993. 2. 23. 선고 92도3550 판결.

이 죄는 피해자의 고소와 관계없이 수사기관이 직권으로 수사가 가능하지만, 피해자가 침해자의 처벌을 원하지 않는다는 명시적인 의사에 반하여 공소公訴를 제기할 수 없는 반의사불벌죄이다(특§225②). 이러한 침해는 위반행위를 한 자만 벌하는 것이 아니고 그 사업주 등에게도 함께 벌을 과할 수 있는 양벌규정兩罰規定의 적용을 받는다(특§230). 또한 특허법은 특허권침해죄에 해당하는 행위를 조성한 물건 또는 그 침해행위로부터 생긴 물건은 이를 몰수하거나 피해자의 청구에 의하여 그 물건을 피해자에게 교부할 것을 선고하여야 한다(특§231①)고 규정하며, 이는 형법총칙의 몰수에 관한 규정(형§48)에 대한 특별규정이다.

(2) 비밀누설죄(특§226)

특허청 직원, 특허심판원 직원 또는 전前직원이 그 직무상 지득한 특허출원 중의 발명에 관하여 비밀을 누설하거나 도용한 때에는 5년 이하의 징역 또는 5천만원 이하의 벌금에 처한다(특§226). 특허법 이외에 국가공무원법이나 형법 제127조에 의해 처벌할 수도 있다. 그러나 특허법이 더 무겁게 처벌한다.

또, 전문조사기관, 특허문서 전자화기관의 임원·직원 또는 그 직에 있었던 자는 특허법 제226조의 규정을 적용함에 있어서 특허청 직원 또는 그 직에 있었던 자로 본다(특§226의2).

(3) 위증죄(특§227)

특허심판원에 대하여, 특허법의 규정에 의해 선서한 증인, 감정인 또는 통역인이 허위의 진술, 감정 또는 통역을 한 경우는 5년 이하의 징역 또는 5천만원 이하의 벌금에 처한다(특§227①). 이러한 위증죄를 범한 자가 그 사건의 심결이 확정되기 전에 자수한 때에는 그 형을 감경減輕 또는 면제할 수 있다(특§227②).

(4) 허위표시죄(특§228)

권한이 없는 자가 특허에 관계되는 것이 아닌데도 그 물건이나 그 포장에 특허표시 또는 그와 혼동되기 쉬운 표시를 하는 행위는 허위표시로 금지하고 있으며(특§224i) 이에 위반한 자는 3년 이하의 징역 또는 3천만원 이하의 벌금에 처한다(특§228). 또 그런 표시를 한 물건을 양도·대여 또는 전시하는 행위(특§224ii) 및 비특허품 또는 비특허방법을 제조나 사용하게 하기 위하여 광고에 이것들이 특허품 또는 특허방법에 관계가 있는 것같이 표시하는 행위 등(특§224iii, iv)도 마찬가지다. 이 죄도 양벌규정이 적용된다(특§230).

(5) 거짓행위죄(특§229)

거짓이나 그 밖의 부정한 행위로써 특허, 특허권의 존속기간의 연장등록, 특허취소신청에 대한 결정 또는 심결을 받은 자는 3년 이하의 징역 또는 3천만원 이하의 벌금에 처한다(특§229). 이 죄는 비친고죄이므로 고소를 요하지 않으며 침해죄와 같이 양벌규정이 적용된다(특§230). 이 죄는 개인적 법익에 대한 것이 아니라 국가적 법익에 대한 것이라 할 수 있다.

(6) 비밀유지명령 위반죄(특§292의2)

법원은 특허권 또는 전용실시권의 침해에 관한 소송에서 그 당사자가 보유한 영업비밀에 대하여 다음 각 호의 사유를 모두 소명한 경우에는 그 당사자의 신청에 따라 결정으로 다른 당사자(법인인 경우에는 그 대표자), 당사자를 위하여 소송을 대리하는 자, 그 밖에 그 소송으로 인하여 영업비밀을 알게 된 자에게 그 영업비밀을 그 소송의 계속적인 수행 외의 목적으로 사용하거나 그 영업비밀에 관계된 이 항에 따른 명령을 받은 자 외의 자에게 공개하지 아니할 것을 명할 수 있다(특§224의3①). 국내외에서 정당한 사유 없이 제224조의3제1항에 따른 비밀유지명령을 위반한 자는 5년 이하의 징역 또는 5천만원 이하의 벌금에 처하고, 본

죄는 비밀유지명령을 신청한 자의 고소가 없으면 공소를 제기할 수 없다(특§292의2)

(7) 몰수 등(특§231)

특허침해행위를 조성한 물건 또는 그 침해행위로부터 생긴 물건은 몰수하거나 피해자의 청구에 따라 그 물건을 피해자에게 교부할 것을 선고하여야 하고, 피해자는 제1항에 따른 물건을 받은 경우에는 그 물건의 가액을 초과하는 손해액에 대해서만 배상을 청구할 수 있다.

(8) 과태료(특§232)

특허법에는 과태료에 대한 규정도 두고 있다. 이 과태료는 질서벌로서 법률질서를 유지하기 위하여 법령위반자에게 제재를 과하는 것이다. 증거조사 및 증거보전(특§157)에 있어 선서(민소§299②, §367)한 자가 특허심판원에 대해 허위진술한 경우(특§232①i), 특허심판원으로부터 소환을 받은 자가 정당한 이유 없이 소환에 응하지 아니하거나 선서·진술·증언·감정 또는 통역을 거부한 경우(특§232①iii), 증거조사 또는 증거보전에 관하여 특허법의 규정에 의해 특허심판원으로부터 서류 기타 물건의 제출 또는 제시명령에 정당한 이유 없이 응하지 않은 경우(특§232①ii)이다.

□ 관련사례

홍길동은 자신의 자전거에 관한 특허발명에 대하여 그 자전거에만 쓰이는 자전거 체인을 변학도가 생산 판매함을 알게 되었다. 홍길동이 변학도에게 자신의 특허권 침해를 이유로 침해금지청구 및 침해죄로 고소할 수 있을까?

◈ 관련판례(대법원 1993. 2. 23. 선고 92도3350 판결)

구 특허법(1990. 1. 13. 법률 제4207호로 개정되기 전의 것) 제64조 소정의 "침해로 보는 행위"(강학상의 간접침해행위)에 대하여 특허권 침해의 민사책임을 부과하는 외에 같은 법 제158조 제1항 제1호에 의한 형사처벌까지 가능한가가 문제될 수 있는데, 확장해석을 금하는 죄형법정주의의 원칙이나, 특허권 침해의 미수범에 대한 처벌규정이 없어 특허권 직접침해의 미수범은 처벌되지 아니함에도 특허권 직접침해의 예비단계행위에 불과한 간접침해행위를 특허권 직접침해의 기수범과 같은 벌칙에 의하여 처벌할 때 초래되는 형벌의 불균형성 등에 비추어 볼 때, 제64조의 규정은 특허권자 등을 보호하기 위하여 특허권의 간접침해자에게도 민사책임을 부과시키는 정책적 규정일 뿐 이를 특허권 침해행위를 처벌하는 형벌법규의 구성요건으로서까지 규정한 취지는 아니다.

❗ 생각해보기

홍길동은 자신의 특허발명A와 동일한 발명을 무단으로 실시하는 변학도에 대하여 그 실시를 중지시키고, 그 실시로 인한 손해배상을 청구하려 한다. 홍길동이 변학도에게 어떤 조치를 취할 수 있을까?

Ⅳ. 침해주장을 받은 자의 대응수단

❓ 관련문제

특허권자로부터 등록된 특허발명의 침해라고 경고를 받을 실시자가 특허권자에게 취할 수 있는 조치에는 무엇이 있는가?

정당한 권원이 없는 자가 업으로서 특허발명의 보호범위에 속하는 확인대상발명을 실시하면 특허권의 침해가 되며, 특허권자는 민·형사상 제재조치를 취할 수 있다. 그러나, 특허권자 등의 권리행사가 항상 적법한 것은 아니기 때문에 특허권자로부터 권리의 대항을 받은 자는 특허권자 등의 권리행사가 정당한지의 여부를 확인한 후, 그에 대응하는 대응책을 강구하여야 한다.

권리의 대항을 받은 자는 먼저, 특허권이 유효한지, 특허권에 하자가 없는지 여부 등을 조사하고, 실시하고 있는 기술이 특허권을 침해하고 있는지를 조사한다.

이에 따라, 침해주장이 부당한 경우에는 침해경고에 대한 반박, 소극적 권리범위 확인심판, 확인의 소 등을 제기할 수 있으며, 분쟁이 계속

중인 경우에는 각종의 항변이 가능하다. 한편, 침해주장이 타당한 경우에는 실시를 중지하고, 특허권의 매입이나 실시권 설정을 시도할 수 있으며, 특허권에 하자가 있다면 무효심판을 청구할 수 있다.

CHAPTER **12**

특허심판

● 학습포인트
- 특허심판의 의의와 종류
- 특허심판의 청구 요건과 절차

아시아경제   2014.11.30.

쿠쿠전자, 리홈쿠첸 밥솥 특허 승소

리홈쿠첸이 쿠쿠전자를 상대로 제기한 밥솥 특허무효심판이 기각됐다.

30일 쿠쿠전자에 따르면 지난 27일 특허심판원은 리홈쿠첸이 쿠쿠전자를 상대로 제기한 '안전장치가 구비된 내솥 뚜껑 분리형 전기 압력 조리기'에 대한 특허무효심판 청구를 기각했다.

특허심판원은 "이 사건의 특허 발명은 통상의 기술자가 비교대상발명들에 의하여 용이하게 발명할 수 없다"며 "따라서 특허법 제133조에 의하여 그 등록이 무효로 되어야 한다는 청구인의 주장은 이유가 없다고 판단해 기각한다"며 쿠쿠전자의 특허를 인정했다.

리홈쿠첸이 지난해 7월 특허 무효를 제기한 특허 제878255호 '안전장치가 구비된 내솥 뚜껑 분리형 전기 압력 조리기'는 내솥 뚜껑이 분리된 상태에서 동작이 이뤄지지 않도록 하는 안전 기술로 최신 전기 압력밥솥에 적용되는 가장 핵심적인 기술 중 하나이다.

쿠쿠전자 관계자는 "이번 소송은 쿠쿠전자의 특허 기술이 정당하게 인정받은데 의의가 있다"며 "앞으로도 시장에서의 정당한 경쟁을 위해 자사의 특허권을 보호하고 연구개발(R&D)역량을 더욱 강화해나가겠다"고 말했다.

I. 심판의 의의

현행 특허법은 특허절차를 간소화하는 한편 특허권의 보호를 강화함으로써, 산업의 기술발전을 촉진하여 경쟁력을 높이려 하고 있다. 예컨대 특허출원에 대한 심사과정 중에 거절이유가 있으면 출원인에게 의견서 제출·보정의 기회를 주고 있으며, 특허권 또는 전용실시권을 침해한 자에 대한 벌금형의 액수를 상향 조정함으로써 특허출원인 내지 특허권자를 보호하고 있다.

그러나, 특허청의 행정처분에 하자가 있는 경우에는 출원인이나 일반 공중의 권리와 이익을 해칠 뿐만 아니라, 산업발전에의 기여라고 하는 특허법 제1조의 취지에도 어긋난다고 할 수 있다. 이에 특허법은 특허청의 행정처분에 하자가 있는 경우에 이를 바로잡기 위해 심판제도를 마련하고 있다.

즉, 특허심판이라 함은 특허출원에 대하여 심사관이 행한 처분 또는 그 처분에 의해 부여된 특허권에 관한 분쟁을 해결하기 위하여 특허심판원의 심판관[1]의 합의체에 의하여 행해지는 민사소송이나 행정소송과는 다른 특허법에 규정된 해결절차를 의미한다. 특허법에 규정된 심판절차 이외의 분쟁 예를 들면, 특허청의 불수리처분(특규칙§11)이나 무효처분(특§16) 등의 특허청 처분에 대해서는 행정상의 쟁송절차(행정심판, 행정소송)에 의하여야 하고, 특허권 침해에 대한 손해배상, 침해금지 등의 청구는 민사소송에 의하여야 한다. 다만, 특허심판은 그 절차에 있어서 많은 부분 민사소송법을 따른다(특§141, §154⑦⑧, §157②, §165②④, §178②, §185). 특히, 2019년 1월 개정에서는 특허심판에서의 국선대리인 선임 근거를 마련하고, 국선대리인 선임 사건에 대하여 수수료를 감면해주는 국선대리인 제도를 도입·운용하고 있으며(특§139의2), 2021년 4월 개정에서는 건축, 의료, 지적재산권 등의 신속한 분쟁해결을 위하여 전문적인 지식과 경험을 필요로 하는 사건인 경우에, 법원의 외부에서 관련 분야의 전문가를 전문심리위원으로 참여하도록 하는 전문심리위원 제도를 도입·운용하고 있다(특§154의2).

이러한 특허심판에 대해 사법행위로 볼 것인가 행정행위로 볼 것인

---

1 준사법기관에서 공권적 판단을 행하는 자를 말한다. 예: 국제심판, 해난심판, 특허심판 등.

가에 대해 논란이 있다. 심판절차는 사법절차를 따르기 때문에 사법행위로 볼 수 있으나 삼권분립의 원칙에 따라 사법권은 법원에 속한다는(헌§101①) 사법국가주의에 반한다. 또한, 국민은 법관에 의해 재판을 받을 권리(헌§27①)가 있으나, 이러한 자격이 없는 행정기관인 특허심판원의 심판은 이러한 권리를 부당하게 제한할 수 있다. 따라서, 특허심판을 사법행위로 보는 것은 무리가 있다.

다만, 행정기관이 최종심으로 재판을 할 수 없지만(헌§107②), 법원이 판단하기 이전에, 행정기관은 전심前審으로서의 심판은 할 수 있다고 한다(법조§2②). 따라서, 특허법상의 심판은 행정기관인 특허심판원의 심판관 합의체가 대법원의 최종심을 전제로 거절결정, 특허 등의 처분에 대한 쟁송을 심리판단하는 준사법적 행정행위로 보는 것이 타당하다.

종래, 우리나라는 심판사건에 대해 특허청의 심판소, 특허청의 항고심판소[2]를 거쳐 대법원에 상고할 수 있었다. 그러나, 1998년 3월 1일부터 심판소와 항고심판소를 특허심판원으로 통합하여 실질적 1심을 담당하게 하고, 특허법원을 신설하여 2심을 담당하게 하고 있다.[3]

Ⅱ. 심판의 종류

심판의 종류는 독립적 심판과 부수적 심판으로 나뉜다. 독립적 심판이라 함은 다른 심판의 존재 여부와 상관없이 독립적으로 진행, 종결되는 심판을 말하며, 심판의 청구취지가 독립되어 있는 것을 말한다. 부수

---

2 결정계 심판에 대해서는 특허청의 심판소, 대법원으로 상고하는 절차이었다.

3

	특허권 분쟁	일반소송
1심	특허청 특허심판원	일반 지방법원
2심	특허법원	고등법원
3심	대법원	대법원

적 심판이라 함은 다른 심판의 계속을 전제로 그 심판에 부수되어 개시, 진행, 종결되는 심판을 말한다.

상기 독립적 심판은 다시 당사자계 심판과 결정계 심판으로 나누어진다. 당사자계 심판은 이해관계 있는 양당사자[4] 간의 대립구조를 갖는 심판을 말한다. 당사자계 심판으로는 특허무효심판, 권리범위 확인심판, 정정무효심판, 통상실시권허여심판 등이 있다. 결정계 심판은 이해관계 있는 양당사자 간의 대립구조에 의한 것이 아니라, 특허출원인 또는 특허권자가 자신의 특허출원 또는 특허에 대해 등록·정정을 구하는 심판이다. 상기 결정계 심판은 특허청을 상대로 청구하는 심판이다.

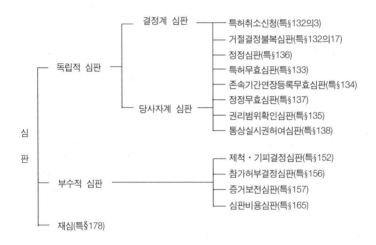

1. 독립적 심판

(1) 결정계 심판

1) **특허취소신청제도**(특§132의3~132의15)

① 의 의

2017년 3월 1일 개정 시행하는 법은 부실특허 예방을 위한 특허취소신청제도를 도입하게 되었다.

---

4 심판에서의 양당사자는 심판청구인과 심판피청구인으로 칭한다.

특허취소신청제도란 특허권의 설정등록일로부터 등록공고일 후 6개월이 되는 날까지 그 특허가 신규성과 진보성, 선출원 등에 해당하는 경우에는 누구든지 특허심판원장에게 특허취소신청을 할 수 있는 것을 말한다.5

② 내 용

특허취소신청은 누구든지 특허권의 설정등록일부터 등록공고일 후 6개월이 되는 날까지 그 특허가 취소이유가 있는 경우 특허심판원장에게 특허취소신청을 할 수 있다(특§132의2①). 특허취소신청의 이유는 선행기술정보제공을 통한 공중심사 기능 강화의 도입취지를 고려하여 신규성 진보성에 흠결이 있는 경우에 한하여 가능하다(특§132의2①각호).

특허취소신청의 경우 심판관 합의체가 심리 절차를 일관적으로 수행하며, 제3자 부담완화 및 절차신속화를 위해 모두 서면심리, 취소신청 기간 경과 후 일괄병합하여 심리 진행한다(특§132의8, 11).

③ 효 과

심리 결과 취소이유가 없는 경우 절차개시 없이 결정으로 신청을 기각하여 특허권을 유지하고, 취소이유가 있는 경우 특허권자에게 취소이유를 통지, 의견서 제출 및 정정청구의 기회를 부여한 후 취소여부를 결정한다(특§132의13). 특허취소결정이 확정된 때에는 그 특허권은 처음부터 없었던 것으로 본다. 기각결정은 불복이 불가하며 취소결정에 대하여만 불복이 가능하다. 특허취소결정에 관한 소는 특허법원 전속관할로 피

5 전문가 등 제3자의 참여로 등록특허를 초기에 재검토한 후 부실특허를 조기에 걸래냄으로써 권리안정성을 도모할 필요가 있다. 심사관 1인당 심사건수가 과다하여 특허품질에 대한 우려가 증가하고 있으며 심사관의 노력에도 불구하고 전 세계 기술문헌의 급증으로 유사기술 문헌을 완벽히 검색한 후 심사하는 것이 사실상 어려운 실정이다. 한편 심사처리기간 단축으로 인하여 출원공개 전의 특허결정 비율이 급증하여 발명 공개 후 공중의 특허심사 참여기회도 축소되고 있는바 부실특허를 조기에 취소하여 시장 혼란을 최소화하고 법원에 불복 시 소송절차까지 특허청이 수행하여 책임행정의 구현을 위하여 특허취소신청제도를 도입하게 되었다. 이로 인하여 하자있는 특허를 조기에 취소하여 특허품질제고에 도움이 되며, 안정된 권리는 선별 제고하여 시장혼란 및 기업부담 최소화에 일조할 것이고, 차후 무효심판 인용률도 낮추는 효과를 기대할 수 있다.

고는 특허청장이다.

요약 특허취소신청제도의 주요 내용

- (신청기간) 등록공고 후 6개월까지 "결정계" 특허취소 신청
- (신청이유) 특허문헌 · 간행물에 근거한 신규성 · 진보성 등
- (심리개시) 취소신청 이유를 종합 · 정리 후 일괄하여 심리진행

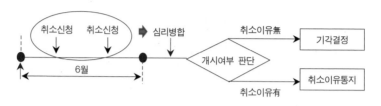

- (불복절차) 취소결정만 불복 가능, 심판부터 법원까지 심판원이 수행

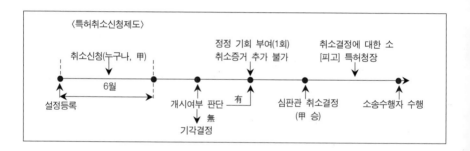

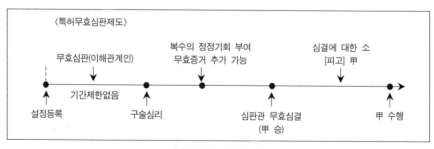

[특허취소신청제도]

구분	新 특허취소 신청제도	現 특허무효심판
신청인 적격	누구나	이해관계인
신청시기	등록일부터 6월	언제라도 가능
제도 성격	특허심사결과 재검토	당사자간 분쟁 해결
신청 이유	신규성, 진보성(특허·간행물)	모든 무효 사유
심리 병합	일괄 병합 원칙	필요 시 병합
심리 진행	취소이유가 있는 경우만 진행	무조건 심리 진행
제도 운영	결정계(특허청-특허권자)	당사자계(청구인-피청구인)
심리 방식	모두 서면심리	구술심리 원칙
신청이유 보정	제한	심리종결 전까지 무제한
정정 기회	원칙상 1회	제한 없음
결정(심결) 예고	취소이유 통지	없음
종결 방식	결정	심결
대리인 비용	저비용	고비용
수수료	저비용	고비용
불복 절차	법원 이후는 특허청이 수행	당사자가 수행

[특허취소신청제도와 특허무효심판제도의 비교]

2) 거절결정불복심판(특§132의17)

거절결정불복심판이라 함은 특허출원에 대하여 거절결정 또는 연장등록출원에 대한 거절결정을 받은 자(출원인 또는 연장등록출원인)가 불복하여, 거절결정에 대한 취소와 출원발명을 특허(또는 연장등록)받을 수 있을 것이라고 청구하는 심판을 말한다. 심사관의 판단에도 과오가 있을 수 있기 때문에 이를 바로잡기 위해서 심판관으로부터 다시 심사할 수 있는 길을 만들어 놓은 것이라 할 수 있다. 이 심판은 출원에 관한 심사관의 결정에 대한 출원인 측의 유일한 불복방법이다.

거절결정불복심판은 심사에서의 판단 절차나 결과를 전혀 무시하고 새로 처음부터 판단하는 것이 아니고, 심사에 있어서 한 절차를 토대로 판단을 속행하는 심사에 대한 속심續審으로의 성격을 갖는다. 따라서, 새로운 자료를 보충하여 원거절결정에 대한 판단을 계속하는 것이다.

거절결정불복심판은 출원인만이 청구할 수 있고(특§132의17), 특허권에 대한 존속기간연장등록출원의 거절결정에 대한 불복심판은 특허권자만이 청구할 수 있다. 공동출원 및 공유인 경우에는 전원이 공동으로 청구하여야 한다(특§139③). 이 심판은 결정계 심판으로서 특허청장을 상대로 청구하는 것이다.

거절결정불복심판을 청구할 수 있는 청구기간은 거절결정등본을 송달받은 날로부터 3개월 이내이다(특§132의17). 다만, 특허청장 또는 특허심판원장은 교통이 불편한 지역에 있는 자를 위하여 청구에 의하여 또는 직권으로 심판의 청구기간을 연장할 수 있다(특§15). 또한, 책임질 수 없는 사유(천재지변 등)로 청구기간을 준수할 수 없을 때에는 그 사유가 소멸한 날로부터 2개월[6] 이내에 추후 보완할 수 있으나, 기간 만료일부터 1년이 경과한 때에는 그러하지 아니하다(특§17).

특허의 거절결정이 있는 경우에 특허출원인은 거절결정불복심판을 청구하거나, 거절결정등본을 송달받은 날로부터 3개월 이내에 그 특허출원의 특허출원서에 첨부된 명세서 또는 도면을 보정하여 해당 특허출원에 관하여 재심사를 청구할 있다. 다만, 재심사에 따른 거절결정이 있거나 제132조의17에 따른 심판청구(거절결정불복심판청구)가 있는 경우에는 그러하지 아니하다(특§67의2①). 즉, 거절결정등본을 송달받은 출원인은 출원서의 명세서 또는 도면을 보정하여 재심사를 청구하거나, 상기 보정 없이 거절결정불복심판을 청구하는 선택을 할 수 있다.[7] 상기 재심사를 청구하게 되면, 심사관이 다시 한번 심사하게 된다.

거절결정불복심판을 청구하고자 하는 자는 필요한 사항을 기재한 심판청구서(특§140의2①)를 특허심판원장에게 제출하여야 하고, 특허심판원장은 3 또는 5인의 심판관 합의체를 구성하고, 심판관 합의체로 하여금 심리하게 한다. 심판은 직권으로 심리하며, 청구인이 청구하지 않은 이

---

6 한편 2017년 3월 1일 개정 특허법은 특허법 17조에 의한 추후보완 기간을 14일에서 2개월로 확대하였다.

7 실무상 거절결정등본이 송달되면 보정을 행하여 재심사를 청구하는 경우가 많으며, 재심사에서도 거절결정을 받는 경우에 거절결정불복심판을 청구한다.

유에 대해서도 심리할 수 있다(특§159).

🚩 **생각해보기**

홍길동은 특허출원중인 자전거에 대한 발명이 기존의 자전거로부터 용이하게 발명
할 수 있다는 이유로 거절결정을 받았고 이에 재심사를 청구하였으나 역시 거절결정
을 받았다. 이러한 경우 홍길동이 특허등록을 받기 위해 취할 수 있는 조치는 무엇이
있는가?

3) 정정심판(특§136, 실§33)

정정심판이라 함은 명세서 또는 도면에 기재된 내용을 정정訂正하기
위하여 특허권자가 청구하는 심판이다. 특허 또는 실용신안등록에 대하
여 무효사유가 있을 경우에는 무효심판청구로 특허가 무효로 되는 것을
방지하고, 무효심판이 청구되는 것을 예방할 필요가 있으며, 그 특허에
관하여 불명료한 부분이 있을 경우에는 침해사건을 일으키기도 하고 실
시계약을 방해하기도 하여 제3자의 이익에 관련되게 되므로 그 불명료
한 부분을 명료하게 할 필요가 있게 된다. 이러한 경우에 특허권자가 자
발적으로 등록된 명세서와 도면의 기재를 정정하는 것이다.

특허출원 중인 상태에서는 특허법 제47조에서 규정하는 바에 따라
보정을 할 수 있다. 그러나, 특허출원이 심사를 거쳐 특허권이 설정된 후
에는 명세서가 일종의 권리서가 되므로 그 내용을 함부로 변경하여서는
아니 된다. 그러나, 그 명세서를 그냥 두면 무효가 되거나 분쟁이 발생할
우려가 있다면 이를 방지할 기회를 주어야 하기 때문에 정정심판이 필
요하다. 다만, 명세서 또는 도면의 내용을 자유롭게 정정할 수 있다면 제
3자에게 불측의 손해를 주게 되므로, 출원단계에서의 보정과 같이 자유
로운 수정이 허용되지 않는다.

정정심판에서 명세서 또는 도면을 정정할 수 있는 범위는 특허권자
의 방어적 기능을 달성하는 데 필요한 최소한의 범위에서 인정한다. 정
정심판의 청구의 대상은 출원서에 첨부한 명세서와 도면이다(특§136①).

여기서 출원서에 첨부한 "명세서와 도면"이라 함은 특허권이 설정등록될 시점의 것이고, 또 당해 정정심판의 심결 전에 다른 정정심판의 확정심결이 있을 때에는 그 정정된 명세서와 도면이다. 정정심판으로 정정을 할 수 있는 사항은 i) 특허청구범위를 감축8하는 경우, ii) 잘못된 기재를 정정9하는 경우, iii) 분명하지 아니한 기재를 명확하게 하는 경우10 중 하나에 해당해야 한다(특§136①각호). 하지만, 이 경우에도 명세서 또는 도면의 정정은 특허청구범위를 실질적으로 확장하거나 변경할 수 없고 (특§136④) 명세서 또는 도면의 정정은 특허발명의 명세서 또는 도면에 기재된 사항의 범위 내에서 이를 할 수 있다(특§136③). 그리고, 위의 i), ii)에 해당하는 정정은 정정 후의 특허청구범위에 기재된 사항이 특허출원을 한 때에 특허를 받을 수 있는 것이어야 하고(특§136⑤), ii) 에 해당하는 정정은 출원서에 최초로 첨부된 명세서 또는 도면에 기재된 사항의 범위로 한다(특§136③단).

정정심판의 청구인은 특허권자(공유의 경우에는 공유자 전원)만이 청구할 수 있다. 그러나, 전용실시권자, 질권자, 직무발명에 의한 통상실시권자, 전용실시권을 목적으로 한 질권자 또는 통상실시권자, 특허권자가 허락한 통상실시권 등이 설정되어 있다면 위의 자들은 동의를 얻지 않고서는 정정심판을 청구할 수 없다(특§136⑧). 정정심판은 결정계 심판이므로 특허청장을 피청구인으로 한다.

정정심판의 청구는 특허권 설정등록 후에만 청구할 수 있다. 다만, 특허취소신청이 특허심판원에 계속 중인 때부터 그 결정이 확정될 때까

---

8 특허청구범위의 감축이란 특허청구범위의 항수를 줄이는 것과 특허청구의 범위 자체를 축소하는 것도 포함된다고 본다.

9 잘못된 기재를 정정하는 것은 명세서나 도면의 기재가 오기임이 명세서 기재 전체, 주지의 사항 또는 경험칙 등에서 분명한 경우에 그 오기를 본래의 바른 기재로 정정하는 것이다.

10 분명하지 아니한 기재를 명확하게 하는 경우는 구법하에서는 '불명확한 기재의 석명(釋明)'이라고 하였으나, 2001년 개정시 국어순화운동의 하나로 개정하였다. 분명하지 아니한 기재를 명확하게 하는 경우란 기재내용 그 자체가 명확하지 않은 경우에, 그 뜻을 명확하게 하든가 또는 명세서, 도면의 기재에 모순이 있는 경우에 어느 하나로 통일하여 모순을 없애는 것이다.

지의 기간이나 특허의 무효심판 또는 정정의 무효심판이 계속되고 있는 경우에는 그러하지 아니하다(특§136②). 특허의 무효심판이 계속되는 있는 경우에 특허권자는 정정심판은 청구할 수 없고, 특허의 무효심판 절차에서 정정청구를 할 수 있다. 정정심판의 청구기간은 명시되어 있지 않지만, 일반적으로 특허권의 존속기간 내이나 청구의 이익이 있는 한 특허권이 소멸된 후에도 청구할 수 있다. 다만, 특허취소결정이 확정되거나 특허를 무효로 한다는 심결이 확정된 후에는 그러하지 아니하다(특§136⑦). 정정심판을 청구하고자 하는 자는 심판청구서에 정정한 명세서 또는 도면을 첨부하여야 한다(특§140⑤).

정정심판에 대한 심결이 확정된 경우에는 그 정정의 효과는 출원시까지 소급遡及한다. 즉, 정정 후의 명세서 또는 도면에 의하여 특허출원·출원공개·특허결정 또는 심결 및 특허권의 설정등록이 된 것으로 본다(특§136⑩). 특허청장은 정정심판의 심결이 확정된 때에는 그 심결에 따라 새로운 특허증을 교부하여야 한다(특§86③). 정정심결이 확정되었으나 정정무효사유에 해당하는 경우에는 이해관계인 또는 심사관은 정정무효심판을 청구할 수 있다(특§137①).

> **① 생각해보기**
>
> 홍길동은 자전거에 대한 발명 A에 대하여 특허등록을 받은 이후 특허 청구범위를 검토하던 중 A의 구성요소인 자전거 체인을 자전차 체인으로 잘못 기재한 것을 발견하였다. 이에 홍길동은 청구범위에 기재된 오기를 정정하면서, 이와 함께 자전거 체인을 새로 개발한 스테인레스 소재의 자전거 체인으로 정정하려 한다. 이것이 가능할까?

(2) 당사자계 심판

1) 특허무효심판(특§133)

특허무효심판은 유효하게 설정등록된 특허권이 특허법 제133조 제1항 각 호의 무효사유에 해당하는 경우 이해관계인 또는 심사관의 청구에 의해 그 특허권의 효력을 소급적으로 또는 장래를 향하여 소멸시키는 것을 목적으로 하는 심판이다. 특허는 심사관에 의한 심사에 의하여 등록이 결정되고 유지되는 것이다. 그러나, 이와 같은 단계에 의하여도 때로는 특허요건을 구비하지 못한 발명이 특허결정되고 유지되는 경우가 발생하게 된다. 이와 같은 특허권의 존재로 인하여 본래 누구라도 자유롭게 실시할 수 있었던 해당 발명이 특허권자의 독점적 권리로 됨에 따라 특허권자를 부당하게 보호하는 결과가 되어서 산업의 발전을 저해하게 된다. 즉, 심사의 완전성과 공정성을 사후적으로 도모하고, 특허분쟁이 발생하는 것을 미연에 방지하기 위해서 마련된 것이 특허무효심판이다.

종래의 2006년 개정전 특허법에서는 특허등록 후 일정기간 내에 누구든지 할 수있는 이의신청제도를 두어 공중으로 하여금 특허결정을 받은 특허출원에 대하여 이의를 제기할 수 있도록 하고 있었다. 그러나, 이의신청제도는 특허의 설정등록일부터 등록공고일 후 3개월 내로 제한되어 있어, 그 기간의 도과를 깨닫지 못했거나 법정기간의 제한으로 충분한 증거를 제출하지 못함으로써, 제대로 특허결정의 오류를 판단하지 못할 수 있었다. 이에 2006년 3월 3일 개정 특허법에서는 특허의 설정등록공고 후 3개월 이내에는 특허이의신청을 하게 하고, 3개월 후에는 특허무효심판을 하게 하던 것을 특허이의신청제도를 폐지하고, 특허무효심판제도로 통합하여 특허설정등록 후에는 모두 무효심판으로 통일하였다.

일단 유효하게 발생한 행정처분을 취소하고 새로운 행정처분을 하는 것, 즉 특허권에 특허무효사유가 존재하고 있다고 해서 모두 무효가 되는 것이 아니라 행정기관인 특허청[11]의 심판에 의하여서만이 무효가 될 수 있으며, 그 특허권의 무효가 확정되면 그 특허권은 처음부터 효력이 없었던 것이 되기 때문에 이러한 행위는 확인적 행위가 아니라 형성적

---

11 보다 정확하게는 특허심판원이라고 할 수 있으며, 원칙적으로 특허청과 특허심판원은 업무적으로 분리된 기관이다.

행위라고 보아야 할 것이다.

특허무효심판을 청구할 수 있는 자는 이해관계인과 심사관이다(특 §133①).12 피청구인은 특허권자이다. 이해관계인에 대해서는 논란이 있으나, 그 특허권이 유효하게 존속함으로 인하여 직접 또는 간접적으로 불이익을 받을 염려가 있는 자연인과 법인을 말한다.

특허무효심판은 특허권이 소멸된 후에도 청구할 수 있다(특§133②). 특허권의 존속기간 만료 후에 존속기간 중의 침해행위에 대해서도 손해 배상을 청구할 수 있기 때문에 특허권 소멸 후에 있어서도 무효심판을 청구할 실익이 있다.

특허를 무효화할 수 있는 무효사유는 특허법 제133조 제1항 각호에 열거된 사유에 한정하고, 이외의 것을 사유로 하여서는 무효심판을 청구할 수 없다. 다만 예외적으로, 국제특허출원13에 대해서는 특유의 무효사유가 존재한다.

특허법 제133조 제1항 각 호에 열거된 사유는 i) 특허가 제25조(외국인의 권리능력), 제29조(특허요건), 제32조(특허를 받을 수 없는 발명), 제36조(선출원) 제1항 내지 제3항, 제42조 제3항(발명의 상세한 설명) 제1호 및 제4항(특허청구범위), ii) 특허를 받을 수 있는 권리를 가지지 아니하거나(특§33①본), 제44조(공동출원)의 규정에 위반한 경우(다만, 제99조의2제2항에 따라 특허권이 이전등록된 경우에는 제외한다), iii) 제33조 제1항 단서의 규정에 의하여 특허를 받을 수 없는 경우, iv) 조약에 위반된 경우, v) 특허된 후 그 특허권자가 제25조(외국인의 권리능력)의 규정에 의하여 특허권을 향유할 수 없는 자로 된 경우 또는 그 특허가 조약에 위반되는

---

12 한편 2017년 3월 1일 개정 특허법은 특허법 제133조의 무효심판 청구의 청구권자를 이해 관계인, 심사관으로 한정함으로써 특허취소신청제도의 특허권자와 명확히 분리하여 그 존 재의의를 명확히 하였다.
13 국제특허출원이라 함은 한국을 지정국으로 하는 국제출원의 국내단계를 의미한다. 국제특 허출원은 국제출원이 국내단계의 절차로 진입한 후로서, 국내법에 따라 모든 절차가 진행 되나 특별한 경우를 위한 특례를 인정하고 있다.

사유가 발생한 경우, vi) 제47조 제2항(보정이 가능한 범위)의 규정에 의한 범위를 벗어난 보정인 경우, vii) 제52조 제1항의 규정에 의한 범위를 벗어난 분할출원 또는 제52조의2 제1항 각 호 외의 부분 전단의 규정에 의한 범위를 벗어난 분리출원인 경우, viii) 제53조 제1항의 규정에 의한 범위를 벗어난 변경출원인 경우이다.

특허무효심판은 특허청구범위의 청구항이 2이상인 때에는 청구항마다 청구할 수 있다.

특허무효심판에 따른 심판의 피청구인[14]은 제147조 제1항(답변서 제출 기회) 또는 제159조 제1항 후단(직권심리)에 따라 지정된 기간 이내에 정정청구를 할 수 있다. 앞서, 정정심판에서 언급한 바와 같이, 특허무효심판이 진행 중에 특허권자(특허무효심판의 피청구인)는 답변서 제출기한 또는 심판관 직권심리에 따라 부여된 답변서 제출기한 내에 정정심판에서 언급한 정정의 범위 내에서 정정청구를 할 수 있다. 심판장은 특허무효심판 절차에서 특허의 정정청구가 있는 때에는 그 청구서의 부본을 심판의 청구인에게 송달하여야 한다.

특허를 무효로 한다는 심결이 확정된 때에는 그 특허권은 처음부터 없었던 것으로 본다. 단, 후발적 사유(특§133①iv)의 규정에 의하여 특허를 무효로 한다는 심결이 확정된 때에는 그 특허가 후발적 사유에 해당되게 된 때부터 특허권의 효력이 없었던 것으로 본다(특§133③). 한편, 심판부는 특허무효의 대상이 된 특허청구범위에 대해 일부에 대해서만 무효를 판단할 수 있다. 즉, 2이상의 청구항에 대해 무효심판이 제기된 경우에 일부 청구항에 대해서만 무효를 판단하고, 나머지는 유효하다는 판단을 할 수 있다.[15] 특허무효심결이 확정된 때에는 누구나 그 발명을 자유롭게 실시할 수 있고, 일사부재리[16]의 대세적 효력이 생긴다.

---

14 특허무효심판의 피청구인은 특허권자일 것이다.

15 일부무효 심결이라고 칭한다.

16 동일사실 및 동일증거에 의하여 다시 심판을 청구할 수 없다는 것으로, 이에 대해서는 후술한다.

2) 특허권의 존속기간연장등록 무효심판(특§134)

특허권의 존속기간연장등록 무효심판이라 함은 존속기간이 연장등록된 특허권이 특허법 제134조 제1항 각 호의 무효사유에 해당되는 경우, 존속기간을 연장되지 아니한 상태로 환원시키기 위하여 청구하는 무효심판을 말한다. 즉, 특허권의 존속기간의 연장등록처분에 하자가 있는 것을 이유로 하여 그 특허권의 연장등록을 무효로 하는 준사법적 행정절차를 말한다.

특허권의 존속기간연장등록 무효사유는 연장등록출원의 거절이유(특§91①)와 실질적으로 동일하며, 다음에 열거한 사유에 한한다.

먼저 허가 등에 따른 존속기간 연장등록의 경우의 무효사유(특§134①각호)는 i) 그 특허발명을 실시하기 위하여 제89조(특허권의 존속기간의 연장)의 허가 등을 받을 필요가 없는 출원에 대해 연장등록이 된 경우, ii) 그 특허권자 또는 그 특허권의 전용실시권 또는 등록된 통상실시권을 가진 자가 제89조의 허가 등을 받지 아니한 출원에 대하여 연장등록이 된 경우, iii) 연장등록에 의하여 연장된 기간이 그 특허발명을 실시할 수 없었던 기간을 초과하는 경우, iv) 당해 특허권자 아닌 자의 출원에 대하여 연장등록이 된 경우, v) 제90조 제3항(공유특허권의 존속기간 연장등록출원)의 규정에 위반한 출원에 대하여 연장등록이 된 경우로서 법정된 사유에 한한다.

한편, 등록지연에 따른 존속기간연장등록의 무효사유(특§134②각호)는 i) 연장등록에 따라 연장된 기간이 제92조의2에 따라 인정되는 연장의 기간을 초과한 경우, ii) 해당 특허권자가 아닌 자의 출원에 대하여 연장 등록이 된 경우, iii) 제92조의3 제3항을 위한 출원에 대하여 연장등록이 된 경우의 규정에 위반한 출원에 대하여 연장등록이 된 경우로서 법정 사유에 한한다.

특허권의 존속기간연장등록 무효심판의 청구대상은 "연장등록" 그 자체이므로, 특허청구범위의 청구항이 2이상이라고 하더라도 청구항별 로 청구할 수 없으며, 일부무효와 같은 심결을 할 수 없다. 특허권의 존 속기간연장등록 무효심판에 의해 연장등록을 무효로 한다는 심결이 확 정되면 그 연장등록에 의한 존속기간의 연장은 처음부터 없었던 것으로 본다. 다만, 무효심결이 확정된 연장등록이 제134조 제1항 제3호(연장신 청의 기간이 그 특허발명을 실시할 수 없었던 기간을 초과하는 경우)에 해당되 는 경우 또는 연장등록이 제134조 제2항 제1호(연장된 기간이 제92조의2에 따라 연장된 기간을 초과한 경우)에 해당되는 경우에는 초과한 기간에 관 하여 그 초과한 기간만큼 그 연장이 없었던 것으로 본다(특§134④).

3) 정정무효심판(특§137, 실§33)

정정무효심판이라 함은 특허발명의 명세서 또는 도면에 관한 정정[17] 이 부적법하게 이루어진 경우, 그 정정의 무효를 구하기 위하여 청구하 는 심판을 말한다. 이러한 정정무효심판은 부적법하게 정정된 특허가 출 원시까지 그 효력이 소급되어 유지됨에 따라 제3자가 입게 될 불측의 손해를 방지하고자 하는 것이다.

정정무효심판을 청구할 수 있는 사유는 다음과 같다. 명세서 또는 도 면에 대한 정정이 i) 특허청구범위를 감축하는 경우, ii) 잘못된 기재를 정정하는 경우, iii) 분명하지 아니한 기재를 명확하게 하는 경우에 해당 하지 않을 때에는 정정무효사유이다(특§136①). 또한, i) 명세서 또는 도 면의 정정이 특허발명의 명세서 또는 도면에 기재된 사항의 범위를 벗

---

17 정정은 전술한 정정심판 또는 정정청구에 의한 것을 의미한다.

어난 경우(잘못 기재된 것을 정정하는 경우는 출원시에 최초로 첨부된 명세서 또는 도면에 기재된 사항의 범위를 벗어난 때), ii) 명세서 또는 도면의 정정이 특허청구범위의 실질적 확장 또는 변경인 경우, iii) 특허청구범위를 감축, 잘못 기재된 것을 정정하는 경우에 정정 후의 특허청구범위에 기재된 사항이 특허출원을 한 때에 특허를 받을 수 없는 경우에는 정정무효사유이다(특§136③ 내지 ⑤).

정정무효심판은 정정에 관한 심결이 확정된 이후이면 특허권의 존속 중에는 물론 특허권이 소멸된 후에도 청구할 수 있다. 정정무효심판은 특허권 자체에 대하여 무효를 주장하는 것이 아니라, 정정심판에 의하여 정정된 부분에 대해서만 무효를 주장할 수 있다.

한편, 정정무효심판은 이해관계인과 심사관이 청구할 수 있으며, 피청구인은 정정무효심판에 대한 답변서 제출기간 또는 의견 진술기간 동안에 특허발명의 명세서 또는 도면의 정정을 청구할 수 있다(특§137③, ④). 이는 정정의 무효심판절차에서 정정을 할 수 있는 기회를 부여하는 것으로, 피청구인의 방어권을 보장하기 위한 것이다.

4) 권리범위확인심판(특§135)

권리범위확인심판이라 함은 특허권을 둘러싼 당사자 사이의 분쟁이 발생하면 분쟁대상물이 해당 특허발명의 권리범위에 속하는가 아닌가를 판단하는 심판제도를 말한다. 특허권자도 권리범위에 속하는가 아닌가를 확인받아 둠으로써 특허권을 둘러싼 당사자 간의 분쟁에 있어 권리의 이용·저촉 문제, 권리침해 문제를 원만히 해결할 필요가 있다. 이러한 심판은 특허권의 침해관계를 명확히 하기 위한 제도이다. 이 제도는 민사소송법상 확인소송과 비슷하나, 민사소송법상의 확인의 소가 대세적 효력을 갖는 반면, 이 심판은 대세적 효력이 없어 제3자를 구속하지 않는다는 점에서 다르다(다수설). 따라서, 권리범위확인심판의 심결이 확정된 경우에도 특허침해를 다루는 일반 법원에서는 심결을 반드시 수용할 의무가 있는 것이 아니다.

특허발명은 업으로서 특허발명을 실시할 권리를 독점하며(특§94), 다른 제3자가 실시하는 경우에는 침해금지청구 등의 권리행사를 할 수 있다. 이러한 권리행사의 효력은 동업자뿐만 아니라, 널리 제3자에게도 영향을 미치는 것이다. 이러한 권리는 존속기간 만료로 권리가 소멸된 후에도 존속기간 중의 제3자의 침해행위에 대한 손해배상을 청구할 수 있는 등 그 효력이 장기간에 이르는 것이다. 그리하여 그 기간 중에 특허권자가 제3자의 특허권 또는 제3자가 실시하고 있는 대상 등에 관하여 그것이 자기의 특허발명의 권리범위에 속하는지 여부를 알고 싶은 경우, 반대로 특허권자 아닌 자가 투자 내지 사업실시를 계획중이거나 실시중인 대상에 관하여 그것이 특허권자의 특허발명의 권리범위에 속하는지 여부를 알고 싶은 경우가 생긴다.

이와 같은 경우에 문제가 되는 특허발명의 권리범위에 관하여 고도의 전문적·기술적 식견을 가진 자가 엄정하고 중립적인 입장에서 권위 있는 판단을 신속하게 행하고, 그 판단을 구하는 자가 용이하게 이용할 수 있도록 제도적으로 보장함으로써 목적에 적합한 발명의 보호와 이용을 도모하고 아울러 무익한 다툼이 발생되지 않도록 하는 것이 필요하다. 이와 같은 취지는 실용신안권(실§33), 디자인권(디§122), 상표권(상§121)에 있어서도 마찬가지이다.

권리범위확인심판의 유형으로는 2가지가 있다. 적극적 권리범위확인심판과 소극적 권리범위확인심판이 그것이다. 적극적 권리범위확인심판은 특허권자(전용실시권자)가 분쟁대상물(제3자가 실시하는 기술)이 특허권자의 특허권 범위에 속한다는 확인을 구하는 심판이다. 반면, 소극적 권리범위확인심판은 이해관계인(분쟁대상물을 실시하고 있는 제3자)이 특허권자를 상대로 분쟁대상물이 특허권자의 권리범위에 속하지 않는다는 확인을 구하는 심판이다.

권리범위확인심판의 청구기간에 대해서 특별한 규정을 두고 있지 않으므로, 이론상으로는 청구의 이익[18]이 있는 한 언제든지 청구할 수 있다고 볼 수 있으나, 우리 판례는 일관되게 특허권이 소멸된 이후에는 그 권리에 관하여 권리범위확인심판을 청구할 수 없을 뿐만 아니라 그 확인의 이익이 없다고 판단하고 있어, 특허권의 존속기간 내에서 청구할 수 있다고 보고 있다.[19]

특허권의 권리범위확인심판의 심결이 확정되면 그 결과로서 권리범위가 확인되는 효력이 생기지만, 이러한 효력이 제3자를 구속하는지에 대하여 논의가 있다. 이에 대해 구속력이 없다고 보는 것(즉, 대세적 효력이 발생하지 아니한다)이 다수설이다. 그러나, 특허심판원의 심판편람에서는 "특허발명의 권리범위에 관한 심판관의 심결은 감정적 성질을 갖는 데 그치는 것이 아니고, 당사자 또는 제3자에 대하여 법적 구속력을 갖는다"라고 한다.[20]

❗ 생각해보기

홍길동은 제약회사 연구원으로서 경쟁사의 신종플루 치료제 A를 연구하던 중 치료효과가 뛰어난 신종플루 치료제 B를 개발하였다. A와 B는 그 성분이 거의 유사하나 성분비율 등에만 차이가 있는 것으로서, 홍길동은 B를 생산·판매하기 전에 B의 실시가 특허발명인 A의 침해인지를 확인하고자 한다. 이러한 경우 홍길동이 이용할 수 있는 특허법상의 제도는?

---

5) 통상실시권허여심판(특§138, 실§32, 디§123)

통상실시권허여심판이란 자신의 특허발명이 선출원된 타인의 권리(특허권, 실용신안권, 디자인권)와 이용·저촉 관계에 있을 때, 타인의 특허발명을 실시하지 아니하고는 자신의 특허발명을 실시할 수 없는 경우, 심판에 의해 그 타인의 권리를 실시할 수 있도록 하기 위한 제도이다.

---

18 권리범위확인을 구할 실익이 존재하는 한 가능하다고 본다. 특허법 제133조 제2항.
19 대법원 2010. 8. 19. 선고 2007후2735 판결; 대법원 2002. 4. 23. 선고 2000후2439 판결; 대법원 1970. 3. 10. 선고 68후21 판결; 대법원 1996. 9. 10. 선고 94후2223 특허권리범위 판결.
20 특허심판원, '심판편람(제14판)', 2023.12.29, 571면.

즉, 특허권을 실시하는 데 있어서 특허발명 상호간의 이용관계 또는 타 권리와의 저촉관계에 있을 때, 이용·저촉관계의 특허권자가 타인의 선 권리자로부터 동의를 얻지 않으면 자신의 특허발명을 업으로 실시할 수 없는 문제를 해소하기 위한 것이다.

오늘날 기술이 점점 고도화·복잡화해가면서 대다수 발명은 기존의 발명을 이용하여 완성하는 경우가 허다하다. 이러한 경우에 선출원 발명 의 보호에만 치우친 나머지 선출원 발명을 기초로 완성한 이용·개량발 명의 실시를 타인의 특허권 침해로 규정한다면, 이용·개량발명을 사장 시키는 것이 되고, 나아가 산업발전에 기여하지 못한다. 따라서, 이러한 관계를 조절하기 위해서, 통상실시권허여심판을 두고 있다.

통상실시권허여심판의 청구인은 원칙적으로 이용·저촉관계에 있는 후출원의 특허권자이며, 피청구인은 선출원 권리자가 된다. 한편, 특허법 제138조 제3항은 이용발명의 특허권자에게 통상실시권을 허여한 때는 선출원특허권자에게도 그 보상책으로 후출원의 이용발명에 대해 통상실 시권허여심판을 청구할 수 있다(특§138③).

통상실시권허여심판을 청구하기 위해서는 i) 후출원의 특허권자가 자 신을 특허발명을 실시함에 있어, 선출원의 특허권 등을 이용하지 않으면 실시할 수 없을 때, 선출원의 특허권자가 정당한 이유 없이 허락을 하지 아니하거나 실시허락을 할 수 없고(특§138①), ii) 이 경우에 후출원의 특 허발명은 선출원의 특허발명에 비해 상당한 경제적 가치가 있는 중요한 기술적 진보가 있어야 한다(특§138②).

통상실시권허여심판에 의하여 실시허락을 받은 자는 특허권자·실용 신안권자·디자인권자 또는 그 전용실시권자에 대해 대가를 지불하고 (특§138④), 심결에 의해 정해진 범위 내에서 업으로서 그 특허발명을 실 시할 수 있다. 단 그 대가를 지불하지 않거나 공탁하지 않으면 실시할 수 없다(특§138⑤).

❗ 생각해보기

홍길동은 친구인 장동건의 특허발명 A가 수익성이 있는 것으로 판단하여 장동건에게 A를 실시할 수 있도록 협상을 하려고 하였으나 장동건은 협상 자체를 거부하고 있다. 이러한 경우 홍길동이 장동건에게 통상실시권허여심판을 청구할 수 있을까?

2. 부수적 심판

앞에서 본 심판은 독립적 심판이나 제척·기피심판(특§152①), 참가심판(특§156③), 증거보전심판(특§157), 심판비용심판(특§165), 심리·심결의 병합 또는 분리심판(특§160) 등은 부수적 심판이다. 부수적 심판은 심판 자체만으로 독립하여 심판의 대상이 되지 못하고, 독립적 심판에 부수하거나 독립적 심판의 청구를 전제로 하여서만 가능하다.

예를 들면, 무효심판을 청구한 상태에서, 심판관이 제척·기피심판이 가능하나, 심판과의 제척·기피심판은 독립적 심판이 존재하지 않는 상태에서는 단독으로 청구할 수 있는 것이 아니다.

Ⅲ. 심판의 절차

도표 1 심사 · 심판절차

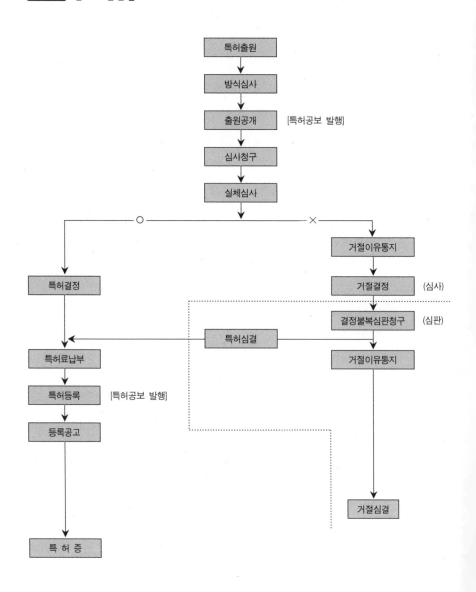

결정계 사건(거절결정불복심판의 경우)

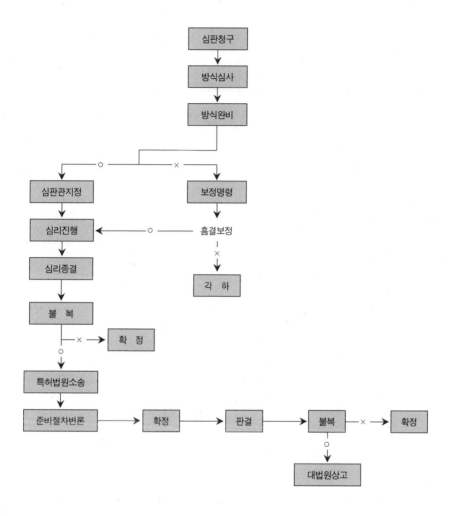

당사자계 사건

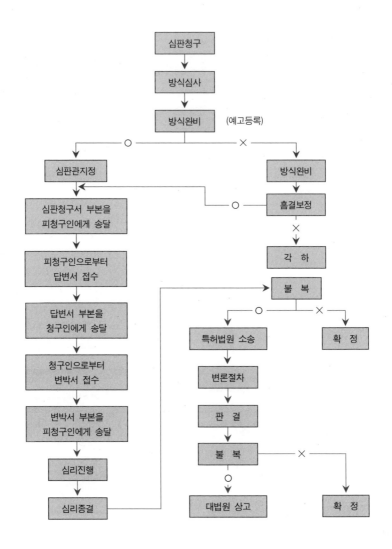

1. 심판관

심판은 당사자의 심판청구에 의하여 시작되며, 사건의 판단은 당사자의 주장을 기초로 하여 심판관이 판단한다. 심판은 일정한 자격(특§143②)을 갖춘 심판관 3인 또는 5인의 합의체(특§146①)에 의한다. 합의체의 합의는 과반수에 의하여 결정된다(특§146②). 합의체를 구성해야 할 심판관은 각 심판사건에 대해 특허심판원장이 지정하고, 합의체의 심판관 중 1인을 심판장으로 지정한다. 그러나, 심판관은 직무상 독립하여 심판한다(특§143③). 또한, 심판의 공정성을 확보하기 위하여 심판관의 제척(특§148), 기피(특§150), 회피(특§153의2) 제도를 두고 있다.

심판관의 제척이란 심판관이 법정 제척사유(특§148)에 해당하는 경우에, 당연히 그 심판관여로부터 배제되는 것을 말한다. 심판관이 담당하는 구체적인 사건 및 사건의 주체와 그 심판관이 특수한 관계(배우자 등)에 있는 경우에는 그 사건에 대한 관여를 배제함으로써 심판의 공정성과 객관성을 확보하려는 것이다.

심판관의 기피란 심판관에게 상기 제척사유 이외에 심판의 공정을 기대하기 어려운 사정이 있는 경우(친우, 원한관계 등)에 당사자 또는 참가인은 기피할 수 있다. 상기 기피는 제척과 동일한 취지이나, 기피는 당사자 또는 참가인이 신청해야 하는 점에서 차이가 있다.

심판관의 회피란 심판관이 스스로 제척·기피 사유에 해당하는 경우에는 특허심판원장의 허락을 받아 자발적으로 당해 사건을 피하는 것을 말한다.

다만, 특허분쟁의 내용이 고도화되면서 건축, 의료, 지적재산권 등의 분쟁해결을 위해 심판의 전문성을 확보하기 위하여, 법원 외부에서 관련 분야의 전문가들을 전문심리위원(특§154의2)으로 참여하여 심리의 신속성을 보장하고 있다. 심판장은 직권에 따른 결정으로 전문심리위원을 지정하여 심판절차에 참여하게 할 수 있으며(특§154의2①), 그러한 전문심리위원을 심판절차에 참여하게 하는 경우 당사자의 의견을 참작하여 각

사건마다 1명 이상의 전문심리위원을 지정하여야 한다. 한편, 전문심리위원도 심판의 공정성을 유지하기 위하여 제척, 기피, 회피제도도 두고 있다(특§154의2⑤).

2. 청구인 · 피청구인

특허심판절차에서 자기의 이름으로 심판을 요구하거나 요구받는 자를 당사자라고 하고 다른 말로 청구인 · 피청구인으로 구분된다. 한편, 심판 절차의 주체가 되어 정당한 당사자로서 심판을 수행하고 본인심결을 받기에 적합한 자격을 당사자적격이라고 하며, 이는 결정계 심판과 당사자계 심판에서 다르다.[21]

(1) 결정계 심판의 청구인 · 피청구인

결정계 심판인 거절결정에 대한 불복심판은 그 거절결정을 받은 출원인(존속기간연장등록출원의 거절결정을 받은 특허권자)만이 청구할 수 있으며, 정정심판에서는 특허권자가 심판을 청구할 수 있다. 이때 피청구인은 특허청장으로 한다.

2017년 3월 1일 개정 특허법에서 신설된 특허취소신청제도의 경우 누구든지 청구인이 될 수 있으며 이때 피청구인은 특허청장으로 한다.

---

[21]

종류	청구인	피청구인
무효심판(존속기간, 정정)	이해관계인, 심사관	특허권자
소극적 권리범위확인심판	이해관계인	특허권자
적극적 권리범위확인심판	특허권자	이해관계인
통상실시권허여심판	특허권자 (실시권자)	선권리자
정정심판	특허권자	-
거절결정불복심판	출원인	-
취소신청제도	누구든지	-

(2) 당사자계 심판의 청구인·피청구인

특허의 무효에 관한 심판(특허무효심판, 특허권존속기간연장등록의 무효심판, 정정무효심판)에 대해서는 이해관계인 또는 심사관이 청구인이 되고, 대상이 되는 특허의 특허권자가 피청구인이 된다. 통상실시권허여심판의 경우에는 특허권자, 실시권자가 청구인이 되고, 선출원의 특허권자 등이 피청구인이 된다. 권리범위확인심판 중 적극적 권리범위확인심판은 특허권자, 전용실시권자가 청구인이 되고, 분쟁대상물을 실시하고 있는 제3자(즉, 이해관계인)가 피청구인이 된다. 소극적 권리범위확인심판은 적극적 권리범위확인심판과 반대로 청구인·피청구인이 된다.

상기 이해관계인이란 권리의 존재로 인하여 법률적으로 영향을 받고 있거나 앞으로 영향을 받을 가능성이 있는 자를 말한다. 우리 특허법에서는 심판청구의 남발로 인한 행정력의 낭비를 방지하고, 특허권자의 법적 안정성을 꾀하고, '이익 없으면 소訴권 없다'는 민사소송의 원칙을 반영한 것이라 할 수 있다. 상기 이해관계인은 구체적인 사안에 따라서 달라지지만, 일반적으로 동종업자, 침해 경고를 받은 자, 장래 소송관계의 우려가 있는 자, 실시 또는 실시의 염려가 있는 자는 이해관계인에 해당된다고 볼 수 있다.

3. 심판청구서

심판을 청구하는 자는 i) 당사자의 성명과 주소(법인인 경우에는 그 명칭 및 영업소의 소재지), ii) 대리인이 있는 경우에는 심판을 청구하는 자는 그 대리인의 성명 및 주소나 영업소의 소재지(특허법인인 경우 그 명칭, 사무소의 소재지 및 지정된 변리사의 성명), i) 당사자의 성명과 주소(법인인 경우에는 그 명칭 및 영업소의 소재지), ii) 대리인이 있는 경우에는 그 대리인의 성명 및 주소나 영업소의 소재지(특허법인인 경우 그 명칭, 사무소의 소재지 및 지정된 변리사의 성명), iii) 심판사건의 표시, iv) 청구의 취지 및 그 이유 등을 기재한 심판청구서를 특허심판원장에게 제출하여야 한다(특§140①). 상기 사항을 필요적 기재사항이라고 할 수 있다.

상기 필요적 기재사항 이외에도 각 심판에서 특별히 제출하여야 할 것이 있다. i) 권리범위확인심판을 청구할 경우에는 특허발명과 대비할 수 있도록 분쟁대상물[22]의 설명서 및 필요한 도면을 첨부하여야 한다. ii) 정정심판을 청구할 경우에는 정정한 명세서 및 도면을 첨부하여야 한다. iii) 통상실시권허여심판의 심판청구서에는 ⓐ 실시를 요하는 자기의 특허의 번호 및 명칭, ⓑ 실시되어야 할 타인의 특허발명·등록실용신안이나 등록디자인의 번호·명칭 및 특허나 등록의 연월일, ⓒ 특허발명·등록실용신안 또는 등록디자인의 통상실시권의 범위·기간 및 대가 등의 기재가 요구된다.

심판을 청구할 때 요지변경은 할 수 없으나[23] ⓐ 당사자 중 특허권자의 기재를 바로잡기 위하여 보정(추가하는 것을 포함한다)하는 경우, ⓑ 청구의 이유를 보정하는 경우, ⓒ 특허권자 또는 전용실시권자가 청구인으로서 청구한 권리범위 확인심판에서 심판청구서의 확인대상 발명(청구인이 주장하는 피청구인의 발명을 말한다)의 설명서 및 도면에 대하여 피청구인이 자신이 실제로 실시하고 있는 발명과 비교하여 다르다고 주장하는 경우에 청구인이 피청구인의 실시 발명과 동일하게 하기 위하여 심판청구서의 확인대상 발명의 설명서 및 도면을 보정하는 경우에는 그러하지 아니하다(특§140②).

4. 심　　리

(1) 심리의 과정

심리審理라 하는 것은 심판청구가 법적 양식에 적합한지의 여부를 판단하는 방식심사(방식심리)를 거친 심판청구가 그 적법성 여부(적법성심리) 및 당사자가 주장하는 진부를 판단(본안심리)하는 일련의 과정을 말

---

22 제3자가 실시하는 실시기술을 말하며, 이에 대해서는 확인대상발명이라고 한다.
23 당사자 자체를 변경하는 경우, 심판의 청구취지를 변경하는 경우 등은 요지변경으로 본다.

한다.

먼저 방식심리라 함은 심판장이 심판청구서가 심판청구방식에 적합한지, 소정의 수수료를 납부하였는지, 절차상의 행위능력의 흠결과 특허관리인의 부존재, 법령에 의한 방식에 위반되었는지를 판단하는 것을 말한다. 상기 방식심리 결과, 그 흠결이 발견되면 보정을 명하고, 지정된 기간 내에 보정을 하지 않으면 심판장의 결정으로 심판청구서를 각하하여야 한다. 이를 결정각하라고 한다.

방식심리결과 적법한 경우에는 적법성심리를 한다. 심판청구서에 일정한 형식적 사항을 갖추고 있으면 부적법한 경우라도 수리하여 심리하여야 한다. 그러나 심판청구가 부적법하고 그 흠결을 보정할 수 없는 때(청구기간 경과 후에 한 심판청구, 이해관계인 아닌 자의 청구, 일사부재리의 원칙 위배 등)에는 피청구인에게 답변서 제출의 기회를 주지 아니하고 심결로써 이를 각하할 수 있다(특§142). 이 심결에 대하여 불복이 있을 때에는 송달받은 날로부터 30일 내에 소를 제기할 수 있다(특§186③).

상기 방식심리 및 적법성 심리를 통과한 심판청구는 청구인의 주장 가부를 판단하는 본안심리에 들어가게 된다.

(2) 심리방식

본안심리에 들어가게 되면, 심판장은 심판청구서 부본副本을 피청구인에게 송달(당사자계 심판의 경우)하고 기간을 정하여 답변서를 제출할 수 있는 기회를 주어야 한다.

심판장은 직권으로 심판사건에 대한 자료를 조사·수집하여 심판의 기초로 삼을 수 있다. 이를 직권탐지주의라고 한다. 심판관은 당사자가 신청하지 아니한 이유에 대하여도 심리할 수 있고, 직권으로 증거조사나 증거보전을 할 수 있다. 그러나, 청구인이 신청하지 아니한 청구의 취지에 대하여는 심리할 수 없다. 이와 같은 직권탐지주의와 상반되는 개념이 민사소송에 있어서의 변론주의이다. 변론주의는 당사자 등이 신청한 사항에 대해서만 행하는 것을 말한다.

또한, 심판장이 심판 절차를 진행함에 있어서, 주도권을 가지고 진행하는 것을 직권진행주의라고 한다. 따라서, 심판장은 당사자 또는 참가인이 법정기간 또는 지정기간 내에 절차를 밟지 아니하거나 구두심리기일에 출석하지 아니하여도 심판을 진행할 수 있다. 이는 심판의 신속·원활을 기함과 동시에 심결이 당사자뿐만 아니라 일반 제3자에게도 영향을 미치는 것을 고려한 것이다. 그러한 점에서, 2021년 11월 18일에 시행된 특허법에서는 적시제출주의(특§158조의2)를 도입하였는데, 이는 특허심판절차에서의 주장이나 증거의 제출에 관하여 민사소송법(§146, §147, §149)을 준용하여, 심판 당사자의 고의·중과실로 증거 등을 늦게 제출하여 발생하는 심리의 지연을 방지하고, 심리의 신속성을 도모할 수 있는 제도이다. 이러한 적시제출주의의 위반에 대하여 심판장은 직권 또는 상대방 당사자의 신청으로 당사자의 주장 또는 증거를 각하하여 심리에 반영하지 않는 불이익을 줄 수 있다.

(3) 심리의 병합·분리

심리의 병합이란 2이상의 심판사건을 하나의 심판절차로 심리하는 것을 말한다. 심리의 병합은 당사자 쌍방이 동일한 경우와 당사자 한쪽이 동일한 경우에 할 수 있고, 분리를 할 수도 있다(특§160). 심리를 병합하느냐 분리하느냐의 판단은 심판관의 재량에 의한다.

5. 참 가

참가(심판참가)라 함은 심판계속 중에 이해관계 있는 제3자가 그 심판의 당사자 한쪽에 가담하여 그 심판절차를 수행하는 것을 말한다. 참가를 허용하는 취지는 심판에 이해관계 있는 제3자에게 자기의 이익을 주장할 수 있는 기회를 부여하고, 제3자가 별도 심판을 청구하게 되는 것은 소송경제에 반하기 때문이다.

참가는 당사자참가(특§155①)와 보조참가(특§155③)가 있다. 당사자 참가는 공동으로 심판을 청구할 수 있는 자가 타인간의 계속 중인 심판에 참가하는 것을 말하며, 심판청구인측에만 참가할 수 있다. 보조참가는 심판의 결과에 법률상 이해관계를 가지는 자가 당사자 일방을 보조하기 위하여 심판에 참가하는 것으로서, 당사자 참가와는 달리 당사자 중 어느 쪽에도 참가할 수 있다.

참가의 신청은 심리가 종결될 때까지 할 수 있고(특§155①, ③, 실§33, 디§143, 상§142), 참가의 취하의 시기는 심판청구의 취하(특§161①)에 준하여 심결이 확정될 때까지는 심판청구의 어느 단계에서도 인정된다. 참가인 또는 당해 심판이나 재심에 참가신청을 하였으나 그 신청이 거부된 자는 특허법원에 소를 제기할 수 있다(특§186①, ②, 실§33, 디§166, 상§162②). 심결이 있는 때에는 심결의 효력은 참가인에게 미친다.

6. 심판의 종결

심판은 심결(특§162①), 심판청구의 취하(특§161), 출원의 취하, 포기[24]에 의하여 종결한다.

심결이란 심판사건을 해결하기 위한 심판관 3인 또는 5인의 합의체의 최종적인 판단이며, 재판에 있어서 종국판결에 해당한다. 이는 서면으로 하여야 하며, 심결한 심판관은 심결문[25]에 기명날인하여야 한다. 심결은 i) 심판의 청구를 부적법한 것으로 각하는 심결, 즉 청구각하의 심결과 ii) 원결정 파기 환송, iii) 청구이유가 없으므로 청구가 성립할 수 없는 청구기각심결, iv) 심판청구를 인용하는 인용심결 등이 있다. 심판장은 사건이 심결할 정도로 성숙한 것으로 판단되면 심리를 마치고 당사자 등에게 심리종결의 통지를 하고, 심리종결통지를 한 날로부터 20일

---

24 거절결정불복심판의 경우에 출원인이 출원을 취하하거나 포기하게 되면, 심판절차도 종결된다.
25 심결의 주문과 이유를 기재한 문서로서, 재판에서의 판결문에 해당된다.

이내에 심결을 하여야 한다(특§162⑤). 이 규정은 심판의 지연을 피하기 위한 훈시적인 규정[26]이다.

한편, 심판청구는 심결이 확정될 때까지 이를 취하할 수 있다. 심판의 취하는 청구인이 자유롭게 할 수 있으나, 예외적으로 당사자계 심판에서 상대방의 답변서 제출이 있는 경우에는 상대방의 동의를 얻어야 하고, 동의가 없을 때에는 취하의 효력은 발생하지 않는다(특§161①).

심판에 있어서, 필요한 때에는 그 심판사건과 관련되는 다른 심판의 심결이 확정되거나 소송절차가 완결될 때까지 그 절차를 중지할 수 있고(특§164①), 소송절차에 있어서 필요하다고 인정된 때에는 법원은 특허에 관한 심결이 확정될 때까지 그 소송절차를 중지할 수 있다(특§164 ②).

7. 일사부재리의 원칙(특§163)

일사부재리는 특허심판의 본안심결이 확정된 때에는 그 사건에 대해서는 누구든지 동일사실 및 동일증거에 의하여 다시 심판[27]을 청구할 수 없는 것을 말한다. 이 규정을 둔 이유는 동일사실 및 동일증거의 의해 2개 이상의 모순되는 심결이 발생하는 것을 방지하고, 동일심판에 대하여 동일절차를 반복하는 번거로움을 피하도록 하기 위함이다.

여기서 본안심결의 확정이란 심결에 대하여 통상의 불복방법으로는 더 이상 다툴 수 없는 상태를 말한다. 통상 심결등본을 송달받은 날로부터 일정기간 내에 소를 제기하여 다툴 수 있으나, 소를 제기하지 않고 기간이 경과되면 확정된다.

동일사실이란 청구원인사실의 동일성, 즉 청구취지를 이유있게 하는

---

26 훈시규정은 법률의 규정 가운데서 오로지 법원이나 행정부에 대한 명령의 성질을 가진 규정. 효력규정(效力規定)과 대비되는 말이다. 훈시규정의 위반은 부적법이 아니므로 행위의 효력에는 아무런 영향이 없다는 것이 통설이다. 이와 대비되어 위반한 경우에 행위나 절차가 무효가 되는 규정을 효력규정이라 한다.
27 여기서 심판은 동일 심판을 말하며, i) 권리범위확인심판과 소극적 권리범위확인심판, ii) 전부무효심판과 일부무효심판을 동일 심판으로 보는지에 대해 다툼이 있으나, 동일한 심판으로 보는 것이 다수설 및 판례이다.

구체적인 사실을 말한다. 예를 들어, 특허무효심판에서 무효사유(신규성, 진보성, 선출원주의 등)가 동일한 것을 말한다. 동일증거라 함은 주장사실을 입증하기 위해 제출된 증거가 동일한 것으로서, 우리 판례[28]는 확정된 심결의 증거와 동일한 증거뿐만 아니라 그 확정된 심결을 번복할 수 있을 정도로 유력하지 아니한 증거가 부가되는 것도 동일한 증거로 본다.

이러한 일사부재리에 위반한 심판청구는 적법성 심리 과정에서 부적법한 심판청구에 해당되어, 심결각하의 대상이 된다.

---

28 대법원 1991. 11. 26. 선고 90후1840 판결.

CHAPTER **13**

특허소송 및 기타 불복방법

I. 특허소송

1. 의 의

특허법에서 특허소송이라면 특허권과 그 외의 특허에 관한 소송사건 전부를 말한다. 즉, 특허행정소송, 특허민사소송, 특허형사소송을 말하며 특허법상의 협의의 의미로서는 특허심결취소소송을 특허소송이라 하여, 특허법 제9장(특§186~§191, 실§33)의 규정을 말한다. 즉 특허심판원의 심결에 대한 불복을 고등법원격인 특허법원에 심결취소소송을 제기하는 것을 가리킨다. 여기서 심결취소소송이라 함은 특허심판원의 심판의 심결을 받은 자가 불복이 있을 때에는 그 심결이나 결정이 법령에 위반된 것을 이유로 하는 경우에 한하여 심결 또는 결정등본을 받은 날로부터 30일 이내에 특허법원에 그의 취소를 요구하는 것을 말한다.

특허소송

특허민사소송

특허형사소송

특허행정소송

┃ 알아두기 민사소송 [民事訴訟, civil procedure], 형사소송 [刑事訴訟, criminal procedure], 행정소송 [行政訴訟, Verwaltungsrechtspflege][1]

○ 민사소송이란 개인 사이에 일어나는 사법상의 권리 또는 법률관계에 대한 다툼을 법원이 국가의 재판권에 의하여 법률적·강제적으로 해결하기 위한 절차를 말한다. 공법상의 형사소송·행정소송에 대응된다. 개인 사이의 분쟁을 해결하는 제도로서 조정·중재 등도 있지만, 이들은 강제적 요소가 결여되어 있는데다 국가재판권의 행사가 아니라는 점에서 민사소송과는 다르다.

특허관련 민사소송에는 대표적으로 특허권 침해를 원인으로 하는 손해배상청구를 예로 들 수 있다.

○ 형사소송이란 범죄를 인정하고 형벌을 과하는 절차를 말한다.

국가는 형법에 의하여 추상적으로 범죄와 이에 대한 형벌을 규정하고 있다. 그리고 범죄가 현실적으로 발생한 경우에는 이를 수사하고 심판하며, 또 선고된 형벌을 집행하지 않으면 안 된다. 즉, 국가는 범인에 대하여 형벌권을 행사하여야 한다. 이와 같이 국가형벌권의 구체화에 관한 전 과정을 통틀어서 넓은 의미의 형사소송이라 한다. 그중에서 심판, 즉 심리와 판결의 과정을 좁은 의미의 형사소송이라 한다.

특허관련 형사소송에는 특허침해를 이유로 하여 침해죄의 형사고소가 있는 경우를 예로 들 수 있다.

○ 행정소송이란 행정법규의 적용에 관련된 분쟁이 있는 경우에 당사자의 불복제기에 의거하여 정식의 소송절차에 따라 판정하는 소송을 말한다. 보통 행정소송이라 할 때에는 행정법규의 정당한 적용과 개인의 권리구제를 목적으로 하는 주관적 소송(主觀的訴訟)을 의미하며, 한국의 행정소송법이 규정하는 항고소송(抗告訴訟)과 당사자소송(當事者訴訟)이 이에 해당한다.

행정소송은 행정법규의 적용에 관련된 분쟁(공법상 분쟁)의 판정을 목적으로 하는 점에서, 국가의 형벌권 발동을 위한 소송절차인 형사소송(刑事訴訟)이나 사법상(私法上)의 권리관계에 관한 분쟁의 판정을 목적으로 하는 민사소송(民事訴訟)과 구별된다. 또, 독립한 판정기관에 의한 신중한 소송절차를 거쳐 행하여지는 정식쟁송(正式爭訟)인 점에서 약식쟁송에 불과한 행정심판과 구별된다.

특허관련 행정소송으로서는 특허심판원의 특허에 대한 심결에 대하여 그 심결의 취소를 구하는 심결취소소송을 예로 들 수 있다.

2. 특허법원

특허사건은 전문적이고 특수하기 때문에 당사자간의 분쟁이 있거나 거절결정에 불복이 있을 때에는 먼저 행정기관인 특허청 심판소에서 사실심(事實審)을 판단하고, 그 심결에 불복이 있으면 다시 특허청 항고심판

---

[1] 두산백과사전 두피디아(www.doopedia.co.kr).

소에서 2심을 받을 수 있었다. 그러나 1998년 3월 1일부터는 1심을 특허청 특허심판원에서 사실심 여부를 판단하고, 그 심결에 불복이 있으면 특허법원에 소訴를 다시 제기하여 판단을 구할 수 있도록 하였다.2

> ▌**알아두기** 사실심·법률심 [事實審·法律審]3
>
> 소송(訴訟)은 구체적 사실에 추상적 법규를 해석·적용하여 판단을 내리는 절차이므로, 먼저 사실의 존부를 확정하고 다음에 법규를 해석·적용하게 되는데, 먼저의 측면을 사실문제, 다음의 측면을 법률문제라고 한다. 제1심과 항소심(抗訴審) 및 항고심(抗告審)이 사실심이며, 상고심(上告審)과 재항고심(再抗告審)은 법률심이다. 그러나 예외가 인정되므로 사실심·법률심의 구별이 심급의 구별과 반드시 일치하지 않는다.

특허법 제186조 제1항은 심결에 대한 소訴와 심판청구서나 재심청구서의 각하결정에 대한 소는 특허법원의 전속관할로 한다고 규정하고 있다. 따라서 특허법원에 소를 제기하려면 심결 또는 결정의 등본을 받은 날로부터 30일 이내에 제기하여야 하며, 특허법원의 판결에 불복이 있으면 대법원에 상고할 수 있도록 하고 있다(특§186⑧).

1994년 7월 14일 임시국회에서 법원조직법을 개정하여 특허청 항고심판소를 폐지하고 1998년 3월 1일부터 고등법원급의 특허법원을 설치하였다. 이로써 구법에서의 당사자계 심판은 특허청 심판소 → 항고심판소 → 대법원이고, 결정계 심판은 특허청 항고심판소 → 대법원이었으나, 신법新法에서는 당사자계, 결정계 구별 없이 특허심판원 → 특허법원 → 대법원으로 체계가 바뀌었다. 이에 따라 특허법원은 특허심판원의 심결에 대하여 불복하여 소를 제기하는 경우에 이에 대한 재판을 담당(이 외

---

2 이상경, 「지적재산권소송법」, 육법사, 1998, 49~50면에 의하면 "특허심판원의 심판에서의 심결과 특허법원의 소송과는 심급적 연결이 단절되고 있는 것이고, 오직 특허법원과 대법원의 심급적 연결이 되어 있을 뿐이고 일반 민사·행정소송사건이 3심제를 취하는 것과는 달리 2심제를 취하고 있다"라고 하여 심결취소소송은 사실심으로서 1심에 한정된 소송이라고 보고 있다.

3 두산백과사전 두피디아(www.doopedia.co.kr).

에도 식물신품종보호법에 따라 농림부 품종보호심판위원회의 심결에 대한 불복소송을 담당함)하고, 대법원에서 파기환송되는 사건을 담당한다. 2016년 1월 1일 개정 법원조직법(§28의4)에서는 특허권 등 침해사건의 항소심 중 민사본안 사건을 특허법원이 담당하게 되었다. 또, 특허법원은 특허법원장(고등법원장급), 부장판사, 배석판사로 구성된 5개의 합의부와 기술심리관, 사무국으로 되고, 이곳의 심판은 3인의 합의부를 거치게 하였고, 사실심과 법률심을 다루며 심결취소소송만을 관할하는 성격을 가진다.

이러한 특허법원은 일반 법원과 달리 전국을 관할하고 있다. 특허법원은 ⅰ) 특허법 제186조 제1항, 실용신안법 제33조, 디자인보호법 제166조 제1항, 상표법 제162조에서 정하는 제1심 사건, ⅱ) 민사소송법 제24조 제2항, 제3항에 따른 사건의 항소사건, ⅲ) 다른 법률에 의하여 특허법원의 권한에 속하는 사건을 담당한다.

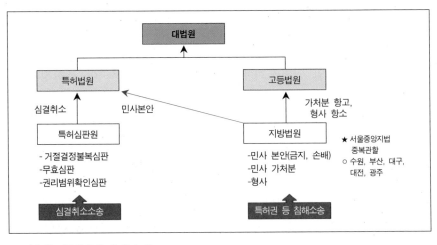

(출처: 특허법원 홈페이지)

[특허침해소송 절차도]

3. 기술심리관

기술심리관이라 함은 특허법원의 기술분야에 대한 전문성을 보좌하기 위함이다. 법원은 필요하다고 인정되는 경우 결정으로 기술심리관을 소송의 심리에 참여하게 할 수 있으며, 기술심리관은 소송절차에서 재판장의 허가를 얻어 기술적인 사항에 관하여 소송관계인에게 질문할 수 있고, 재판의 합의과정에서 의견을 진술할 수 있다.

한편, 기술심리관도 엄격한 소송의 중립과 공정성을 유지하기 위해서 제척, 기피, 회피제도도 두고 있다(특§188의2). 또, 특허 및 실용신안사건의 기술내용을 정확히 파악하기 위하여 당사자를 비롯한 관계기술자를 출석시켜 도면, 실물, 모형, 컴퓨터그래픽, 비디오장치 등을 이용하여 기술적 사항에 관한 각자의 주장을 구체적으로 설명하도록 하는 기술설명회를 개최하기도 한다.

4. 특허소송의 절차

(1) 소송 당사자 및 대리인

행정소송에 있어서는 행정청의 위반처분으로 말미암아 권리를 침해받은 자, 당사자계 행정소송에 있어서는 권리보호의 이익 또는 법률상 이익이 있는 자는 누구나 이의를 제기할 수 있으나, 특허에 관한 심판에 대한 소송에 있어서는 그 심결을 받은 자 또는 심판청구서나 재심청구서의 각하결정을 받은 자, 참가인 또는 당해 심판이나 재심에 참가신청을 하였으나 그 신청이 거부된 자에 한하여 소를 제기할 수 있다. 소제기에 있어서는 특허청장을 피고로 하여야 한다. 다만, 당사자계심판에 있어서는 청구인 또는 피청구인을 피고로 하여야 한다(특§187, 실§33, 디§167, 상§163).

특허법원에서의 심결 등 취소소송절차에는 변리사법 제8조의 규정에 의하여 변호사 외에 변리사에게도 소송대리권을 부여하고 있다.

(2) 특허소송 절차의 진행

특허법원에 소訴⁴를 제기하려는 자는 심판의 심결이나 결정등본을 송달받은 날로부터 30일 이내에 특허법원에 소를 제기해야 한다(특§186 ③).5 소를 제기하는 경우 특허심판원에 제출하지 않은 증거는 특허법원에서는 증거가 되지 아니하므로 처음부터 모든 증거를 제출하여야 한다. 한편, 소의 제기가 있을 때 또 그 상고가 있을 때에는 법원은 지체 없이 그 취지를 특허심판원장에게 통지하여야 하고(특§188①), 이러한 소송절차가 완결된 때에는 지체 없이 그 사건에 대한 각 심급審級의 재판서 정본을 특허심판원장에게 송부하여야 한다(특§188②).

특허소송에 있어서도 모든 당사자의 소송행위와 같이 소는 일련의 소송상의 요건을 충족시켜야 한다. 이 중 어느 한 가지라도 결여되어 있는 때에는 법원은 본안심리에 들어가 본안판결을 할 수 없으며, 소를 부적법하다고 하여 각하하여야 한다. 특허소송은 특허법원의 전속관할이므로 특허법원에 소를 제기하여야 하고, 만약 다른 법원에 접수되었을 경우 특허법원으로 이송하여야 한다.

특허법원판결에서 취소의 기본이 된 이유는 그 사건에 대하여 특허심판원을 기속한다(특§189③). 즉 심결취소소송에서 그 청구가 이유가 있으면 판결로써 당해 심결 또는 결정을 취소하여야 하고(특§189①), 심판관은 다시 심리하여 심결 또는 결정을 하여야 한다(특§189②).

---

❶ 생각해보기

홍길동은 특허 거절결정에 대하여 불복심판을 청구했으나 기각심결을 받았다. 홍길동이 기각심결에 대하여 불복하기 위한 절차는 무엇이 있을까?

---

4 '소'라 함은 법원에 대하여 판결의 형식으로 권리보호를 해달라는 당사자의 신청이다. 즉, 원고가 피고를 상대방으로 하여 법원에 대하여 특정의 청구의 당부에 관한 심판을 요구하는 소송행위이다. 소의 종류에는 이행의 소, 확인의 소, 형성의 소의 세 가지가 있고, 특허소송은 심결을 취소하는 것이어서 그중 형성의 소, 즉 형성요건의 존재를 확정하는 동시에 새로운 법률관계를 발생케 하고, 기존의 법률관계를 변동·소멸케 하는 판결을 목적으로 하는 소송으로 보아야 한다고 생각된다(정대훈, "특허소송의 諸問題," 1996년 변리사 민사소송실무연수자료, 20면).

5 제소기간은 불변기간이다(특§186④). 그러나 심판장은 원격 또는 교통이 불편한 지역에 있는 자를 위하여 직권으로 제4항의 불변기간에 대하여는 부가(附加)기간을 정할 수 있다(특§186⑤).

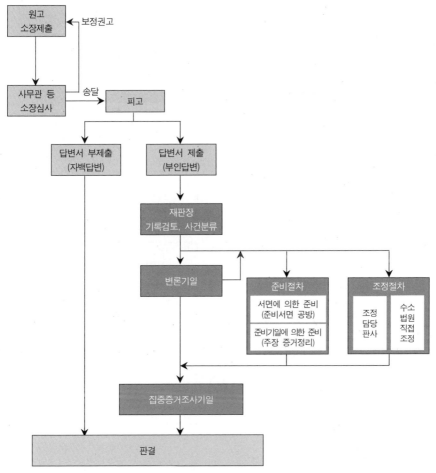

특허침해소송(민사소송)의 흐름도6

---

6 대법원 전자민원센터(http://help.scourt.go.kr/minwon/min_1/min_1_2/min_1_2_1/index. html, 2011년 11월 4일 최종 방문).

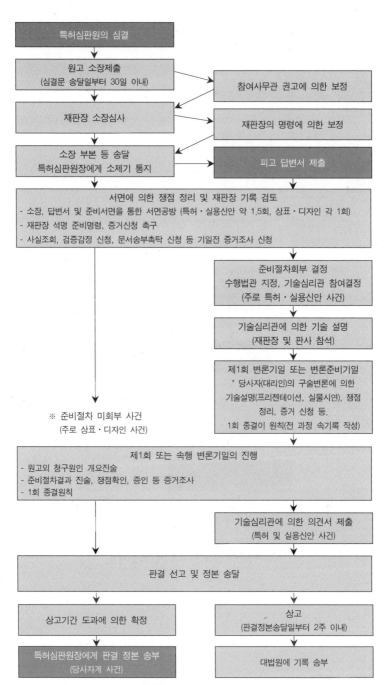

심결취소소송의 흐름도[7]

Ⅱ. 재 심

재심이라 함은 확정심결 또는 판결에 재심사유에 해당하는 중대한 하자가 있는 경우에 그 심결 등의 취소(파기)와 사건의 재심판再審判을 구하는 비상非常의 불복신청을 말한다. 이러한 재심은 다시 심리하는 비상수단적인 구제방법으로 확정판결에 대한 구제수단이라는 점에서 항소·상고와 구별되며, 사실인정의 오류를 시정한다는 점에서 법령의 해석적용의 잘못을 시정하는 비상상고와도 구별된다. 비상구제방법이므로 법령에 정한 사유에 한하여 그 신청을 허용한다. 심결이 확정된 후에 단순히 그 판단이 부당하다거나 새로운 증거가 발견되었다는 이유로 모두 재심을 청구한다면 법적 안정성을 해칠 수 있다. 그러나 중대한 하자가 있음에도 불구하고도 그냥 둔다면 심결의 신뢰성이 없어질 수 있으며, 또 사회공평성, 당사자 권리의 구제에도 문제가 발생할 수 있으므로 이를 시정키 위해 재심을 허용하고 있다.

재심사유는 민사소송법을 준용하는 재심사유[8]와 심판의 당사자가 공

---

7 특허법원 홈페이지(http://patent.scourt.go.kr/patent/sosong/sosong_02/index.html, 2011년 11월 4일 최종 방문).
8 재심의 사유는 민사소송법 제451조와 제453조의 규정을 준용한다(특§178 ②)고 하였으므로 이 규정을 특허법의 재심에 준용(準用)해 보면 다음과 같다.
  1) 특허법 제146조 제1항에 규정한 심판의 합의체를 구성하지 아니한 때. 예를 들면 심판관의 정족수를 갖추지 못한 심판부를 구성한 경우 등이다.
  2) 특허법상 그 심결에 관여하지 못할 심판관이 심결에 관여했을 경우
  3) 특허의 출원, 심사, 심판절차에 있어서의 대리행위에 있어서 대리권의 흠결이 있는 경우
  4) 심판에 관여한 심판관이 그 사건에 관하여 직무에 관한 죄를 범한 경우
  5) 형사상 처벌을 받을 타인의 행위로 인하여 당사자가 자백을 하였거나 심결에 영향을 미칠 공격 또는 방어 방법의 제출을 방해당하였을 경우. 예를 들면 형법상의 협박 또는 강요된 행위에 의한 경우 등이다.
  6) 심결의 증거가 된 문서 기타 물건이 위조나 변조된 것인 경우
  7) 증인, 감정인, 통역인, 선서한 당사자나 법정대리인의 허위진술이 심결의 증거가 된 경우
  8) 심판의 기초로 된 민사 또는 형사의 판결, 기타의 행정처분이 그 후의 재판 또는 행정처분에 의하여 변경된 경우
  9) 심결에 영향을 미칠 중요한 사항에 관하여 판단을 유탈(遺脫)한 경우
  10) 재심을 제기할 심결이 전에 심결한 확정심결과 저촉되는 경우

모하거나 당사자의 일방이 부존재不實在 또는 당사자적격이 없는 자를 당사자로 하여 제3자의 권리 또는 이익을 사해詐害할 목적으로 심결을 하게 한 때에는 제3자는 그 확정된 심판에 대하여 재심을 청구할 수 있다(특§179①).

당사자는 확정된 심결에 대하여 재심을 청구할 수 있다(특§178①, 실§33, 디§158①, 상§157①, 민소§451). 일반적인 재심의 경우 재심의 청구인은 사해심결에 대한 재심의 경우를 제외하고는 원칙적으로 심결을 받은 당사자(前前심결의 당사자로서 전부 또는 일부 패소敗訴한 자)이다. 즉 결정계심판의 심결에 대한 재심에 있어서는 심판청구인 또는 피청구인이 재심의 청구인이 된다. 당사자계 심결에 대한 재심청구의 경우에는 심판의 상대방을 재심의 피청구인으로 하여야 한다. 그러나 사해심결에 대한 재심청구의 경우에는 당해 심결에 의하여 권리의 침해나 손실을 입은 제3자만이 청구인이 될 수 있다. 이 경우의 피청구인은 원原심판의 청구인 및 피청구인을 공동피청구인으로 해야 한다(특§179).

재심은 당사자가 심결확정 후 재심의 사유를 안 날로부터 30일 이내에 청구해야 한다(특§180①). 심결이 확정된 날로부터 3년이 경과한 때에는 법적 안정성의 견지에서 재심을 청구할 수 없다(특§180③). 단 재심사유가 심결확정 후에 생긴 때에는 위의 3년의 기산일은 그 사유가 발생한 날의 다음 날부터 이를 기산起算한다(특§180④). 그러나 당해 심결 이전에 행하여진 확정심결과 저촉한다는 이유로 재심을 청구하는 경우에는 기간의 제한이 없다(특§180⑤).

재심의 청구는 확정심결에 대해 그 취소와 함께 그 확정심결을 대신할 만한 심결을 구하는 복합적인 성격의 것이다. 즉 특허무효의 심결에 대한 재심에 있어서는 특허무효의 심판과 같은 심리를 하고 거절심결에

---

11) 당사자가 상대방의 주소 또는 영업소를 알고 있었음에도 불구하고 소재불명 또는 허위의 주소나 거소(居所)로 하여 심판을 청구한 경우.
이상의 경우라도 당사자가 상소(上訴)에 의하여 그 사유를 주장하였거나 이를 알고 주장하지 않은 때에는 허용되지 않는다(특§178②, 실§33, 디§158②, 상§157②, 민소§451).

대한 재심에 있어서는 거절결정불복심판과 같은 심리를 해야 한다. 그러므로 이에 관한 심판절차도 각 해당 심판의 절차에 관한 규정을 준용한다. 다만, 재심에 관하여 특별한 규정이 있는 경우는 예외이다(특§184). 재심의 심리는 재심청구이유의 범위 내에서 하여야 한다(특§185, 민소 §459①). 재심은 재심을 제기할 원심판결을 한 심급審級의 전속관할이다 (특§178②, 민소§453①).

재심에 의해 회복한 특허권의 효력에는 공평의 원칙에 따라 일정한 제한9을 두고 있으며, 일정요건을 구비한 경우에 한하여 법정실시권이 발생하는 경우도 있다.10

---

9 특허법 제181조 (재심에 의하여 회복한 특허권의 효력의 제한) ① 다음 각 호의 어느 하나에 해당하는 경우에 특허권의 효력은 당해 심결이 확정된 후 재심청구의 등록전에 선의로 수입 또는 국내에서 생산하거나 취득한 물건에는 미치지 아니한다.
  1. 무효로 된 특허권 또는 존속기간의 연장등록의 특허권이 재심에 의하여 회복된 경우
  2. 특허권의 권리범위에 속하지 아니한다는 심결이 확정된 후 재심에 의하여 이와 상반되는 심결이 확정된 경우
  3. 거절한다는 취지의 심결이 있었던 특허출원 또는 특허권의 존속기간의 연장등록출원이 재심에 의하여 특허권의 설정등록 또는 특허권의 존속기간의 연장등록이 된 경우
  ② 제1항 각호의 1에 해당하는 경우의 특허권의 효력은 다음 각호의 1의 행위에 미치지 아니한다.
  1. 당해 심결이 확정된 후 재심청구의 등록전에 한 당해 발명의 선의의 실시
  2. 특허가 물건의 발명인 경우에는 그 물건의 생산에만 사용하는 물건을 당해 심결이 확정된 후 재심청구의 등록전에 선의로 생산·양도·대여 또는 수입하거나 양도 또는 대여의 청약을 하는 행위
  3. 특허가 방법의 발명인 경우에는 그 방법의 실시에만 사용하는 물건을 당해 심결이 확정된 후 재심청구의 등록전에 선의로 생산·양도·대여 또는 수입하거나 양도 또는 대여의 청약을 하는 행위
10 특허법 제182조 (재심에 의하여 회복한 특허권에 대한 선사용자의 통상실시권) 제181조 제1항 각호의 1에 해당하는 경우에 당해 심결이 확정된 후 재심청구의 등록전에 선의로 국내에서 그 발명의 실시사업을 하고 있는 자 또는 그 사업의 준비를 하고 있는 자는 그 실시 또는 준비를 하고 있는 발명 및 사업의 목적의 범위안에서 그 특허권에 관하여 통상실시권을 가진다.
  특허법 제183조 (재심에 의하여 통상실시권을 상실한 원권리자의 통상실시권) ① 제138조 제1항 또는 제3항의 규정에 의하여 통상실시권을 허여한다는 심결이 확정된 후 재심에 의하여 이에 상반되는 심결의 확정이 있는 경우에는 재심청구 등록전에 선의로 국내에서 그 발명의 실시사업을 하고 있는 자 또는 그 사업의 준비를 하고 있는 자는 원통상실시권의 사업의 목적 및 발명의 범위안에서 그 특허권 또는 재심의 심결의 확정이 있는 당시에 존재하는 전용실시권에 대하여 통상실시권을 가진다.
  ② 제104조제2항의 규정은 제1항의 경우에 이를 준용한다

Ⅲ. 상   고

특허법원의 판결에 불복이 있을 때에는 대법원에 상고上告할 수 있다 (특§186 ⑧, 실§33, 디§166 ⑧, 상§162 ⑦). 상고의 제기는 특허법원의 판결서가 송달된 날로부터 2주일 내에 원심법원인 특허법원에 상고장上告狀을 제출하여야 한다(민소§425, §396, §397). 상고는 법률심으로서 판결에 영향을 미친 헌법·법률·명령 또는 규칙의 위반이 있다는 것을 이유로 하는 때에만 할 수 있으며(민소§423), 민사소송법 제424조에서 규정하는 절대적 상고이유[11]가 있는 경우에 할 수 있다. 판결에는 상고기각上告棄却, 파기환송破棄還送, 파기자판破棄自判이 있다.

┃ 알아두기   파기환송[12]

'파기'는 사후심법원(事後審法院)이 상소이유가 있다고 인정하여 원심판결을 취소하는 것. 파기는 판결로써 하며, 파기에 의하여 그 사건은 원심판결 전의 상태로 돌아간다. 취소 후의 처치에 따라서 파기이송(破棄移送)·파기자판(破棄自判)·파기환송(破棄還送)으로 구분된다.

파기이송은 사후심법원이 원심판결을 파기하고 원심법원 이외의 법원에 직접 이송하는 것, 파기자판은 사후심법원이 상소이유가 있다고 인정하여 원심판결을 파기하고 사건에 대하여 스스로 재판하는 것, 파기환송은 사후심법원이 종국판결에서 원심판결을 파기한 경우에 다시 심판하도록 원심법원으로 사건을 환송하는 것이다.

---

11 민사소송법 제424조 (절대적 상고이유)
　① 판결에 다음 각호 가운데 어느 하나의 사유가 있는 때에는 상고에 정당한 이유가 있는 것으로 한다.
　1. 법률에 따라 판결법원을 구성하지 아니한 때
　2. 법률에 따라 판결에 관여할 수 없는 판사가 판결에 관여한 때
　3. 전속관할에 관한 규정에 어긋난 때
　4. 법정대리권·소송대리권 또는 대리인의 소송행위에 대한 특별한 권한의 수여에 흠이 있는 때
　5. 변론을 공개하는 규정에 어긋난 때
　6. 판결의 이유를 밝히지 아니하거나 이유에 모순이 있는 때
12 두산백과사전 두피디아(www.doopedia.co.kr).

이데일리 2021.12.08.

서울반도체, 美 '특허괴물'과 소송서 완승

광반도체 전문기업 서울반도체는 미국 특허관리업체 '다큐먼트시큐리티 시스템즈(DSS)'와의 특허소송에서 모두 승소했다고 8일 밝혔다.

서울반도체에 따르면 DSS는 지식재산권(IP) 투자회사인 인텔렉추얼 디스커버리(ID)로부터 2016년 11월 특허를 매입한 이후 미국 연방법원에 2017년 5월, 2019년 9월 2차례에 걸쳐 서울반도체를 상대로 특허소송을 제기했다.

미국 특허심판원은 지난 2019년 4~7월 LED 특허 3건, 올해 11월 매입 LED 특허 1건 등 DSS가 제기한 특허청구항 전부에 대해 모두 무효 판결을 내렸다.

업계에서는 국내 중견기업이 미국 대형 특허관리업체가 제기한 특허소송에서 무혐의 판결을 이끌어낸 이례적 사례로 보고 있다.

❓ 관련문제

특허심판원의 심결에 대하여 불복하여 불복심판을 청구한 경우, 특허법원의 심결취소소송에서 특허심판원에서 주장하지 않았던 주장을 하거나, 새로운 증거자료를 제출하는 행위가 가능한가?

CHAPTER **14**

특허정보조사

Ⅰ. 특허정보조사의 의의 및 목적

특허정보는 특허출원을 통하여 발생되는 모든 정보를 의미한다. 이러한 특허정보에는 출원서에 기재된 발명자, 출원인, 출원일 등의 서지적 사항과 발명의 명칭, 청구범위, 발명의 상세한 설명 등에 나타난 발명의 실체적 내용 및 출원절차를 통하여 거절이유통지 받거나, 이로 인하여 출원서를 보정하는 등의 정보들이 모두 포함된다.

이러한 특허정보는 단순히 어떤 발명이 신규성이나 진보성이 인정되어 특허등록이 될 수 있는지 알기 위하여도 필요하고, 자신의 실시발명이 타인의 특허권의 침해라 주장할 때 그 주장이 타당한지 검토를 위하여 필요하며, 개인뿐만 아니라 기업의 현재 기술동향 파악 및 특허경영 전략으로 인한 미래 경영전략수립을 위하여 반드시 필요한 정보라 할 것이다.

이러한 특허정보는 국내뿐만 아니라 외국의 특허정보까지도 필요한 경우가 대부분이다. 각국의 특허법은 조금씩 상이한 면이 있으나, 특허정보를 표시하는 분류는 통일화하는 노력을 하고 있어, 각국의 특허청 또는 검색 데이터베이스를 통하여 특허정보를 수집할 수 있다.

> ❗ **생각해보기**
> A자동차 회사 연구원인 홍길동은 자동차분야의 특허 출원 및 등록 자료를 중심으로 다른 회사의 연구가 집중되는 분야 및 기술 발전 동향을 파악하여 회사의 경영 계획을 수정 보완하고자 한다. 이러한 특허정보를 조사할 수 있는 방법에는 무엇이 있을까?

Ⅱ. 특허정보조사의 유형

1. 서지사항조사

조사자는 이미 특허번호 또는 발명자의 이름을 알고 있기 때문에 조사는 매우 간단하며 빠르게 행할 수 있다. 이런 조사의 포인트는 특정한 특허번호에 의해 어떤 것이 보호되는지 특정한 발명자가 소유하고 있는 특허가 어떤 것인지를 알아내는 것이다. 서지사항조사Bibliographic Search는 이력조사, 연혁조사, 연대 조사 등으로써 행해질 수 있다.

2. 특허성조사

특허성조사Patentability Search는 가장 일반적인 것이다. 이 조사는 특정발명이 특허를 받을 수 있는 주제인지, 유용한지, 신규성이 있는지, 자명하지 않은지를 판단하는 것이다. 그러므로 특허성조사를 발명의 개발 이전에 하면 더 좋은 것이다.

이 조사의 목적은 발명자가 이전의 특허(선행기술)가 존재하는지 조사하는 것이다. 발명자는 특허출원을 준비하는 데 유용한 선행자료를 조사할 수 있다.

발명아이디어 또는 출원된 특허에 대한 선행기술조사를 통하여 권리 취득 가능성을 미리 확인 후 출원여부를 결정하거나 청구범위를 변경할 수 있도록 하여 최대한 넓고 강한 권리를 취득할 수 있도록 지원할 수 있는 가장 기본적인 활용방법이라 할 수 있다.

3. 특정기술분야조사

특정한 분야의 선행기술에 대한 개괄적인 조사를 가리켜 특정기술 분야조사State of the Art Search라 말한다. 이 조사는 기본적으로 정보를 수집하는 것으로 필요한 만큼 광범위하게 할 수도 있고 또 좁아질 수도 있다. 특정문제를 풀기위해 라이센싱 할 수 있는 기술을 찾는 등 다른 유사한 목적을 위한 조사이다. 이러한 특정기술 분야조사는 보다 효과적이고 전략적인 연구개발의 추진을 위하여 연구개발 테마와 관련된 특허 정보를 폭 넓게 조사 및 분석할 수 있는 활용방법으로서 다음과 같이 세부적인 조사분석방법으로 구분할 수 있다.

① 기초 정보조사: 관련자료를 수집, 추출
② 분류 정보조사: 기술분류
③ 분석 정보조사: 기술분류 및 분석

4. 계속조사

계속조사Continuing Search는 감시조사라는 표현을 쓰기도 하며 관심 분야의 특허 동향을 파악하거나 경쟁사의 동향을 파악하는 것이 주를 이룬다. 특정 건에 대한 법적 상태 등을 감시 조사하는 것도 포함된다.

5. 양수도 조사

특허가 다른 사람이나 회사에 양도되었을 때 이것은 법적 용어가 틀리더라도 매매Sale된 것이나 다름없다. 예를 들어, 회사이건 개인이건 살 사람Buyer은 양수인Assignee이라 부르고 발명자 같은 팔 사람Seller은 양도인Assignor이라 부른다. 양수도 조사Assignment Search의 목적은 특허의 법적 소유주가 누구인지를 결정하는 것이다.

6. 침해조사

침해조사Infringement Search는 소멸되지 않은 특허에 의해서 커버되거나 침해하는 행위를 판단하기 위해서 행한다. 이런 조사는 소멸되지 않은 특허의 청구항과 깊은 관련이 있다.

7. 유효성조사

회사나 개인이 수행하는 유효성조사Validity Search는 다른 사람의 특허를 무효로 할 수 있는지를 판단하는 것이다. 조사자는 또한 특허가 무효로 선언될 수 있는 발명에 사용된 공공연한 지식이나 기술적 결함 등도 찾는다. 결론적으로 유효성조사는 소멸되지 않은 특허가 유효한지를 판단하는 것이다.

즉, 자사 제품의 판매에 장애가 되는 특허를 무효화시키기 위해 정보제공 및 무효심판 청구를 위한 자료조사시 활용할 수 있는 정보조사 방법으로서 한국 및 미국, 일본 등 세계주요국가의 특허공보 외에 기술논문을 조사하여 특허성(신규성, 진보성)에 대한 관련도를 표시함으로써 권리의 유효성 또는 무효성을 조사할 수 있는 특허정보 조사의 활용방법에 있어서 고도의 조사 분석기술을 필요로 하는 활용방법 중의 하나이다.

8. 권리소멸조사

이 조사는 소멸되지 않은 특허에 집중되는 침해조사와는 다르게 소멸된 특허에 집중된다. 이 조사는 다른 회사의 공정, 제품, 디자인과 관련된 독점 배타적 권리가 소멸되어 법적인 영향 없이 복제할 수 있는지를 조사한다.

III. 특허정보조사의 방법

1. 특허정보조사의 절차

일반적으로는 특허정보를 조사하기 위해서는 먼저 특허제도에 대한 이해, 특허제도에 의해 발간되는 특허공보의 편집방법 및 분류체계에 대한 지식, 특허공보의 내용이 DB에 수록되어 있는지에 대한 검색능력이 필요하고 특허정보를 조사하는 목적을 명확하게 이해하여, 조사의 목적에 따라 주제기술에 적당한 검색키워드를 작성하여 검색을 실시하고, 검색결과에서 목적에 부합하는 자료를 선정하기 위한 기술 또는 권리분석 능력이 요구된다.

(1) 특허제도에 대한 이해
국가별로 특허공개제도 채택 여부, 특허를 받을 수 있는 발명의 종류, 실용신안등록제도의 운영여부, 선발명주의의 채택여부 및 특허절차 상의 차이가 있으므로 각국 특허제도에 대한 기본적이 지식과 이해가 필요하다.

(2) 조사의 목적을 분명히 할 것
특허정보조사의 종류가 다양하고, 그에 따라 검색할 자료의 범위가 달라질 수 있다. 그러므로 조사의 목적이 불분명할 경우는 조사할 특허 정보의 대상이 불분명하게 되어 조사 결과의 정확도가 떨어질 우려가 있으며, 시간적·경제적으로 불필요한 노력이 들게 된다. 따라서 효율적 인 특허정보조사와 조사된 자료를 분석하여 신뢰할 수 있는 분석 결과 를 얻기 위하여는 조사의 목적을 분명히 해야 함이 필수적이다.

(3) 특허정보의 수집
특허정보조사의 목적을 명확히 한 경우는 그 목적에 맞게 특허정보 를 수집할 수 있도록 조사지역, 조사기간 등의 범위를 정해야 한다. 예를 들어 특허성 조사의 경우는 신규성 및 진보성의 판단 자료가 국내·외 의 공지된 발명을 모두 포함하므로 국내뿐만 아니라 외국의 특허정보까 지 조사해야 한다. 또한 특정분야의 기간별 국내 기술동향을 조사하고자 한다면 국내 특허에 한정하여 기간별의 출원건수를 중심으로 조사하여 야 할 것이다.
조사할 범위를 정한 경우는 이를 토대로 조사할 데이터베이스를 결정한다. 국내외 특허검색사이트는 국내외 특허청 등에서 무료검색서비스를 제공하고 있고, 그 외에도 WIPS, DELPHION 등의 유료검색사이트를 이용할 수도 있다.

〈국내외 특허정보검색사이트〉

특허검색사이트	수수료	인터넷 주소
키프리스(KIPRIS)	무료	http://www.kipris.or.kr/kor/main/main.jsp
윕스온(WIPSON)	유료	http://www.wipson.com/
미리안(MiriAn)	무료	http://miso.yeskisti.net/
세계지적재산권기구(WIPO)	무료	http://www.wipo.int/pctdb/en/
미국특허청(USPTO)	무료	http://www.uspto.gov/patft/index.html
유럽특허청(EPO)	무료	http://worldwide.espacenet.com/quickSearch?locale=en_EP
호주 특허청	무료	http://pericles.ipaustralia.gov.au/ols/auspat/
캐나다 특허청	무료	http://patents.ic.gc.ca/cipo/cpd/en/search/basic.html
중국 특허청	무료	http://59.151.93.237/sipo_EN/search/tabSearch.do?method=init#
덴마크 특허청	무료	http://onlineweb.dkpto.dk/pvsonline/Patent
영국 특허청	무료	http://www.ipo.gov.uk/patent/p-find/p-find-number.htm
뉴질랜드 특허청	무료	http://www.iponz.govt.nz/cms/banner_template/IPPATENT
IPDL	무료	http://www.ipdl.inpit.go.jp/homepg.ipdl
DELPHION	유료	http://www.delphion.com/
NRI	유료	http://www.patent.ne.jp/
MicroPatent	유료	http://www.micropatent.com/static/index.htm

(4) 조사된 자료의 분석

조사된 특허정보를 기초로 조사의 목적에 맞는 분석을 실시한다. 특허정보의 분석에는 정량분석, 정성분석 및 상관분석 등이 있으며, 이들 중 분석의 목적 등을 고려하여 분석방법을 선택한다. 또한 이해를 돕기 위하여 조사된 자료를 그래프화 하여 시각적으로 쉽게 이해할 수 있도록 할 필요성이 있다. 조사된 특허정보의 분석방법은 이후에 자세히 설명하기로 한다.

2. 특허분류

각 나라에서는 모든 특허문헌을 국제특허분류IPC에 맞추어 분류하고 있으며 또한 미국이나 일본처럼 국제특허분류 외에 자국 내에서 만든 특허분류에 맞추어 또다시 특허문헌을 재분류하고 있는 실정이다.

우리나라는 모든 특허문헌(실용신안포함)을 국제특허분류에 맞추어 분류하고 있어서 국제특허분류나 각국의 특허분류를 잘 알고 있으면 효과적으로 특허문헌을 찾을 수 있는 장점이 있다. 따라서 국제특허분류 및 각국의 특허분류를 간략히 소개하면 다음과 같다.

1) 국제특허분류(IPC: International Patent Classification)

전 세계적으로 통용되고 있는 국제특허분류는 특허문헌에 대해 국제적으로 통일된 분류를 하고 검색을 할 수 있도록 하기 위해 1954년 국제특허분류에 관한 유럽조약의 규정에 의해 만들어졌다. 이후 1971년 Strasbourg 조약(IPC 조약)이 체결되어 국제특허분류를 이용하여 국가간의 기술을 교류하고 외국특허문헌의 원활한 이용과 검색이 가능하게 되었다.

자국의 형편에 따라 보조적인 분류체계를 혼용하기도 하지만 유럽은 물론 미국, 일본에서도 국제특허분류에 의한 분류체계를 표기하고 있다.

(19)대한민국특허청(KR)
(12) 공개특허공보(A)

(51) . Int. Cl.^{7}		
C04B 28/04		
C04B 20/02	(11) 공개번호	10-2005-0074523
C04B 18/04	(43) 공개일자	2005년07월18일
C04B 14/00		

(21) 출원번호	10-2005-7007773		
(22) 출원일자	2005년05월02일		
번역문 제출일자	2005년05월02일		
(86) 국제출원번호	PCT/SE2003/001009	(87) 국제공개번호	WO 2004/041746
국제출원일자	2003년06월16일	국제공개일자	2004년05월21일

(30) 우선권주장	0203287-8	2002년11월07일	스웨덴(SE)

(71) 출원인   프로세도 엔터프라이스 에스파블리스멍
리히텐슈타인 에프엘-9490 바두즈 피.오. 박스 583

(72) 발명자   로닌 블라드미르
스웨덴 무레아 에스-973 32 알토겐 33

(74) 대리인   김성기
김진희

심사청구 : 없음

(54) 이산화탄소 배출이 감소된 배합 시멘트의 제조 방법

명세서

기술분야

본 발명은 현저하게 감소된 포트랜드 클링커 미네랄(Portland clinker mineral) 함량을 가지며 그리고 대응하여 증가된 양의 보충 물질을 가지는 수력(hydraulic) 배합 시멘트를 제조하는 방법에 관한 것이다.

배경기술

표준 포트랜드 시멘트 제조시 각각의 톤이 약 1톤의 이산화탄소를 방출함으로써 수행되며 이것의 약 반은 가마 중의 석회석의 탈탄소화로부터 유래하는 것이며 나머지 반은 가마에서 1차적으로 에너지 소비로부터 유래한다는 것은 잘 알려져 있다.

시멘트 산업에서 이산화탄소 배출의 의미있는 감소를 얻을 수 있는 유일한 방법은 포트랜드 클링커 제조의 감소 및 출진제의 증가된 사용을 경유하는 것이다. 시멘트 산업은 표준 포트랜드 시멘트 제조시 에너지 소비에 있어서 약 2-3%의 추가 감소가 가능하다는 것을 믿지 않았다.

배합 시멘트의 종래의 제조 방법은 주로 회전 볼 밀에서 상이한 유형의 미세출진제, 예컨대 용광로 슬래그, 비산회, 석회석 등과 함께 포트랜드 시멘트 클링커를 인터그라인딩하는 것을 포함한다. 그런 방법은 비산회에 의해 20-25% 이상 그리고 용광로 슬래그에 의해 대략 30-50%의 포트랜드 클링커 대체를 제공하지 못하며, 시멘트 성능에 대한 현저한 마이너스 효과, 예컨대 세팅 시간의 감소, 경화 기간 0-28일 동안 매우 낮은 강도의 향상 등을 수반하지 않는다. 통상적으로 포트랜드 시멘트 콘크리트의 28-일 강도를 얻기 위해서는 3배 더 긴 시간(2-3개월)이 소요된다. 동시에 높은 비산회 (HVFA) 부피의 시멘트가 종래의 포트랜드 시멘트에 비해 현저한 장점을 가진다. 그런 시멘트로 제조된 콘크리트는 높은 내구성, 예컨대 낮은 염소 투과성, 높은 황산 및 알칼리-실리카 내성,등을 특징으로 한다. 예컨대 Malhotra, Concrete International J., Vol 21, No. 5, May 1999, pp. 61-66 참조. 상기 문헌에 따르면 그런 콘크리트의 강도는 결합제, 예컨대 시멘트 + 미세출진제의 함량을 현저하게 증가시킴으로써 그리고 혼합된 물의 양을 현저하게 감소시킴으로써 향상될 수 있지만, 그런 접근은 콘크리트 혼합물의 수용할 수 있는 균일성을 유지하는데 있어서 물이 감소된 혼합물의 증가된 용량을 필요로 하며, 이는 콘크리트의 가격은 상당히 증가시키는 것이다.

- 1 -

그림 1 특허공개공보에 기재된 특허분류

국제특허분류의 구성은 기술전체를 8개의 섹션Section으로 나누어 알파벳 A∼H로 표시하며, 각각의 섹션에 대하여 클래스, 서브클래스, 그

룹, 서브그룹으로 기술을 다음과 같이 세분화하여 나누어 놓았다.

〈섹션〉

A: 생활필수품   E: 고정구조물

B: 처리조작; 운수   F: 기계공학; 조명; 가열; 무기; 폭파

C: 화학; 야금   G: 물리학

D: 섬유; 종이   H: 전기

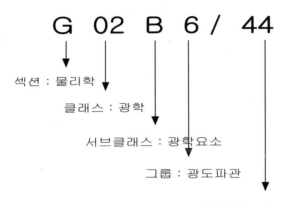

G 02 B 6 / 44

섹션 : 물리학

클래스 : 광학

서브클래스 : 광학요소

그룹 : 광도파관

서브그룹 : 광섬유케이블

2) 미국특허분류(UPC: U.S. Patent Classes)

미국특허의 경우 국제특허분류뿐 아니라 미국은 1831년부터 자체적으로 만든 미국특허분류UPC를 이용하고 있다. 이 분류는 클래스Class와 서브클래스Subclass로 이루어져 있다.

미국특허분류는, 즉 [Class/Subclass : 427/2.31 or 427.3A]의 형태를 가지며 서브클래스는 소수점decimal modifiers이나 알파벳alpha modifiers을 이용하여 표기하기도 한다.

다음은 미국특허분류의 클래스의 예를 보여주는 것으로서, 클래스가 002이면 APPAREL에 관련된 분류이고 서브클래스는 다음과 같이 표현된다.

Class Title

002 APPAREL s

004 BATHS, CLOSETS, SINKS, AND SPITTOONS

Class Title   = = =⟩ APPAREL

Subclass   Title

1   MISCELLANEOUS

455   GUARD OR PROTECTOR

456   . Body cover

457   . . Hazardous material body cover

458   . . Thermal body cover

2.11   . . Astronaut's body cover

2.12   . . . Having relatively rotatable coaxial coupling component

2.13   . . . Having convoluted component

2.14   . . Aviator's body cover

2.15   . . Underwater diver's body cover

클래스 002에 추가하여 서브클래스 2.11를 표시할 때는 2/2.11이 된다.

3) **일본특허분류**(FI: File Index, F-Term: File Forming Term)

일본에서는 1885년부터 JPC를 만들어 사용하다가 1978년에 국제특허분류IPC를 채택하여 특허문헌을 분류하였다. 그러나 특정분야의 특허문헌이 다량 집중되는 등의 문제점을 해결하고 균등분산하기 위해 부가적으로 FI분류와 F-Term분류를 만들어 특허문헌을 별도로 분류하여 사용하고 있다.

① FI분류

'FIFile Index분류'는 IPC의 '완전한 기호 + 전개기호 + 분책식별기호'

로 구성되어 있으며 전개기호는 101부터 시작하는 3자리 숫자를 이용하고 도트dot로 계층을 표시하고, '파세트FACET 분류기호'는 3자리의 영문자를 이용하고 도트로 계층을 표시한다. '분책 식별기호'는 IPC 또는 전개기호를 세분화하며 영문자 I, O를 제외한 영문 대문자를 1개 사용하여 표시한다.

예) G02B 6/44 ·ファイバに引張強度及び外部保護を與えるための機械的構造, 例, 光傳送ケーブル（導電体と光ファイバを複合したケ-ブルＨ０１Ｂ１１／２２）
　　301　··ファイバ心線のためのもの
　　306　···迷光防止
　　311　···識別
　　316　···被覆構造
　　321　····プラスチックの１層被覆
　　331　····２層被覆
　　336　····３層以上の被覆
　　341　····パイプ被覆
　　346　····補?線を有する被覆
　　351　··光ファイバケーブル
　　356　···通信用

② F-Term

첨단분야의 경우 단순한 기술관점에서 포괄적으로 나누어진 국제특허분류로는 정보검색에 한계가 있어서 특허문헌의 기술내용의 복잡화 및 제품의 다양화에 부응하며 특허문헌검색의 편의를 위해 만들어졌다. 첨단기술분야 등의 특정분야에 목적, 기능, 구조, 재료, 제법, 처리조작방법, 제어수단 등의 기술적 관점에 따라 세분화하여 재분류하였다.

3. 특허정보의 수집 방법

(1) 한국특허 검색사이트

1) 키프리스(KIPRIS)

특허청이 한국특허정보원을 통하여 제공하는 특허전문 검색DB로서 1947년 이후의 산업재산권(특허, 실용, 디자인, 상표) 정보를 무료로 검색할 수 있는 국내 최대의 검색사이트(www.kipris.or.kr)이다.

KIPRIS 검색 DB는 국내 산업재산권 정보(약 350만건)를 서지사항, 초록(대표도면 포함), 전문명세서 전체를 수록한 특허 검색 DB이며, 검색방법도 키워드검색, 각종번호(출원, 공개, 공고, 등록, 우선권번호)검색, IPC 검색, 출원인 및 발명자검색, 디자인 및 상표검색 등 다양한 검색이 가능하다.

KIPRIS에서의 특허 및 실용신안 검색은 "일반검색"과 "항목별검색"의 방법을 이용할 수 있다. 일반검색은 간단한 단어로 검색할 수 있도록 하는 단어검색과 검색하려는 문헌번호를 이용하여 검색하는 문헌검색으로 구분된다.

그림 2 KIPRIS 검색 사이트

(ⓐ) 일반검색 – 단어검색

단어검색은 기술의 핵심적 내용을 알 수 있는 단어, 복수의 단어를 조합한 구문, 출원인 등의 간단한 단어로 검색이 가능하다. 또한 특허와 실용을 구분하여 검색할 수 있도록 하고 있으며, 검색범위에서 검색기간 을 제한할 수 있도록 하여 효과적인 검색을 할 수 있다.

그림 3 키프리스 일반검색

(ⓑ) 일반검색 – 번호검색

번호검색은 특허출원번호, 특허공개번호, 특허공고번호, 특허등록번 호를 이용하여 검색을 하는 것을 말한다. 전체 번호를 모두 알아야 하는 것은 아니고, 일부만을 이용하여도 검색할 수 있다. 특·실종류에서 문 헌의 종류를 선택할 수 있고, 연도선택으로 검색범위를 제한할 수도 있다.

키프리스 번호검색

ⓒ 스마트 검색

스마트 검색은 항목별로 검색할 수 있도록 만든 것이다. 항목별 검색은 자유검색, IPC, 번호정도, 일장정보, 명칭 등 검색항목 중에서 하나 이상의 검색항목을 이용하여 검색을 할 수 있다. 검색어는 하나 또는 수개의 조합된 단어나 구문으로도 하여 검색이 가능하다. 검색하려는 범위에 포함된 경우만을 검색할 수 있어 보다 정확한 검색자료를 얻을 수 있는 장점이 있다. 검색항목은 하나 이상의 수개 검색항목의 조건을 정할 수 있으며, 각 항목마다 AND와 OR항목을 선택할 수 있다. 예를 들어 발명의 명칭과 청구범위에 모두 "휴대폰 케이스"란 단어가 포함되길 원하면 AND를 선택하고, 청구범위나 발명의 명칭 중 어느 한 부분에서라도 "휴대폰 케이스"란 단어가 포함된 검색결과를 얻으려면 OR항목을 선택하면 된다.

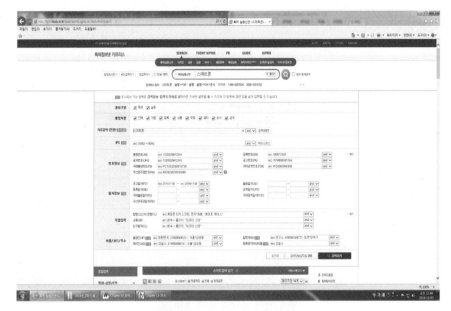

그림 5 키프리스 스마트 검색

2) 윕스(WIPSON)

윕스 특허검색서비스는 전세계 특허 연계검색이 가능한 온라인 특허서비스로서, 전 세계 특허 데이터를 각국의 특허청으로부터 받아 인터넷에서 서비스함으로써 한국, 미국, 일본, 중국, 유럽특허의 통합검색이 가능한 유료 특허검색사이트이다.

윕스는 기본검색, 번호검색, STEP검색, 통합검색의 5가지 검색방법을 제공한다. ⅰ) 기본검색은 키워드, 분류코드, 일자 등의 검색필드를 이용하거나, 단순 검색어를 이용하여 검색할 수 있는 것으로 간단한 한두 가지의 조건으로 검색하는 경우에 효과적이고, ⅱ) 번호검색은 특허공개번호, 등록번호 등 특허정보의 번호를 알고 있는 경우에 이용할 수 있다. ⅲ) STEP검색은 여러 가지 검색식을 활용하여 보다 정확한 결과를 얻고자 할 때 유용하게 사용된다. 검색대상기술을 기술분야별로 구분하거나 세부기술별로 파악하고자 하는 경우에 효과적으로 이용할 수 있다.

그림 6 WIPS 검색 사이트

iv) 통합검색은 언어별 통합검색을 의미하며 한글과 영어 2가지의 통합 검색을 각각 기본검색과 스텝검색에서 실시할 수 있으며, 이를 이용하여 세계 여러 나라의 특허를 찾기 위해 동일한 검색조건을 반복하여 검색 하지 않아도 되어 검색대상이 국내외자료 모두를 검색하는 경우 효과적 이다.

(2) 일본특허 검색사이트

1) IPDL 검색사이트(http://www.ipdl.inpit.go.jp/homepg.ipdl)

IPDL(Industrial Property Digital Library)은 일본특허청JPO, Japan Patent Office이 1999년 3월부터 인터넷을 이용하여 제공하던 특허전자도서관 사업을 이관 받은 독립행정법인 공업소유권정보 · 연수관独立行政法人 工業所有権情報 · 研修館이 2004년 10월부터 운영하고 있는 특허전자도서관 이다.

특허 · 상표 · 디자인의 출원 및 등록에 대한 정보를 제공하며, 일본어

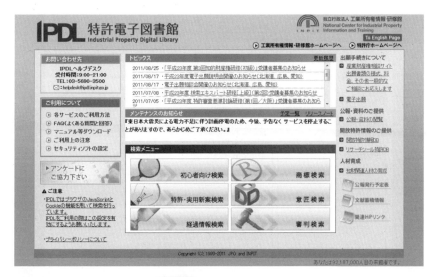

그림 7 IPDL 검색사이트

이외에 영문검색도 가능하다. 요약과 청구범위 중심의 검색으로 전문검색은 제공되지 않고 있다.

(3) 미국특허 검색사이트

1) USPTO 검색사이트(www.uspto.gov)

미국특허청에서 제공하는 특허검색사이트로서 1976년 이후부터 현재까지의 특허등록공보자료에 대해서 서지적 검색 및 전문Full text검색이 무료로 가능하다.

USPTO검색사이트는 Quick Search(Two-term Boolean Searching)와 Advanced Boolean Searching로 구분되어 있고 Quick Search는 초록을 포함한 서지사항에서 검색함으로 신속하게 검색이 가능하며, Advanced Boolean Searching에서는 명세서 전체에 대하여 검색이 가능하다.

1971년에서 1976년 사이에 발행된 자료는 유료 서비스를 통해 해당자료에 대한 접근이 가능하고, 1971년 이전의 특허자료는 Patent and Trademark Depository Library(PTDL)에 방문하여야만 접근이 가능하

그림 8 미국특허청의 검색사이트

다. USPTO검색사이트는 다양한 연산자를 이용하여 검색이 가능하며 특허공보의 전문이미지를 무료로 다운로드 받아 출력이 가능하다.

2) Delphion검색사이트(www.delphion.com)

Delphion회사에서 제공하는 유료 특허검색사이트로서 미국, 유럽, INPADOC 및 일본 특허를 검색할 수 있는 특허검색사이트이다. 1971년 이후의 미국특허를 advanced search, boolean search 및 patent number 로 구분하여 서지사항, 초록 및 전문전체에 대하여 검색할 수 있으며 boolean search는 1개 내지 4개의 필드의 검색항목에 검색하고자 하는 것을 입력하여 검색할 수 있고, advanced search는 검색하고자 하는 키워드를 입력하여 검색할 수 있다.

또한, Patent number는 특허번호로 검색할 수 있다. Delphion 특허검색사이트의 또 하나의 특징은 일본특허공개영문초록PAJ이 수록되어 있

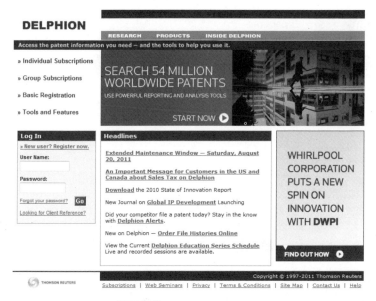

그림 9 Delphion검색사이트

어 영문 키워드로 1976년부터의 일본특허를 손쉽게 검색할 수 있다.

(4) 유럽특허 검색사이트

유럽특허청European Patent Office에서 제공하는 무료 특허검색사이트로서 esp@cenet를 이용하여 유럽특허 및 국제특허PCT를 검색할 수 있으며 또한, 일본 공개특허영문초록PAJ이 수록되어 영문키워드로 일본특허를 검색할 수 있다.

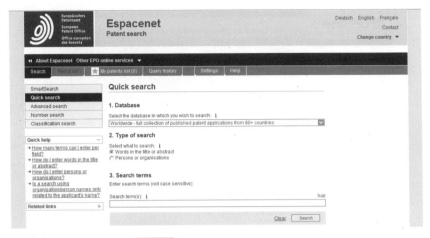

그림 10 유럽특허청의 검색사이트

(5) 검색식 작성

1) 키워드란?

검색할 데이터베이스를 선택하였다면, 그 검색사이트에서 원하는 결과를 얻을 수 있도록 검색 조건을 설정하여야 한다. 이때 특허출원번호나 특허등록번호 등을 이용하여 검색하는 경우를 제외하고는 키워드를 이용하여 특허정보를 검색하는 것이 일반적이다.

키워드란 문장이나 문단에서 핵심이 되는 단어 혹은 어구를 말한다. 즉 그 문단이나 문장을 가장 잘 대표하는 말로 몇 개의 키워드로 그 글의 내용 전체를 표현할 수 있어야 한다. 특히 유사어로 대표되는 단어들은 한 가지를 의미하지만 여러 단어가 사용되고 있음을 알 수 있다. 따라서 특허문헌의 키워드를 추출할 때 동의어를 다양하게 생각해서 키워드로 표현하는 기술을 습득하는 것이 중요하다.

2) 키워드 검색

특허 문헌을 검색할 때 앞서 언급한 것처럼 대표 키워드로 그 글의 내용 전체를 표현해야 하기 때문에 키워드는 매우 중요한 역할을 하고 있다. 특허문헌의 경우 핵심 키워드 몇 가지로 대강의 내용을 유추할 수 있어야 함으로 키워드를 추출하는 작업은 매우 중요하다. 따라서 키워드는 극히 객관적이면서도 주관적인 단어로 구성이 되는데 다양한 키워드의 조합에 의한 특허문헌의 검색이 필수적이다.

예를 들면 '벽걸이형 컬러 티브이'라는 특허문헌이 있다고 하면 이 출원에 대한 키워드가 '티브이'라는 것 정도는 당업자라면 모두가 알 수 있을 것이다. 하지만 이와 유사한 단어인 텔레비젼, 테레비젼, 텔레비전, 테레비전, 테레비, TV, Television, 티비, 화상표시장치 등은 텔레비전과 TV를 제외하고는 국어사전에 나오지 않은 단어지만 모두가 특허문헌에서는 동의어로 검색이 가능한 키워드들이다. 따라서 이러한 유사어 및 동의어의 개념까지 고려를 하여 특허문헌을 검색하여야 한다.

3) 검색식 작성

검색된 수개의 키워드들을 검색 연산자들을 사용하여 상호 결합함으로써 원하는 특허정보들을 좀 더 정확하게 검색할 수 있다. 검색 연산자는 검색을 제공하는 DB별로 차이가 있으므로 검색식을 만들기 위해 이를 미리 숙지하고 있어야 한다.

연산자의 종류에는 논리연산자, 절단연산자, 인접연산자 등이 있다.

〈키프리스의 연산자〉

종류	연산자	내용	검색식 예
AND	*	2이상의 키워드를 모두 포함된 것을 검색	에어컨*냉매
OR	+	2이상의 키워드 중 1이상의 키워드를 포함된 것을 검색	에어컨+냉매
NOT	!	연산자 앞의 키워드는 포함하고, 뒤의 키워드는 포함되지 않는 것을 검색	에어컨!냉매
NEAR	·	첫번째 검색어와 두 번째 검색어의 거리가 1단어(·1), 2단어(·2) 떨어진 것을 검색	에어컨·2냉매
괄호	()	복수의 연산자가 있는 경우 괄호안의 검색식을 우선적으로 검색	에어컨*(냉매+필터)
구문	" "	공란을 포함한 연속적으로 기재된 구문을 검색	"에어컨 냉매"

〈윕스의 연산자〉

연산자	내용	검색식 예
AND	2이상의 키워드를 모두 포함된 것을 검색	에어컨AND냉매
OR	2이상의 키워드 중 1이상의 키워드를 포함된 것을 검색	에어컨OR냉매
NOT	연산자 앞의 키워드는 포함하고, 뒤의 키워드는 포함되지 않는 것을 검색	에어컨NOT냉매
NEAR[n]	첫번째 검색어와 두 번째 검색어의 거리가 순서와 관계없이 n단어 거리 이내인 것을 검색	에어컨NEAR2냉매
ADJ[n]	첫번째 검색어와 두 번째 검색어의 거리가 순서대로 n단어 거리 이내인 것을 검색	에어컨ADJ2냉매
*	절단기호로서 키워드를 포함한 단어를 검색. 후방절단만 가능	에어컨*
?	절단기호로서 키워드를 포함하는 단어가 ?의 개수만큼의 철자를 키워드 뒤에 포함하는 단어	에어컨??

4) 검색식 수정

검색식을 완성하더라도 검색결과가 너무 많거나 적은 경우, 또는 검색 대상 기술과 관련없는 기술이 많이 포함된 경우는 그 검색결과만으로 특허정보조사의 목적을 이룰 수 없으므로 검색식을 수정하여 재검색할 필요가 있다. 예를 들어 검색결과가 너무 많은 경우는 다른 추가적인

그림 11 윕스온 STEP 검색

키워드를 AND 연산자를 사용하여 검색결과를 축소할 필요가 있고, 반대로 검색결과가 너무 적은 경우는 유사한 키워드를 OR 연산자를 사용하여 검색결과가 확장되도록 검색할 필요가 있다. 또한 원하는 검색결과 이외의 자료가 많이 포함된 경우는 확장된 키워드를 이용하거나 연산자를 사용하여 노이즈를 제거하여 정확한 검색결과를 얻을 수 있도록 해야 할 것이다

이처럼 검색식은 검색 결과가 적절한지를 고려하여 수정하여야 하므로, 각 특허검색 DB에서는 검색결과를 수정할 수 있도록 검색단계별로 검색식을 수정할 수 있도록 하고 있다. 대표적으로 윕스의 스탭검색이 이에 해당된다.

윕스는 여러 검색 방법 중에 STEP 검색을 제공하고 있다. STEP 검색을 사용할 경우 검색결과를 보고 검색범위를 확대하거나 축소하기 용이하므로 적절한 결과를 위한 검색식을 완성하기 용이한 장점이 있다.

STEP 검색에서는 입력한 검색어와 검색 결과 건수가 나타나게 되어 검색식으로 인한 결과가 적절한지를 판단할 수 있다. 또한 검색 결과간

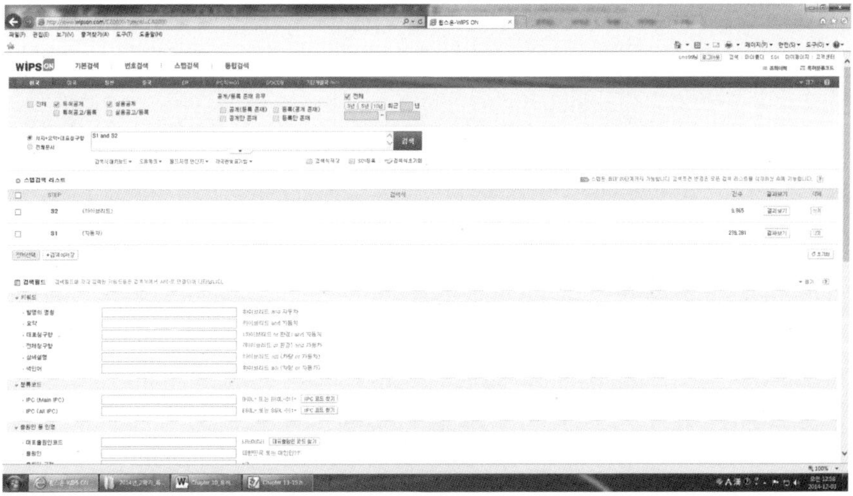

그림 12

에도 연산자를 이용하여 검색식을 작성할 수 있어 편리하다. 예를 들어 [그림 12]에서 1번째 검색과 2번째 검색 결과를 AND 연산자를 이용하여 검토하려면 S1 AND S2를 입력하여 검색하면 S3와 S4의 검색결과에 모두 포함된 새로운 검색식을 쉽게 만들 수 있다.

CHAPTER **15**

특허정보의 분석 및 활용

I. 특허정보분석의 목적

특허정보를 수집하고 이를 분석하는 이유는 단순히 자신의 발명이 특허출원할 경우 등록될 수 있는지에 대한 판단뿐만 아니라, 수집된 정보를 분석하여 특정기술분야의 연구개발동향, 기술의 발전과정 등을 분석할 수 있기 때문이다. 또한 이를 통하여 기업의 장래 연구개발 방향을 설정하고 기업경영전략을 수립하는 데 기준이 되는 중요한 역할을 할 수 있으며, 국가의 정책수립에도 반영될 수 있는 등의 중요한 역할을 할 수 있다.

II. 특 허 맵

1. 특허맵의 정의

특허맵Patent Map: PM이란 조사된 특허정보를 정리·가공·분류 및 분석하여 만들어진 결과를 시각적으로 한눈에 이해할 수 있도록 도표화한 것을 말한다. 구체적으로 특허정보조사를 통하여 얻은 특허정보자료들을 출원인, 출원시기, 출원국가, 출원번호 등의 서지적 사항을 정리·분석하거나, 특허정보의 구체적 기술내용을 분석·가공하여 나타난 결과를 이해하기 쉽게 시각적으로 도식이나 도표를 이용하여 나타낸 것을 말한다.

최근에는 이러한 특허맵을 기업의 기술연구개발 전략의 수립이나 정부기관의 정책수립 등에까지 폭넓게 사용되고 있어 중요성이 더욱 부각되고 있다.

2. 특허맵 작성의 목적

특허맵은 기술개발에 있어서, 기술개발의 실태를 파악하여 기술개발의 리스크를 감소시키고 효율적이고 최적화된 개발의 방향성을 알 수 있는데 활용될 수 있다. 아울러 타인의 특허권의 침해를 미연에 방지 및 회피할 수 있는 역할을 한다.

표 1 **특허맵의 활용목적과 용도**

연구개발 전략수립 (Techno Map)	R&D 동향 파악, 공백 기술 분야 파악, 선행 프로젝트의 현존기술 파악, 중요 특허 파악, 타깃제품의 시장조사
	기술 분야의 체계 파악, 자사의 위치 설정
경영 전략수립 (Manage Map)	경쟁사의 동향 파악, 시장동향 및 상품의 변혁과 흐름파악
	신규 사업방향 및 가능성 파악
	자가 기술 매각, 해외진출, 기술도입
	사업화시 주의를 요하는 권리 파악
특허 전략수립 (Claim Map)	정보제공, 이의신청 및 무효 심판 등의 자료
	특허 관리망 형성
	강력한 특허권 취득을 위한 명세서 작성

특허맵의 작성을 위한 기본적인 요소로서는 특허분류, 출원인, 발명자, 기술 키워드, 시계열, 기간 등이 있다. 이 요소들은 조합되어 다음과 같은 목적으로 분류된다.

표 2 **특허맵 종류와 그 개요**

특허맵의 명칭	개 요
랭킹 맵 (RANKING MAP)	특허정보를 건수의 많고 적은 순서로 배열함으로써 주도하는 특허가 무엇인가를 파악하는 것이 가능하게 된다. 예를 들면, A사의 기술 분류에 따라 연차마다 특허출원 건수를 많은 순서대로 나열할 수 있다.

특허맵의 명칭	개 요
점유 맵 (Share Map)	특허정보의 각 분야나 항목이 차지하는 비율, 즉 점유 비율에 따라서 특허 상황을 파악하는 것이 가능하게 된다. 예를 들면 A사의 기술 분류에 따라 연차마다 특허출원건수를 점유 비율로 배열할 수 있다.
시계열 맵 (Time Series Map)	특허정보의 수량 정보를 시계열적으로 (예를 들어, 5년마다 일정기간으로)파악하기 위해 사용된다.
레이더 맵 (Rader Map)	시계열분석의 결과를 별 모양이나 구름 형상 등으로 표현한 맵을 말한다. 각 요소의 진전 상황을 한눈에 파악하기 위해 사용된다.
매트릭스 맵 (Matrix Map)	각 출원인과 각 기술분류의 매트릭스 등, 2차원이나 3차원으로 복수의 특허정보를 데이터베이스화한 맵을 말한다.
상관 맵 (Co-relation Map)	각 데이터 사이에 어떤 상관관계가 있는가를 분석하기 위해 이용된다. 일반적으로 아래 4개로 분류된다. ① 분류상관맵 ② 출원인상관맵 ③ 발명자상관맵 ④ 키워드상관맵
신규진입 맵 (New Entry Map)	시장에 신규로 참가하고 있는 기술 분류, 출원인, 발명자 등에 중점을 두어 신규 참여 실태를 파악하기 위해 이용된다.
기술발전 맵	특허정보를 1개의 기술사상으로 정하여 특허기술의 크기나 흐름(기술발전의 모양)을 보기 위하여 사용된다.
요지 맵	특허정보의 기술내용을 한 눈에 용이하게 볼 수 있도록 하기 위해 작성된다. 요지 맵에 참조번호를 붙이면 나중에 데이터베이스화할 때 편리하다.
구성부위 맵	제품 부위마다 어느 정도의 특허가 취득되어 있는지를 한 눈에 파악할 수 있도록 작성된 맵을 말한다.
뉴키워드 맵	특정 회사에 의해 개발된 독자 기술을 나타내도록 작성된 맵을 말한다. 예를 들면, A사(출원인)의 특정기술의 특허 가운데 A사에서만 사용되는 뉴키워드를 검색하여 정리한 맵을 말한다.
클레임 맵	클레임(특허청구범위)을 동일 속성의 클레임 키워드 등으로 분류하여 자사 특허의 강약을 기계적으로 체크하기 위해 작성된 맵을 말한다. 예를 들면, 종축에 재료 등의 "동일 속성의 클레임 키워드"를 취하고, 횡축에는 '그 클레임 키워드를 갖는 청구항'을 출원일 순으로 배열함으로써 자사 특허의 강약을 볼 수 있다.

Ⅲ. 특허정보분석의 방법

1. 정량분석

일반적으로 특허정보로서 수집된 데이터를 수량적으로 파악하고 이를 분석하는 방법이다. 수집된 데이터를 출원건수, 출원인, 발명자, 특허분류 등을 기준으로 연도별, 국가별, 기술별로 분류하고 이를 통계적으로 분석하는 방법으로 이루어진다.

2. 정성분석

특허정보 데이터의 구체적 내용을 파악하여 분석하는 방법이다. 특허청구범위 등에 표현된 구체적 기술내용과 출원인, 발명자, 특허분류, 출원일 등을 조합하여 분석하거나 기술내용 상호관계에 따라 분석하는 것이다.

이들 분석 방법에는, 어떤 관점에서 기술내용을 시계적으로 추구하는 TEMPEST 분석, 시간축을 배제하고, 기술DATA와 기술DATA를 직교좌표의 종축과 횡축으로 놓고, 그 양을 조사하는 MATRIX 분석, 전체적인 기술의 흐름을 보는 기술발전도 분석, 새로 발생한 분류나 KEY WORD를 어느 일정한 시간간격(기간)으로 추구하는 NEW ENTRY 분석 등이 있다.

3. 상관분석

상관분석은 어느 DATA항목과 다른 DATA항목 간의 관계를 분석하는 것으로서 DATA항목과 다른 인자 간의 관계, DATA항목과 DATA항목을 가공해서 얻은 DATA 간의 관계 등을 조사하고, 그 상관관계를 예를 들면 $y = f(x)$ 등의 관계식, 계수, 비율, 지수 등의 형태를 구하거나, 그래프화하여 그 position을 명확하게 하여 장래 예측의 재료로 이용하는 것이다.

이 분석방법에는 PORTFOLIO 분석, 신장률 분석, 신기술 계수분석 등 수량적으로 처리하는 것과 기술상관관계 분석, 기업상관관계 분석, 발명자 상관관계 분석 등과 내용적으로 처리하는 것이 있다.

4. 분석기법: 각종 건수 추이 분석

① 건수적: 출원건수, 발명자수, 출원인수, 분류수, 심사청구건수 등
② 비율적: 심사청구율, 공고율, 등록률, 특허비율, 외국출원비율 등

③ 추이적: 출원인별/발명자별/분류별 출원건수 추이

④ 기　타: 출원부터 공고까지의 일수, 심사청구까지의 일수 등

5. 분석정보의 표시기술

정보를 DATA화하고 그것을 분석해서 얻어지는 결과를 건수, 인수, 번호, 분류 등의 수치 DATA와 출원인, 발명자, KEY WORD 등의 문자 DATA를 조합한 것이 LIST 또는 표表이다. 표나 LIST는 내용과 상황을 한번 봐서 이해할 수 없기 때문에 그래프화해서 시간적으로 읽을 수 있도록 표시할 필요성이 있다.

특허정보는 그 특성상 기술정보이며, 또 권리정보이기도 하기 때문에 개개의 특허 정보의 기술내용 및 클레임이 매우 중요하다. 그렇지만 그것을 가공해서 선線 정보화, 면面 정보화하여 얻어지는 것은 개개의 기술사상과는 동떨어진 것이며, 거기에서 뭔가 다른 것을 읽기 위해서는 시각으로 PATERN을 인식할 수 있도록 도표화하는 것이 중요하다.

도표화의 가장 기본적인 것은 그래프 표시이다. 그래프 표시에는 선 그래프, 막대 그래프, 원 그래프, 띠 그래프, 면적 그래프 등 종류가 많으며, 또 다루기가 편리하고 좋은 그래프(내용에 적합하고 보기 쉬우며 이해하기 쉬운 그래프)를 그리기 위해서는 나름대로의 기술이 필요하다.

그래프의 특징을 나타내면 표와 같이 된다. 이 특징에서 알 수 있듯이, 선 그래프는 동향표, 추이표 등의 시간축을 갖는 시계열적 분석결과를 나타내는 데에 적합하다. 막대 그래프는 발명자, 출원인, 분류 등의 출원건수를 비교하거나 RANKING을 매기는 등 시간적 변화에 관계없이 수량적인 비교를 하는 데에 적합하다. 원 그래프는 어떤 출원인에 대한 출원건수나 발명자수의 구성비 등의 비율을 비교하는 데에 적합하다. 면적 그래프, 체적 그래프는 대기업과 영세기업의 출원건수 비교와 같이 현격하게 차이GAP가 있을 경우에 적합하다.

일반적으로 시간적 변화를 중심으로 해서 정보를 표시할 경우에는 선 그래프, 건수적 차이를 중심으로 한 목적에는 막대 그래프, 구성비율을 중심으로 표시하려면 원 그래프를 이용하는 것이 좋다.

Ⅳ. 특허맵의 구체적인 예[1]

◆ 출원 건수 추이

출원연도와 출원건수를 표시하여 각 기술분야의 기술개발의 시기에 대하여 개시시기, 증가시기, 감소시기를 알 수 있다. 특정 정책 등이 시행된 시기와 함께 비교하면 이들이 미친 영향도 알 수 있다.

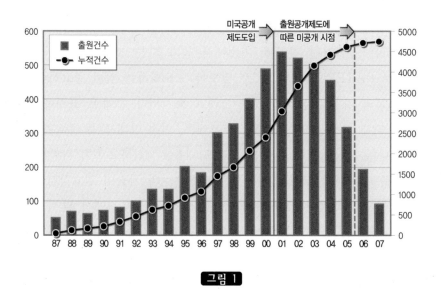

그림 1

◆ 국가별 연도별 출원 건수 추이

국가별 출원연도와 출원건수를 표시하여 각 국가별로 해당 기술분야에 대하여 어느 정도의 투자와 연구가 이루어졌는지 비교할 수 있다.

1 특허청, 2007년도 국제특허분쟁지도 및 특허맵 작성사업, "바이오 센서소자."

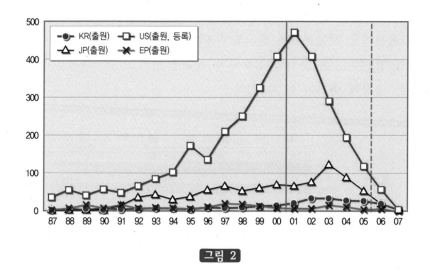

그림 2

◈ 국가별 기술별 출원 건수 추이

특허출원된 기술을 세부적으로 분류하여 분석함으로써, 국가별로 어떤 기술에 대해 집중적으로 연구개발하는지를 알 수 있다

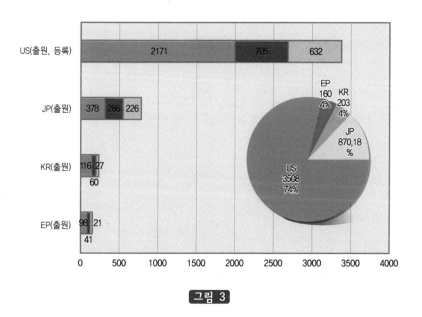

그림 3

◆ 연도별 기술별 출원 건수 추이

기술분야를 세분화하여 연도별로 어느 분야에 연구개발이 이루어졌는지를 알 수 있다. 출원의 집중도의 변화에 따라 연구·개발분야의 변화하는 양상에 대하여 알 수 있다.

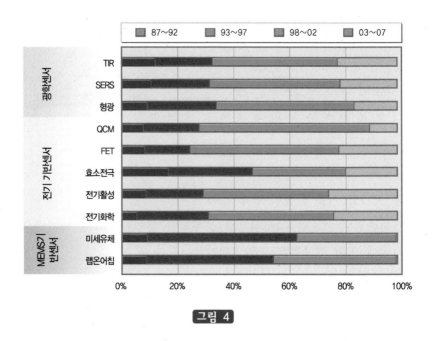

그림 4

◆ 출원인별 기술별 출원 건수 추이

기술분야에 따라 어떤 기업들이 연구 및 투자를 하였는지 알 수 있다.

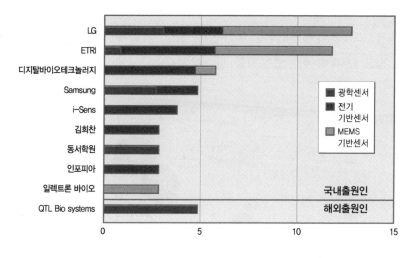

그림 5

◆ 세부기술별 특허분포

세부기술의 점유율 파악하여 국가별로 특허출원이 활발한 기술분야를 분석한다.

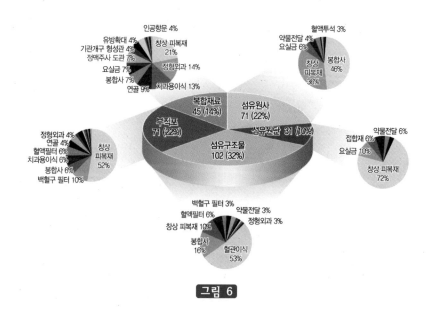

그림 6

◈ 국가별 기술 분야 위치 추이

특정 기술분야에 대하여 국가별로 해당 기술에 대한 연구·개발이 어느 정도 단계에 이르렀는지를 알 수 있다.

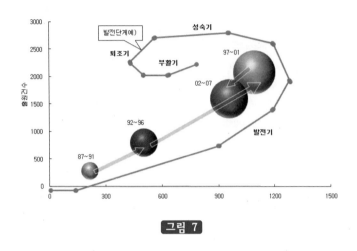

그림 7

◈ 주요 기업의 역점분야 및 공백기술

주요기업들이 특허가 어느 기술에 분포되었는지를 파악하여 각 기업의 역점분야와 공백기술을 파악할 수 있다.

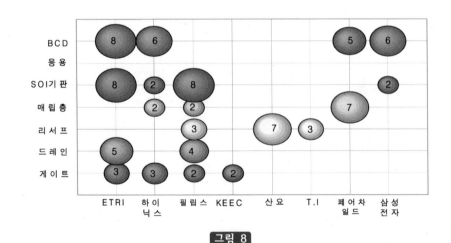

그림 8

◈ 특허활동 기술수준 지수분석

조사된 특허정보를 분석하여 특정기업의 보유특허가 시장성 있는지
와 기술 중요도를 알 수 있다.

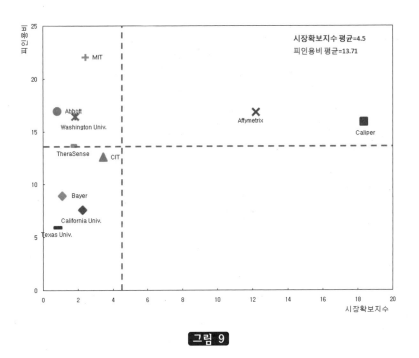

그림 9

(그림의 가로, 세로 점선은 해당 기술분야의 평균 시장확보지수 및 인용비를
나타내며 점선을 중심으로 오른쪽 위 방향으로 갈수록 특허의 시장성이 크고 영
향력이 높은 중요한 기술을 보유하고 있는 국가일 가능성이 높으며, 왼쪽 아랫
방향으로 갈수록 시장성 및 기술 중요도가 낮은 특허 보유 가능성이 높음)

◈ 기술경쟁력 비교분석

TCT값이 작고(기술발전속도가 빠름), 논문인용수NPR가 작으면 연구
개발 진입이 용이하다는 측면에서 연구개발투자 우선지원대상을 선정할
수 있다(3사분면에 있는 기술분야가 이에 해당함).

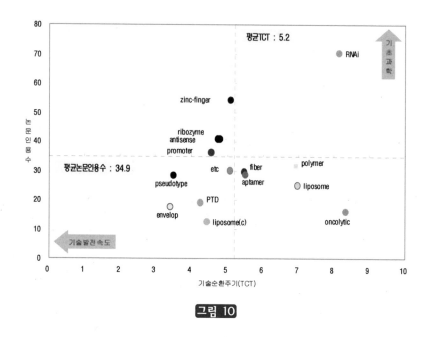

그림 10

◈ 질적 수준을 고려한 각국의 시장력

특허가 기술적으로 영향을 미치는 정도(피인용도의 비율)와 연구주체가 시장(패밀리 특허)의 확보를 위해 노력하는 정도를 평가할 수 있다.

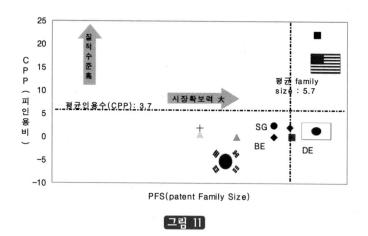

그림 11

◆ 기술흐름도

특정 기술분야 또는 특정 출원인을 기준으로 신규 특허나 개량특허
를 순서에 따라 정리한 것으로서 기술변화의 흐름을 파악할 수 있다.

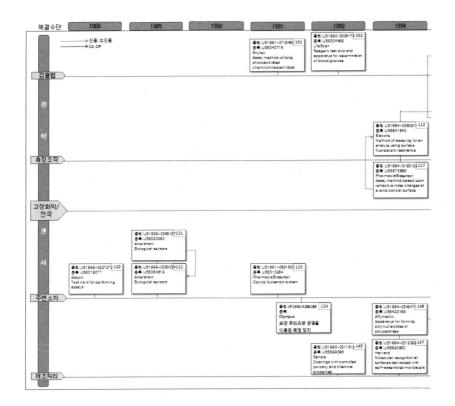

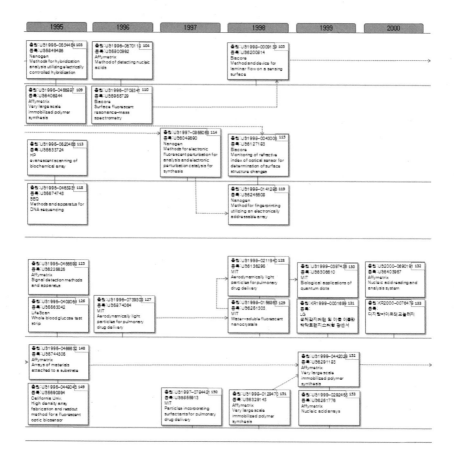

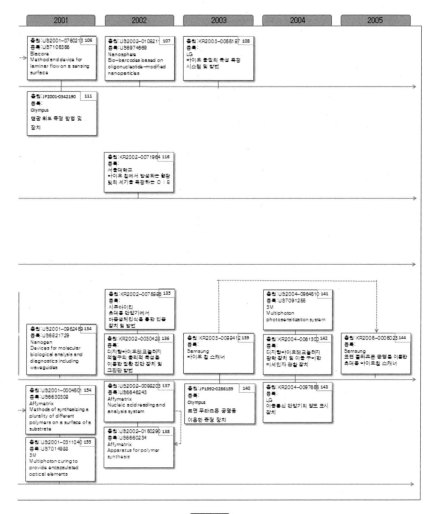

그림 12

◆ 매트릭스 맵

특허정보를 분석하여 특정 기술분야에 대한 해결과제 및 해결수단을
분석하여, 이로부터 해당 기술분야의 연구·개발 경향을 알 수 있다.

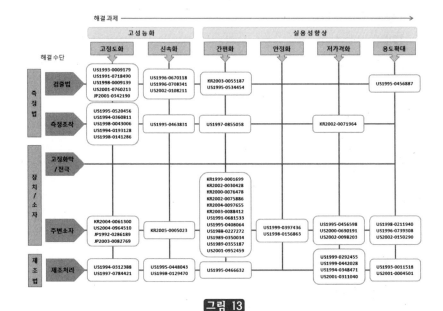

해결 과제

| | 고성능화 | | 실용성향상 | | | |

해결 수단

| | 고정도화 | 신속화 | 간편화 | 안정화 | 저가격화 | 용도확대 |

측정법

검출법
US1993-0009179
US1991-0718490
US1998-0009139
US2001-0760213
JP2001-0342190

US1996-0670118
US1996-0708341
US2002-0108211

KR2003-0055187
US1995-0534454

US1995-0456887

측정조작
US1995-0520456
US1994-0360811
US1998-0043006
US1994-0193128
US1998-0141286

US1995-0463831

US1997-0855058

KR2002-0071964

장치/소자

고정화막/전극

주변소자
KR2004-0061300
US2004-0964510
JP1992-0286189
JP2003-0082769

KR2005-0005023

KR1999-0001699
KR2002-0030428
KR2000-0076478
KR2002-0075886
KR2004-0097655
KR2003-0088412
US1991-0681533
US1995-0408064
US1988-0227272
US1989-0350034
US1989-0355187
US2001-0952459

US1999-0397436
US1998-0156863

US1995-0456598
US2000-0690191
US2002-0098203

US1998-0211940
US1996-0739308
US2002-0150290

제조법

제조처리
US1994-0312388
US1997-0784421

US1995-0448043
US1998-0129470

US1995-0466632

US1999-0292455
US1999-0442028
US1994-0348471
US2001-0311040

US1993-0011518
US2001-0004501

그림 13

❗ 생각해보기

S전자 휴대폰 사업부 원구원인 홍길동은 최근 핸드폰 액정 기술에 대한 연구를 진행하고 있다. 홍길동은 핸드폰 액정분야의 기술에 대하여 선행기술 등의 조사된 특허정보를 기초로 앞으로의 연구·개발 계획에 대한 보고서를 작성할 예정이다. 보고서에 쓰일 특허정보의 분석방법에는 어떤 것이 있을까?

사항색인

[저자 소개]

東京大学 大学院 法学政治学研究科BLC 客員教授 역임
특허법·실용신안법·상표법·의장법·디자인보호법 개정위원, 저작권법 개정위원, 대한상사중재원 중재인 및 국제중재인, 인터넷분쟁조정위원회 조정위원, 산업재산권 분쟁조정위원, 사법시험·군법무관시험·행정고시·입법고시 위원, 변호사시험·변리사 시험위원 등 역임
한국중재학회 회장, 한국산업보안연구학회 회장, 한국산업재산권법학회 회장, 한국지식재산학회 회장 등 역임
현 (사)지식재산포럼 회장
　　한국특허기술진흥원 이사장
　　한양대학교 법학전문대학원 명예교수

〈주요 저서〉

무체재산권법 개설(역저), 법경출판사(1991)
영업비밀개설(저), 법경출판사(1991)
주해 특허법(공역), 한빛지적소유권센터(1994)
지적소유권법(공저), 한빛지적소유권센터(1996)
국제계약법 이론과 실무(저), 법률출판사(1997)
특허법(공역), 법문사(2001)
산업재산권법원론(저), 법문사(2002)
신특허법론(공저), 법영사(2005)
저작권법(편역), 법문사(2008)
로스쿨 지적재산권법(공저), 법문사(2010)
부정경쟁방지법(공저), 법문사(2012)
기술이전계약론(공저), 법문사(2013)
로스쿨 특허법(저), 세창출판사(2015)
영업비밀보호법 제3판(공저), 법문사(2019)
특허법 제7판(저), 법문사(2023)
지적재산권법 20정판(저), 세창출판사(2023)
상표법 제7판(저), 법문사(2024)

특허의 이해 [제6판]

2012년 2월 29일	초판	발행
2015년 1월 30일	제2판	발행
2017년 2월 10일	제3판	발행
2019년 7월 20일	제4판	발행
2022년 2월 10일	제5판	발행
2025년 1월 10일	제6판 1쇄	발행

저　자　윤　　선　　희

발 행 인　배　　효　　선

발행처　도서출판　法 文 社

주　소　10881 경기도 파주시 회동길 37-29
등　록　1957년 12월 12일/제2-76호(윤)
전　화　(031)955-6500~6　FAX　(031)955-6525
E-mail　(영업) bms@bobmunsa.co.kr
　　　　(편집) edit66@bobmunsa.co.kr
홈페이지　http://www.bobmunsa.co.kr

조 판　광　　　진　　　사

정가 26,000원　　　　ISBN 978-89-18-91572-2